अदम्य
साहस

अनुवाद

ओ.पी. झा

₹ 399

ISBN : 9789350640005

2005 में पहली बार प्रकाशित

संस्करण : 2025

ADAMYA SAHAS by APJ Abdul Kalam

(Hindi Edition of *Indomitable Spirit*)

मुद्रक : शीतल प्रिंट्स, दिल्ली

राजपाल एण्ड सन्ज़

1590, मदरसा रोड, कश्मीरी गेट, दिल्ली–110006

फोन : 011–23869812, 23865483, 23867791

e-mail : sales@rajpalpublishing.com

www.rajpalpublishing.com

www.facebook.com/rajpalandsons

अदम्य साहस

ए पी जे अब्दुल कलाम

राजपाल

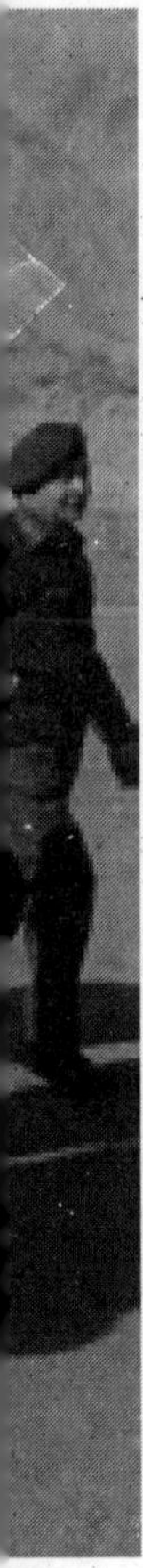

अनुक्रम

प्रेरक व्यक्तित्व

सामाजिक या राजनीतिक, सभी व्यवस्थाओं की नींव इंसान की भलाई पर पड़ी है। कोई भी देश सिर्फ़ संसदीय कायदे-कानून से महान् नहीं होता, बल्कि इसलिए होता है कि उसके नागरिक भले और महान् हैं[1]

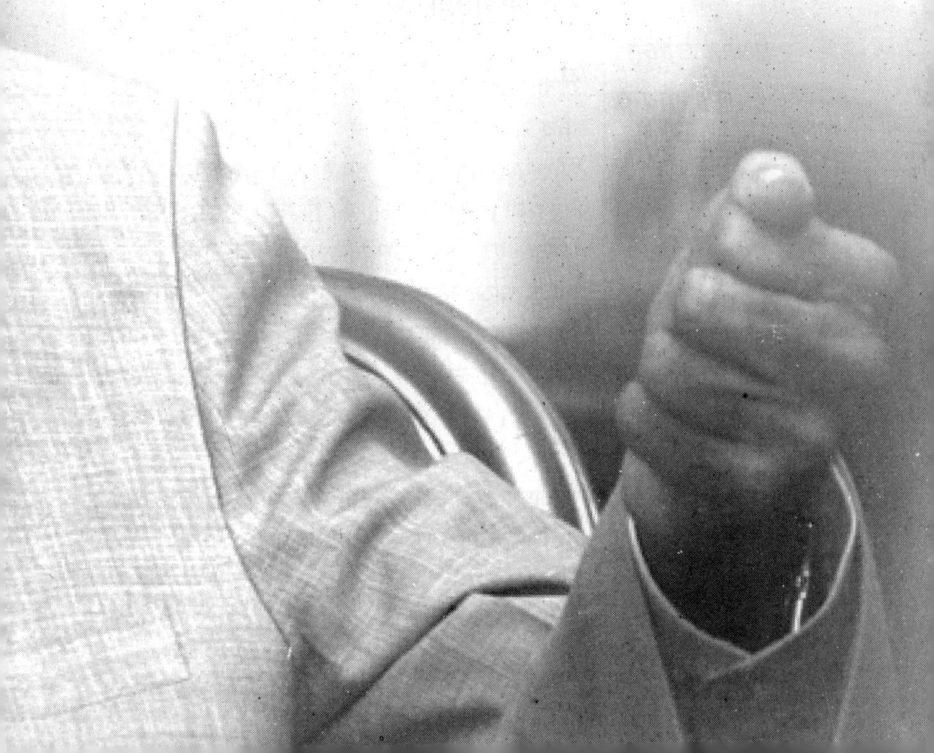

प्रेरक व्यक्तित्व

मेरी ममतामयी माँ

प्रत्येक व्यक्ति का जीवन मानव इतिहास का एक पृष्ठ है, चाहे वह किसी भी पद पर आसीन अथवा किसी भी कार्य में संलग्न हो

द्वितीय विश्वयुद्ध के दौरान हमारा परिवार कठिनाइयों के बीच से गुजर रहा था। मैं उस समय दस साल का था और युद्ध रामेश्वरम में हमारे दरवाजे तक प्रायः पहुँच चुका था। सभी वस्तुओं की किल्लत हो गई थी। हमारा परिवार एक विशाल संयुक्त परिवार था, जिसमें मेरे पिता एवं चाचाओं के परिवारजन एक साथ रहते थे। इस विशाल कुनबे को मेरी दादी और माँ मिलकर सँभालती थीं। घर में कभी भी तीन-तीन पालनों पर बच्चे झूलते रहते थे। खुशी और गम का आना-जाना लगा रहता था।

मैं अपने शिक्षक श्री स्वामीयर के पास गणित पढ़ने जाने के लिए प्रायः चार बजे जग जाता था। वे एक अद्वितीय

गणित-शिक्षक थे। वे निःशुल्क ट्यूशन पढ़ाते थे और एक साल में पाँच ही बच्चों को पढ़ाते थे। अपने सभी छात्रों पर उन्होंने एक कठोर शर्त लगा रखी थी। शर्त यह कि सभी छात्र स्नान करके सुबह पाँच बजे उनकी कक्षा में उपस्थित हो जाएँ। मेरी माँ मुझसे पहले जग जाती थी। वह मुझे नहलाती और ट्यूशन के लिए तैयार करती। मैं साढ़े पाँच बजे घर वापस लौटता। उस समय नमाज़ अदा करने तथा अरबी स्कूल में कुरान शरीफ सीखने के लिए मुझे ले जाने को पिता मेरी प्रतीक्षा कर रहे होते। उसके बाद मैं अपने घर से तीन किलोमीटर की दूरी पर स्थित रामेश्वरम रोड रेलवे स्टेशन पैदल जाता। वहाँ से होकर गुजरने वाली धनुषकोडि मेल से समाचार-पत्रों का बंडल लेता और तेजी से शहर लौटता। शहर में सबसे पहले मैं ही लोगों तक समाचार-पत्र पहुँचाता था। यह ज़िम्मेदारी निभाने के बाद मैं आठ बजे तक घर वापस आ जाता। उस समय मेरी माँ मुझे सामान्य नाश्ता देतीं, जो मेरे अन्य भाई-बहनों को दिये जाने वाले नाश्ते की तुलना में कुछ विशेष होता, क्योंकि मैं पढ़ाई और कमाई एक-साथ करता था। स्कूल की छुट्टी के बाद शाम को मैं फिर ग्राहकों से बकाया राशि की वसूली के लिए निकल पड़ता।

उन दिनों की एक घटना मुझे अभी भी याद है। हम सभी भाई-बहन साथ बैठकर खाना खा रहे थे और माँ मुझे रोटी देती जा रही थी (चूँकि हम भात खाने वाले लोग हैं इसलिए चावल तो खुले बाजार में उपलब्ध था किंतु गेहूँ पर राशनिंग थी)। जब मैं खाना खा चुका तो मेरे बड़े भाई ने मुझे एकांत में बुलाकर डाँटा, "कलाम, जानते हो क्या हुआ? तुम रोटी खाते जा रहे थे और माँ तुम्हें रोटी देती जा रही थी। उसने

अपने हिस्से की भी सारी रोटी तुम्हें दे दीं। अभी घर की परिस्थिति ठीक नहीं है। एक जिम्मेदार बेटा बनो और अपनी माँ को भूखों मत मारो।''

उस दिन पहली बार मुझे सिहरन की अनुभूति हुई। मैं अपने आपको रोक नहीं सका। दौड़कर अपनी माँ के पास गया और भावावेश में उससे लिपट गया।

मैं अब भी पूनम की रात में अपनी माँ को याद करता हूँ। उस स्मृति की छवियाँ मेरी पुस्तक 'अग्नि की उड़ान' में संग्रहीत 'माँ' कविता में उभरी हैं :

मेरी यादों में वे क्षण
हैं जीवंत अभी भी!

दस बरस का बालक मैं–
पूरनमासी की निशि-वेला में
नींद के आगोश में
बड़े भाई-बहनों की ईर्ष्या का पात्र बना
सोया हुआ था तुम्हारी गोद में।

तुममें ही सिमटा था
मेरा पूरा जहान।
माँ, ओ माँ, तू महान!

जाग कर आधी रात में लगता मैं बिलखने
उनींदी आँखों से आँसू लगते झरने
और भीग जाते मेरे घुटने।
भाँप लेती थी तब तू मेरे दर्द को, और
तेरी स्नेहिल पुचकार से
हो जाता दर्द सहज ही छूमंतर।
तेरे वत्सल स्नेह से

मिली अपार शक्ति मुझे–
कि बेख़ौफ़ निकल पड़ा
उसी एक आस-विश्वास के सहारे–
ज़िंदगी की डगर पर
जीतने जहान को।

है मुझको विश्वास — पूरा है विश्वास
कि हम फिर मिलेंगे कयामत के दिन
रहूँगा नहीं मैं, माँ,
तब भी अकेला — तुम्हारे बिन।

यह मेरी माँ की कहानी है। वह तिरानवे साल की उम्र तक जीवित रहीं। वह एक स्नेहशील, दयालु और धार्मिक प्रवृत्ति की महिला थीं। मेरी माँ रोज़ पाँच बार नमाज़ अदा करती थीं। मैंने जब भी उन्हें नमाज़ अदा करते हुए देखा तब तब मैं प्रेरित हुआ और मैंने अपने अंदर परिवर्तन महसूस किया।

नारी ईश्वर की एक सुंदर रचना है। मैं दो महान महिलाओं की स्मृति से सदैव प्रेरित एवं उत्साहित होता रहा हूँ। इनमें से एक मेरी माँ है तथा दूसरी भारतरत्न एम. एस. सुब्बुलक्ष्मी।

भारतरत्न एम. एस. सुब्बुलक्ष्मी

दूसरी महान माँ कर्णाटक संगीत की जननी एम. एस. सुब्बुलक्ष्मी थीं। मैंने पहली बार उन्हें सन् 1950 में तंजौर में आयोजित त्यागराज समारोह में सुना था। प्रत्येक वर्ष जनवरी मास में इस समारोह का आयोजन किया जाता है। मैं उस समय त्रिची में कॉलेज में पढ़ता था। इस समारोह में मैं अपने संगीतप्रेमी मित्र संथानम् के साथ

गया था। पंचरत्नकृति के पश्चात् एम. एस. सुब्बुलक्ष्मी ने 'एन्डारो महानुभवालू अंधरिग्गी वंदामुलु' वाला प्रसिद्ध त्यागराज कीर्तन गाया। ऐसा लगा कि यह गीत मेरे अंदर समा गया है तथा आनंद एवं प्रसन्नता से मेरा तन-मन ऊर्जावान हो उठा। इस गीत का भाव अत्यंत सशक्त था। और फिर वह अदाकारी! मैं जीवनभर के लिए एम. एस. सुब्बुलक्ष्मी का प्रशंसक बन गया।

भक्ति हमारे अपने हृदय में विराजमान ईश्वर के प्रति व्यक्त की गई हमारी निष्ठा के सिवा कुछ नहीं है

एम. एस. सुब्बुलक्ष्मी के अनुसार, "भक्ति हमारे अपने हृदय में विराजमान ईश्वर के प्रति व्यक्त की गई हमारी निष्ठा के सिवा कुछ नहीं। एक बार हृदय में विराजमान ईश्वर के प्रति अनुरागपूर्ण श्रद्धा उत्पन्न हो जाती है तो हमारे मन में संपूर्ण संसार के प्रति वैसा ही प्रेम उत्पन्न होना निश्चित है। इसका कारण यह है कि एक ही दिव्य सत्य संपूर्ण संसार में मौजूद है। भक्त जब इस अवस्था को प्राप्त कर लेता है तो मानव-मात्र की सेवा ही उसका सिद्धांत बन जाता है।"

एम. एस. से विभिन्न संगीत समारोहों में मिलने का सौभाग्य मुझे प्राप्त हुआ। सन् 1988 में जब राष्ट्रपति भवन के अशोक हॉल में भारतरत्न से उन्हें सम्मानित किया गया तो वह मेरे लिए अपार प्रसन्नता का क्षण था। मैं उनकी बगल में बैठा हुआ था। उन्होंने मेरे माथे को स्पर्श कर मुझे आशीर्वाद दिया। वह क्षण मेरे जीवन के महानतम क्षणों में से एक था। उनकी मान्यता थी कि किसी भी राग का उद्देश्य श्रोता के मन को ईश्वर एवं उसकी समस्त सृष्टि की ओर उन्मुख करना है।

12 दिसम्बर, 2004 को जब उनकी मृत्यु हुई तो उस समय मैं उनके घर पर मौजूद था। उन्हें चिरंतन आध्यात्मिक शांति में लीन देखकर मैंने उन्हें इस प्रकार अपने श्रद्धासुमन अर्पित किए :

आपने श्रीरागम् के गायन में उत्कृष्टता के कीर्तिमान
कायम किये
भक्ति संगीत में छुईं महान ऊँचाइयाँ,
पारंगत थीं आप अण्णमाचार्य, पुरंदरदास के कीर्तनों में
कर्णाटक संगीत की त्रिमूर्ति के गायन में।
काल में समाहित भले हो गई हैं आप
सम्मोहक सुंदर संगीत किंतु आपका
आगे युग-युगों तक रहेगा कानों में गूँजता।
संगीत में जनमीं, जीईं, साँस-दर-साँस संगीत में
जा मिलीं अंत में अनातीत दिव्य संगीत में।[2]

पाँच महान् आत्माएँ

अपने माता-पिता एवं शिक्षकों के अतिरिक्त पाँच वैज्ञानिकों ने मुझे प्रेरित एवं प्रभावित किया। इन वैज्ञानिकों को मैं महान् आत्मा मानता हूँ।

प्रो. विक्रम साराभाई

मुझे प्रो. विक्रम साराभाई के साथ सात वर्षों तक कार्य करने का सौभाग्य प्राप्त है। उनके सान्निध्य में काम करते हुए मैंने भारतीय अंतरिक्ष कार्यक्रम की कल्पना को सच में रूपांतरित होते देखा था। सन् 1970 में तैयार किये गये एक पृष्ठ के एक वक्तव्य में उल्लेख हुआ था "भारत को अपने प्रबल वैज्ञानिक ज्ञान एवं युवाशक्ति के बल पर उपग्रह संचार, दूरसंवेदी एवं मौसम विज्ञान संबंधी अंतरिक्ष यान का निर्माण एवं अपनी धरती से प्रक्षेपण करना चाहिए ताकि इन क्षेत्रों में भारतीय जीवन समृद्ध हो सके।" प्रो. साराभाई जैसे कास्मिक-रे (cosmic-ray) भौतिकवेत्ता एवं महान वैज्ञानिक के वर्षों के अथक

जब भी मैं डॉ. साराभाई के एक पृष्ठ के प्रकल्पना-प्रारूप एवं उसके परिणामों पर विचार करता हूँ तो अभिभूत हो उठता हूँ

परिश्रम के फलस्वरूप इस एक पृष्ठ के प्रकल्पना-प्रारूप को साकार होते देखना मेरे लिए ज्ञान का एक बहुत-बड़ा स्रोत था। जब भी मैं इस एक पृष्ठ की प्रकल्पना, वक्तव्य एवं इसके परिणामों पर विचार करता हूँ तो अभिभूत हो उठता हूँ। आज हम किसी भी प्रकार के उपग्रह प्रक्षेपण यान तथा अंतरिक्ष यान निर्मित करने एवं भारतीय धरती से उनका प्रक्षेपण करने में सक्षम हैं। इसके लिए भारत के पास व्यापक सुविधा एवं विपुल मानव संसाधन सहित सभी प्रकार की क्षमताएँ हैं।

प्रो. सतीश धवन

भारतीय विज्ञान संस्थान के शिक्षक एवं भारतीय अंतरिक्ष अनुसंधान संगठन के भूतपूर्व अध्यक्ष प्रो. सतीश धवन से भी मैंने बहुत कुछ सीखा। प्रथम उपग्रह प्रक्षेपण यान कार्यक्रम के विकास के लिए मैंने एक दशक तक प्रो. सतीश धवन के साथ काम किया। मेरा सौभाग्य है कि इस कार्यक्रम के लिए मुझे परियोजना निदेशक का दायित्व सौंपा गया।

प्रो. सतीश धवन ने देश के, विशेषकर युवकों के, सामने नेतृत्व की ऐसी मिसाल रखी जो हमें प्रबंधन विषयक किसी पुस्तक में नहीं मिल सकती। उन्होंने अपने स्वयं के उदाहरण से हमें बहुत कुछ सिखाया। जो सबसे महत्वपूर्ण बात मैंने सीखी वह यह थी कि जब कोई मिशन प्रगति पर हो तो हमेशा कुछ न कुछ समस्याएँ अथवा असफलताएँ सामने आएँगी ही, किंतु असफलताओं के कारण कार्यक्रम बाधित नहीं होना चाहिए। नेता को उस समस्या पर नियंत्रण रखना होता है, उसका अंत करना होता है तथा सफलता की दिशा में टीम का नेतृत्व करना पड़ता है। यह अभिज्ञान तभी से मेरे अंदर जगह बनाए हुए है और कभी मैं उसे भूल नहीं पाता।

प्रो. ब्रह्म प्रकाश

एक अन्य महान शिक्षक जिन्होंने मुझे प्रेरित किया वे प्रो. ब्रह्म प्रकाश थे। जब मैं एस.एल.वी.-3 कार्यक्रम का परियोजना निदेशक था तो उस समय वे विक्रम साराभाई अंतरिक्ष केंद्र के निदेशक थे।

निदेशक के रूप में अंतरिक्ष विज्ञान एवं प्रौद्योगिकी के विकास के लिए प्रो. ब्रह्म प्रकाश ने सैकड़ों निर्णय लिए। उनके जिस एक निर्णय की मैं सदैव प्रशंसा करता रहूँगा वह यह था कि एक बार जब एस.एल.वी.-3 जैसे किसी कार्यक्रम को मंजूरी मिल जाती है तो अंतरिक्ष विभाग सहित विक्रम साराभाई अंतरिक्ष केंद्र एवं भारतीय अंतरिक्ष अनुसंधान संगठन (इसरो) जैसे विभिन्न संगठनों की प्रयोगशालाओं एवं केंद्रों को कार्यक्रम के निर्धारित लक्ष्य को पूरा करने के लिए टीम के रूप में साथ-साथ काम करना होगा। सन् 1973 एवं 1980 के बीच वित्तीय संकट काफी थे और विभिन्न लघु परियोजनाओं की ओर से माँग की होड़ लगी थी। किंतु उन्होंने अपनी संपूर्ण वैज्ञानिक एवं प्रौद्योगिकी सक्रियता को एस.एल.वी.-3 एवं इसके उपग्रह के विकास पर केंद्रित कर दिया।

जब मैं यह कहता हूँ कि प्रो. ब्रह्म प्रकाश शालीनतापूर्ण प्रबंधन के विकास के लिए प्रसिद्ध हैं, तो मैं इस संबंध में कुछ उदाहरण प्रस्तुत करना चाहता हूँ। पहली बार उन्होंने ही रोहिणी उपग्रह को कक्षा में स्थापित करने के मिशन को पूरा करने की दिशा में एस.एल.वी.-3 कार्यक्रम के लिए व्यापक प्रबंधन योजना विकसित की थी। जब मेरे कार्यदल ने एस.एल.वी.-3 की प्रबंधन योजना तैयार कर ली तो तीन माह की अवधि के अंदर उन्होंने अंतरिक्ष वैज्ञानिक कमिटी की लगभग पन्द्रह व्यापक परिचर्चा वाली बैठकें आयोजित कीं। चर्चा और अनुमोदन के बाद ही इस

प्रबंधन-योजना पर प्रो. ब्रह्म प्रकाश ने हस्ताक्षर किये। इस प्रकार यह योजना पूरे संगठन के मार्गदर्शन एवं कार्य को दिशा देने वाली योजना बन गई।

यह अंतरिक्ष विज्ञान के क्षेत्र में राष्ट्रीय प्रकल्पना को मिशनस्तरीय कार्यक्रम में बदलने की शुरुआत थी। प्रबंधन-योजना के विकास के दौरान मैंने देखा कि किस प्रकार विभिन्न प्रकार के विचार उभरकर सामने आए और मुख्य मिशन के कारण कुछ लोग अपनी निजता खोने से सशंकित थे। इसीलिए वे क्रुद्ध एवं नाराज थे। विभिन्न प्रबंधन बैठकों के दौरान लगातार सुलगती सिगरेटों के धुएँ के बीच भी प्रो. ब्रह्म प्रकाश मुस्कुराते रहते थे और उनकी विनम्र उपस्थिति से लोगों के क्रोध, भय एवं पूर्वाग्रह धुआँ हो जाते थे।

जब कोई अभियान प्रगति पर हो तो हमेशा कुछ-न-कुछ समस्याएँ या असफलताएँ सामने आती ही हैं, किंतु असफलताओं के कारण कार्यक्रम बाधित नहीं होना चाहिए

आज 'इसरो' के विभिन्न केंद्रों में अंतरिक्ष-कार्यक्रम, उपग्रह प्रक्षेपण यान, वैज्ञानिक प्रयोग तथा प्रक्षेपण-मिशन सहयोग एवं समन्वय की भावना से संचालित हो रहे हैं। मैं इस महान पराक्रमी आत्मा को धन्यवाद देता हूँ जो भारतीय विज्ञान संस्थान में धातुकर्म विज्ञान (मेटलर्जी) के प्रसिद्ध प्रोफेसर थे तथा जिन्होंने शालीनतापूर्ण प्रबंधन की अवधारणा को विकसित किया।

प्रो. एम. जी. के. मेनन

मेरे जीवन में कुछ अचानक दिखने वाली अथवा नियोजित लगने वाली अनुपम घटनाएँ घटीं। ऐसी घटनाओं को साकार करने में दो महान वैज्ञानिकों का योगदान रहा है।

सन् 1962 में मैं रक्षा मंत्रालय के अंतर्गत एरोनॉटिकल डेवलपमेंट इस्टेब्लिशमेंट (ए.डी.ई.) में वरिष्ठ वैज्ञानिक

सहायक के रूप में कार्यरत था। मेरा कार्य हूवरक्राफ्ट विकास कार्यक्रम को नेतृत्व प्रदान करना था। इस कार्यक्रम की जिम्मेदारी हूवरक्राफ्ट का डिजाइन, विकास एवं पाइलटिंग करना है।

एक दिन मेरे निदेशक ने कहा कि एक बड़े वैज्ञानिक आ रहे हैं और मुझे उनके समक्ष हूवरक्राफ्ट के डिजाइन का वर्णन करना है तथा एक उड़ान भी प्रदर्शित करनी है। मैंने अपने सामने दाढ़ी वाले एक दार्शनिक जैसे युवक को देखा। वे प्रो. एम. जी. के. मेनन, टाटा इंस्टीट्यूट ऑफ फंडामेंटल रिसर्च (टी.आई.एफ.आर.) के निदेशक थे। महज बीस मिनट में मैं उन्हें हूवरक्राफ्ट में सहयात्री के रूप में ले गया और पक्की सड़क पर आकर्षक एवं युक्तिपूर्ण उड़ान भरकर दिखायी। उन्हें उड़ान पसंद आयी तथा उन्होंने मुझे बधाई दी। मैंने सोचा कि जिस प्रकार अन्य महत्वपूर्ण व्यक्ति आते हैं उसी प्रकार ये भी आए और चले गए।

किंतु एक सप्ताह के बाद मुझे एक तार मिला (उन दिनों ई-मेल की सुविधा नहीं थी), जिसमें मुझे टी.आई.एफ.आर. मुंबई, में रॉकेट इंजीनियर पद के लिए साक्षात्कार में उपस्थित होने को कहा गया था। ए.डी.ई. के निदेशक ने मुख्यालय से विशेष अनुमति लेकर मेरे लिए एक ओर से विमानयात्रा की व्यवस्था करवा दी और मैं साक्षात्कार के लिए चला गया। साक्षात्कार समिति में वहाँ तीन व्यक्ति थे प्रो. विक्रम साराभाई जिनसे मैं पहली बार मिल रहा था, दूसरे प्रो. एम.जी.के. मेनन तथा प्रशासन की ओर से श्री साफ। साक्षात्कार भी बड़ा दिलचस्प था। प्रो. साराभाई ने मुझसे वे प्रश्न पूछे जिनके उत्तर मैं जानता था न कि वे जिनके उत्तर मैं नहीं जानता था। मेरे लिए यह नए प्रकार का साक्षात्कार था। साक्षात्कार के एक घंटे के अंदर मुझे सूचित किया गया कि इस पद के लिए मुझे चुन लिया गया

है और इस तरह मेरे जीवन की दिशा रक्षा से अंतरिक्ष कार्यक्रम की ओर मुड़ गयी।

डॉ. राजा रमन्ना

एस.एल.वी.-3 मिशन पूरा होने के बाद मेरे जीवन में एक और नए अध्याय की शुरुआत हुई। सन् 1981 में देहरादून स्थित डिफेंस इलेक्ट्रॉनिक्स एप्लीकेशन लेबोरेटरी में, देश के लिए सफल प्रौद्योगिकीय एवं वैज्ञानिक कार्यक्रमों की प्रस्तुति के संबंध में एक व्याख्यानमाला आयोजित की गई थी। मेरे व्याख्यान से पहले, रक्षामंत्री के तत्कालीन वैज्ञानिक सलाहकार डॉ. राजा रमन्ना ने पोखरण-1 परमाणु परीक्षण पर भाषण दिया। उन्होंने उसकी प्रौद्योगिकी एवं प्रबंधन संबंधी चुनौतियों पर प्रकाश डाला। वही उस कार्यक्रम की अध्यक्षता कर रहे थे। उनके बाद दूसरा वक्ता मैं था।

मेरे व्याख्यान का विषय भारत के प्रथम उपग्रह प्रक्षेपण यान के विकास हेतु प्रबंधन प्रणाली के विकास से संदर्भित था। भोजन-अवकाश के समय डॉ. राजा रमन्ना ने मुझे सूचित किया कि वे दस मिनट के लिए मुझसे मिलना चाहते हैं। मुझे अभी भी याद है कि मार्च, 1981 के एक रविवार को सायं पाँच बजे मैं उनसे मिला था। उस मुलाकात में महान् परमाणु वैज्ञानिक डॉ. राजा रमन्ना ने मुझसे कहा था कि डिफेंस रिसर्च एवं डिजाइन आर्गेनाइजेशन द्वारा तैयार मिसाइल कार्यक्रम का नेतृत्व करने की क्षमता आप में है। यह बात मैं पूरे विश्वास से कह रहा हूँ। इस कार्यक्रम के लिए मुख्य प्रयोगशाला डिफेंस रिसर्च एंड लेबोरेटरी (डी.आर.डी.एल.) थी। उन्होंने मुझे उसका निदेशक बनने के लिए आमंत्रित किया। इससे मुझे बेहद प्रसन्नता हुई। यह रक्षा विभाग में मेरे पुनः

प्रवेश की शुरुआत थी। उसी के बाद मिसाइल कार्यक्रम का विकास हुआ। शेष बातें तो इतिहास की धरोहर हैं। डॉ. राजा रमन्ना भारतीय विज्ञान संस्थान, बंगलोर की परिषद् के अध्यक्ष थे। उन्होंने एक दशक से अधिक समय तक इस संस्था के भाग्य को सँवारने का काम किया।

दोबारा किसी संस्था में फिर से जुड़ने पर जो समस्याएँ सामने आती हैं वे रक्षा विभाग में मेरी पुनः वापसी के बाद मेरे सामने भी आईं। यहाँ मेरा कार्य मुश्किलों से भरा था। हालाँकि डॉ. राजा रमन्ना ने मेरा चयन किया था, किंतु प्रो. सतीश धवन का मानना था कि जिस वातावरण में मुझे काम करना है उसमें मैं सफल नहीं हो पाऊँगा। इस कठिन समय में जिस व्यक्ति ने मेरी सहायता की, वे थे प्रो. सतीश धवन के निकट मित्र तथा भारतीय विज्ञान संस्थान के तत्कालीन निदेशक प्रो. रामाशेषन। कंपोजिट मैटीरियल विकास में मेरी रुचि के कारण मेरा उनसे परिचय हुआ था। प्रो. रामाशेषन ही ने प्रो. धवन को मुझे डी.आर.डी.ओ. में फिर से सम्मिलित होने की अनुमति देने के लिए मनाया था, अन्यथा वहाँ मेरा पुनः प्रवेश संभव नहीं हो पाता।[3]

महान् भविष्यदृष्टा

प्रौद्योगिकी एवं प्रयोगधर्मी प्रबंधन के सहारे अपने संबंधित क्षेत्रों में मौलिक क्षमता का निर्माण करते हुए भारत का स्वरूप परिवर्तन करने वाले स्वप्नदृष्टाओं में राजनेता एवं कृषि वैज्ञानिक श्री सी. सुब्रह्मण्यम् अग्रणी थे। उन्होंने प्रो. एम.एस. स्वामीनाथन के सहयोग से भारत में साठ के दशक में हरित क्रांति संभव की थी। यदि हरित क्रांति न हुई होती तो अभी भी हम लोग अन्न के मामले में आत्मनिर्भर न हो पाते।

इसी अवधि में भारत को दुनिया का सबसे बड़ा दुग्ध उत्पादक देश बनाने के लिए डॉ. वर्गीज़ कुरियन ने श्वेत क्रांति की शुरुआत की और नाभिकीय ऊर्जा के क्षेत्र में डॉ. होमी भाभा ने अनुसंधान एवं परियोजनाओं को दिशा-निर्देश दिया, जिसके फलस्वरूप विद्युत उत्पादन, नाभिकीय औषधि एवं परमाणु हथियारों के विकास में वृद्धि हुई।

भविष्यदृष्टा नए राष्ट्र का निर्माण कर सकते हैं

राष्ट्रपति शेख ज़ायेद बिन सुल्तान अल नहायाँ सन् 1966 से अबूधाबी-अमीरात के शासक हैं। संयुक्त अरब अमीरात संघ की स्थापना में उनकी प्रमुख भूमिका रही है। इस संघ का निर्माण सन् 1971 में हुआ था। उस समय यह क्षेत्र मरुस्थल था और ऊँट ही सबसे सुलभ परिवहन माध्यम था। संयुक्त अरब अमीरात के अबूधाबी-अमीरात एवं अन्य राज्य अत्यंत गरीब एवं अविकसित थे। अर्थव्यवस्था मछली पालन एवं तटीय क्षेत्रों में मोती चुनने जैसे परंपरागत कार्यों पर आधारित थी। किंतु जापान द्वारा कृत्रिम मोती के विकास से विश्व में खाड़ी देशों का उच्चस्तरीय प्राकृतिक मोती का बाज़ार नष्ट हो गया। इस देश के लिए, अपनी आर्थिक प्रगति के लिए मोती उद्योग पर निर्भर रहना संभव नहीं रह गया था।

कायाकल्प या रूपांतरण दूरदर्शी कल्पना, नये सोच एवं प्रेरणादायी उत्साह के संयोग का परिणाम होता है

किंतु अब यह सब इतिहास की बात हो चुकी है और इस देश का चेहरा ही बदल गया है। दस लेन वाली सड़कें, आधुनिक परिवहन व्यवस्था, हरे-भरे वन एवं सुंदर जीव-जंतु, मस्जिद, कारखाने, स्वास्थ्य केंद्र, स्कूल, तरणताल और प्रत्येक नागरिक के लिए रोजगार के समुचित साधन वहाँ मौजूद हैं। चार दशक से भी कम समय में यह कायाकल्प राष्ट्रपति शेख ज़ायेद की दूरदर्शी

प्रकल्पना, नये सोच एवं उनके महान व्यक्तित्व में मौजूद प्रेरणादायी उत्साह का परिणाम है। उन्होंने एक मरुस्थल को सुंदर नगरों एवं सुविधा-संपन्न गाँवों के देश में रूपांतरित कर दिया है। वहाँ अच्छी दूरसंचार व्यवस्था है, परिवहन संपर्क है एवं प्रति व्यक्ति आय-दर ऊँची है।

इसी प्रकार दुबई के पूर्व शासक स्व. शेख़ रशीद ने, इस विश्वास के साथ कि सब कुछ संभव है, अपने यहाँ बंदरगाह, वायुमार्ग एवं सड़क परिवहन के साथ-साथ तेजी से व्यवसाय एवं व्यापार के विकास की कई परियोजनाओं की स्थापना की। दुबई का यह कायाकल्प वहाँ के शासकों की कल्पनाशीलता और दूरदृष्टि के व्यापक प्रयासों का परिणाम है।

किस प्रेरणा से संयुक्त अरब अमीरात की इन दो महान् हस्तियों ने ऐसे सपने देखे और ऐसी दूरदृष्टि हासिल की? इसका एक कारण जो मैं खोज पाया वह यह है कि ये

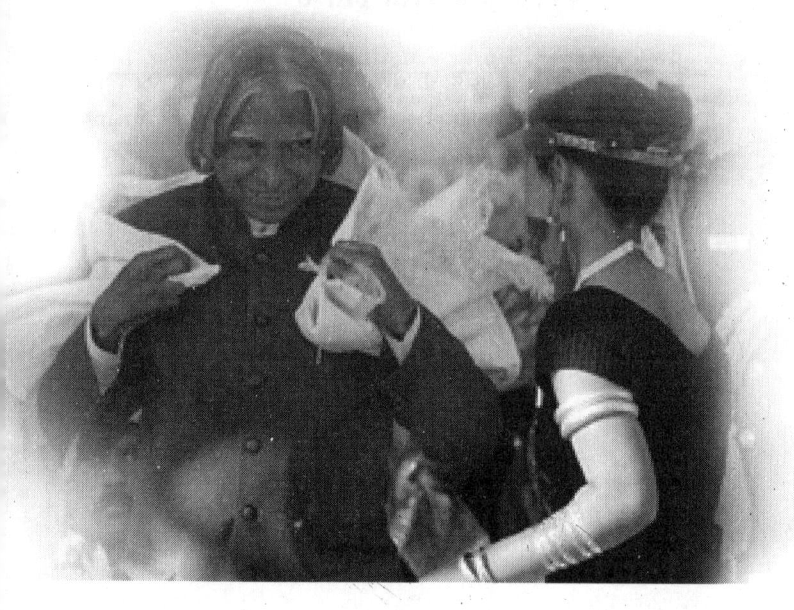

स्वप्नदर्शी व्यक्तित्व अपनी जनता से स्नेह करते थे। वे अपने देशवासियों को सुविधायुक्त आवास, रोजगार एवं स्वच्छ पर्यावरण देना चाहते थे। उदाहरण के रूप में, मरुस्थल में जल की भारी किल्लत रहती है। किंतु अब वहाँ जल पर्याप्त मात्रा में उपलब्ध है। समुद्र के पानी का खारापन दूर कर वहाँ जल की आपूर्ति की जाती है। मैंने अबूधाबी में खारापन दूर करने वाला विशालतम संयंत्र देखा। मरुस्थलीय परिवेश के बावजूद उन्हें ईश्वर ने भूगर्भ एवं समुद्रतट से प्राप्त होने वाले तेल, प्राकृतिक गैस एवं ऊर्जा के मामले में संपन्न बना रखा है।

कुछ कर दिखाने के लिए अपनी सारी प्रतिभा और जिजीविषा से जुटे रहने वाले लोगों से कल्पना चावला प्रेरित होती थी

इन दूरदृष्टिसंपन्न स्वप्नदृष्टाओं ने तेल एवं प्राकृतिक गैस के भंडार का उपयोग संयुक्त अरब अमीरात के समग्र विकास में किया और यह सुनिश्चित किया कि इस नई संपदा का लाभ लोगों तक पहुँचे।[4]

आप किससे प्रेरित होते हैं?

हम सभी प्रथम भारतीय महिला अंतरिक्ष यात्री कल्पना चावला को जानते हैं। वह हमारी युवापीढ़ी के लिए एक महान प्रेरणास्रोत है। वह अपने को आकाशगंगा की पुत्री मानती थी। पाठ्यक्रमों को पूरा करने के लिए अपने शिक्षकों द्वारा किये गये प्रयासों से वह प्रेरित होती थी। शिक्षकों द्वारा, नए विचारों के विकास के लिए, अपने छात्रों के साथ किए जाने वाले प्रयोगों के लिए अतिरिक्त समय दिया जाना उसे प्रेरित करता था। वह कहती थी कि जीवन के प्रत्येक क्षेत्र में कार्यरत लोगों से प्रतिदिन मुझे प्रेरणा मिलती है और यह कि कुछ कर दिखाने के लिए अपनी सारी प्रतिभा और जिजीविषा से जुटे रहने वाले लोगों से मैं प्रेरित होती हूँ।[5]

मेरे शिक्षक

सात साल के लिए कोई बच्चा
मेरी निगरानी में रह जाये,
फिर भगवान हो या शैतान,
कोई भी उसे बदल नहीं सकता[1]

मेरे शिक्षक

शिक्षक की भूमिका एवं दायित्व

शिक्षकों का महान् ध्येय युवा-मस्तिष्कों को तेजस्वी बनाना है। तेजस्वी युवा धरती पर, धरती के नीचे और ऊपर आसमान में सबसे सशक्त संसाधन हैं।[2] शिक्षक की भूमिका उस सीढ़ी जैसी है, जिसके जरिये लोग जीवन की ऊँचाइयों को छूते हैं, लेकिन सीढ़ी वहीं की वहीं रहती है। 'सांप और सीढ़ी' खेल की भाँति, सीढ़ी एक व्यक्ति को साँपों के लोक तक पहुँचा सकती है और असीमित सफलताओं की दुनिया तक भी। ऐसा उदार है इस पेशे का स्वभाव। हमारे समाज में और एक बच्चे के जीवन में शिक्षक का स्थान माता-पिता के बाद, लेकिन ईश्वर से पहले आता है माता-पिता, गुरु और फिर ईश्वर। ऐसी महत्ता, मेरी जानकारी में, दुनिया

में किसी और पेशे की नहीं है कि वह समाज के लिए शिक्षक़ से बढ़कर महत्वपूर्ण हो।[3]

शिक्षक, विशेषकर स्कूली शिक्षक के सामने व्यक्ति के जीवन को सँवारने की भारी जिम्मेदारी होती है। बचपन ही वह आधारशिला है जिस पर ज़िंदगी की इमारत खड़ी होती है। जैसा बीज बचपन में बोया जाता है वैसा ही जीवन के वृक्ष में फल लगता है। इसीलिए बचपन में दी जाने वाली शिक्षा कॉलेज एवं यूनिवर्सिटी में दी जाने वाली शिक्षा से अधिक महत्वपूर्ण होती है।[4]

मैं मानता हूँ कि दुनिया में समाज के लिए शिक्षक से अधिक महत्वपूर्ण दायित्व किसी अन्य का नहीं है

शिक्षकों का ध्येय बच्चों का चरित्र निर्माण करना तथा ऐसे मूल्यों को रोंपना होना चाहिए जिससे उनकी सीखने की क्षमता में वृद्धि हो। वे उनमें वह आत्मविश्वास पैदा करें कि छात्र कल्पनाशील एवं सृजनशील बन सकें। इस रूप में छात्रों का विकास ही उन्हें भविष्य की चुनौतियों का सामना करते हुए प्रतिस्पर्धा में उतारेगा।

सामान्य प्रक्रिया में शिक्षक कुछेक सर्वोत्तम परिणाम देने वाले छात्रों की ओर आकर्षित होते हैं तथा और अधिक सफलता के लिए उन्हें सतत प्रोत्साहित करते रहते हैं। इसके विपरीत एक शिक्षक की सबसे अहम भूमिका यह है कि वह उन छात्रों पर ध्यान केंद्रित करे जो पढ़ने में कमजोर हैं तथा उनमें बेहतर समझदारी एवं सीखने की प्रवृत्ति विकसित करने के प्रयास करे। ऐसा शिक्षक ही वास्तविक गुरु होता है।

हमारे देश के एक महान् नेता थे भीमराव अम्बेडकर। अम्बेडकर के नाम का महत्व पूरे नाम भीमराव अम्बेडकर में निहित है। भीमराव अछूत कही जाने वाली एक जाति के विद्यार्थी थे तथा अम्बेडकर उनके उच्चवर्ण

के ब्राह्मण शिक्षक। शिक्षक अम्बेडकर अपने विद्यार्थी भीमराव का बहुत ध्यान रखते थे। वे अपने विद्यार्थी को न सिर्फ अपना ज्ञान देते थे, अपितु खाने के लिए प्रायः अपने भोजन का एक हिस्सा भी उसे देते थे। पढ़ाई समाप्त करने के बाद जब भीमराव बैरिस्टर बने, तो अपने उस गुरु को याद रखने के लिए अपना नाम बदलकर भीमराव अम्बेडकर रख लिया।[5]

शिक्षक देश की रीढ़ होते हैं। वे ऐसे स्तंभ होते हैं जिनके बल पर सभी प्रकार की आकांक्षाएँ साकार होती हैं

शिक्षक के गुण

महान शिक्षक एवं भारत के भूतपूर्व राष्ट्रपति डॉ. सर्वपल्ली राधाकृष्णन शिक्षकों को सलाह देते थे कि – "हमें सतत् बौद्धिक निष्ठा एवं सार्वभौम करुणा की खोज में रहना चाहिए। ये दो गुण किसी सच्चे शिक्षक की पहचान हैं।"[6]

एक शिक्षक में अपने पेशे के प्रति प्रतिबद्धता होनी चाहिए। उसे शिक्षण एवं बच्चों से प्रेम होना चाहिए। शिक्षक को जीवनभर अध्ययन करते रहना चाहिए। उसे न सिर्फ विषय की सैद्धांतिक एवं व्यावहारिक बातें पढ़ानी चाहिए, बल्कि छात्रों में हमारी महान् सभ्यता की विरासत एवं सामाजिक मूल्यों की ज़मीन भी तैयार करनी चाहिए। आधुनिक प्रौद्योगिकी की सहायता से शिक्षक छात्रों का ऐसा विकास करे कि वे बिना किसी शिक्षक की सहायता लिए स्वयं सीखने में सक्षम हो सकें।[7]

वे शिक्षक जिन्होंने मुझे प्रभावित किया

मेरे जीवन में मेरे शिक्षकों की अत्यंत महत्वपूर्ण भूमिका

रही है। मैं दो शिक्षकों को विशेष रूप से याद करता हूँ, जिन्होंने मुझे बहुत अधिक प्रभावित किया तथा मेरे जीवन को सँवारने में सहायक हुए।

मेरे प्रथम शिक्षक

जब मैं रामेश्वरम में पाँचवीं कक्षा में पढ़ता था तो श्री शिव सुब्रह्मण्य अय्यर मेरे शिक्षक हुआ करते थे। वे हमारे विद्यालय के सर्वोत्तम शिक्षकों में से थे। उनकी कक्षा में उपस्थित रहना सभी छात्रों को अच्छा लगता था।

एक दिन उन्होंने पक्षियों के उड़ने की क्रिया समझाने के उद्देश्य से कक्षा में एक व्याख्यान दिया। उन्होंने ब्लैकबोर्ड पर पंख, पूंछ एवं सिर को स्पष्ट रूप से दर्शाते हुए एक पक्षी का चित्र बनाया। फिर उन्होंने बताया कि किस प्रकार अपने पंख फड़फड़ाकर चिड़िया उड़ान भरती है तथा किस प्रकार अपनी पूँछ के सहारे उड़ान की दिशा बदलती है। इस विषय पर उन्होंने लगभग पचीस मिनट तक भाषण दिया। उस भाषण में उन्होंने उड़ान भरने, आसमान में स्थिर हो जाने तथा सामूहिक उड़ान जैसी कई धारणाओं को विस्तार से समझाया।

ज्ञान प्राप्त करने के लिए चिंतन एवं कल्पना की स्वतंत्रता आवश्यक है और शिक्षक को इसके लिए उपयुक्त माहौल का निर्माण करना चाहिए

कक्षा के अंत में उन्होंने छात्रों से पूछा कि उन्होंने जो पढ़ाया, उसे छात्र समझ पाए या नहीं? मैंने कहा कि मैं नहीं समझ पाया। यही बात कई अन्य छात्रों ने भी दोहराई। श्री अय्यर हम लोगों के जवाब से विचलित नहीं हुए, बल्कि सभी छात्रों से शाम के वक्त समुद्रतट पर पहुँचने के लिए कहा।

उस शाम रामेश्वरम के समुद्र तट पर पूरी कक्षा के छात्र जमा हुए थे। बालू के टीलों से समुद्र की लहरों की टकराहट का हमने भरपूर लुत्फ उठाया। हमारे शिक्षक अय्यर जी ने हमें दस अथवा बीस के समूह में उड़ते हुए समुद्री पक्षी दिखाए। उन्हें देखकर हम लोग अत्यंत चकित हुए। उन उड़ते पक्षियों की ओर इशारा करते हुए उन्होंने हमसे कहा कि हम उनकी उड़ान पर गौर करें और देखें कि उड़ते समय वे कैसे नज़र आते हैं, किस प्रकार अपने पंखों को फड़फड़ाते हैं। उन्होंने इस बात पर भी ज़ोर दिया कि हमें उन पक्षियों की पूंछ को ध्यानपूर्वक देखना चाहिए और लक्ष्य करना चाहिए कि अपनी इच्छित दिशा में मुड़ने के लिए वे अपनी पूंछ का उपयोग किस तरह करते हैं।

एक अच्छा शिक्षक यथातथ्य योजना बना कर स्वयं को तथा अपने छात्र को ज्ञानप्राप्ति के लिए तैयार करता है

इसके बाद उन्होंने एक प्रश्न पूछा, ''पक्षी के शरीर में इंजन कहाँ है और उस इंजन को शक्ति का बल कहाँ से मिलता है?'' उन्होंने समझाया कि पक्षी को शक्ति उसके अपने जीवन एवं उड़ान भरने की प्रेरणा से मिलती है। ये सभी बातें उन्होंने हमें वास्तविक जीवन की घटनाओं के उदाहरण देकर समझायीं। श्री अय्यर एक महान शिक्षक थे। वे हमें प्रकृति में उपलब्ध वास्तविक उदाहरणों के आधार पर सैद्धांतिक विषय का ज्ञान देते थे। इसे कहते हैं सच्चा अध्यापन।

मेरे लिए यह घटना सिर्फ पक्षी की उड़ान-क्रिया समझने तक सीमित नहीं रही। पक्षी की उड़ान के पाठ ने मेरे दिल में एक खास भावना जगा दी। मैंने सोचा कि भविष्य में मेरे अध्ययन का क्रम उड़ान एवं उड़ान-प्रणाली से संबंधित रहेगा। श्री अय्यर के अध्यापन एवं समुद्र-किनारे की उस घटना ने भविष्य में मुझे अपना पेशा चुनने में मदद की।

एक दिन कक्षाएँ समाप्त होने के बाद शाम को मैंने अपने शिक्षक से पूछा कि किस प्रकार उड़ान-प्रणाली से संबंधित अध्ययन जारी रखने के लिए आगे पढ़ाई की जाय? उन्होंने मुझे तसल्ली से समझाया कि पहले मैं अपनी आठवीं की पढ़ाई पूरी करूँ, फिर हाई स्कूल करूँ; उसके बाद उड़ान-प्रणाली की शिक्षा प्राप्त करने के लिए किसी इंजीनियरिंग कॉलेज में दाखिला लूँ। उन्होंने कहा कि यदि मैं अपनी पूरी पढ़ाई अच्छी तरह कर ले गया तो उड़ान विज्ञान के क्षेत्र में कुछ करने में सक्षम हो सकूँगा। उनकी सलाह पर चलते हुए जब मैंने कॉलेज में दाखिला लिया तो वहाँ भौतिकी का अध्ययन किया और मद्रास इंस्टीट्यूट ऑफ टेक्नोलॉजी में मैंने एरोनॉटिक्स इंजीनियरिंग विषय चुना। पक्षी की उड़ान के प्रदर्शन और शिक्षक महोदय की इस सलाह ने मेरे जीवन को एक लक्ष्य दिया। इससे मेरे जीवन में एक नया मोड़ आया और संयोग से, इसी से मेरा पेशा तय हुआ। एक रॉकेट इंजीनियर, एरोस्पेस इंजीनियर तथा प्रद्योगिकीवेत्ता के रूप में मेरा जीवन रूपांतरित हो गया।[8]

मेरे द्वितीय शिक्षक

एरोस्पेस इंजीनियर के रूप में मैंने रक्षा मंत्रालय, दिल्ली में कार्य किया। इसके बाद मैंने डिफेंस डेवलपमेंट इस्टेब्लिशमेंट, बंगलोर में कार्यभार सँभाला। वहाँ अपने निदेशक की सलाह पर मैंने हूवरक्राफ्ट के विकास की परियोजना चुनी। हूवरक्राफ्ट डिज़ाइन के लिए घूर्णन बल को संतुलित करने वाले सुचारु प्रवाह हेतु नालीयुक्त प्रति-घूर्णन नोदक (डक्टेड कंट्रा-रोटेटिंग प्रोपेलर) के विकास की आवश्यकता थी। मैं प्रचलित नोदक (प्रोपेलर) को डिज़ाइन करना तो जानता था, किंतु

प्रति-घूर्णन नोदक को कैसे डिज़ाइन किया जाय, यह नहीं जानता था। कुछेक मित्रों ने सलाह दी कि मैं भारतीय विज्ञान संस्थान के प्रो. सतीश धवन से मिलूँ, जो अपने एअरोनॉटिकल अनुसंधान के लिए सुविख्यात थे।

अपने निदेशक डॉ. मेंदीरत्ता से अनुमति लेकर मैं प्रो. सतीश धवन से मिलने गया। वे अपने छोटे-से कमरे में बैठे हुए थे। कमरा किताबों से भरा था तथा एक दीवार पर एक ब्लैकबोर्ड लगा था। प्रो. धवन ने पूछा कि क्या समस्या है, जिस पर मैं उनसे चर्चा करना चाहता हूँ। मैंने अपने परियोजना-कार्य की आवश्यकता का उल्लेख किया। वे मुझे उक्त विषय पढ़ाने के लिए तैयार हो गए, बशर्ते छह सप्ताह तक प्रत्येक शनिवार को दोपहर बाद दो से तीन बजे तक भारतीय विज्ञान संस्थान की उनकी कक्षा में मैं उपस्थित रहूँ। विधिवत कक्षा शुरू होने से पहले उन्होंने मेरे लिए संदर्भ सामग्री एवं पुस्तकों की एक सूची तैयार की, ताकि उस सबका अध्ययन मैं पहले से कर रखूँ। मैंने इसे ज्ञानार्जन का एक बहुत बड़ा अवसर माना तथा प्रो. धवन की कक्षा में नियमित रूप से जाना प्रारंभ कर दिया। हर बार, कक्षा शुरू होने से पहले वे विषय संबंधी मेरी समझ को परखने के लिए मुझसे जटिल प्रश्न पूछा करते थे। मैंने पहली बार यह महसूस किया कि किस प्रकार एक अच्छा शिक्षक सफलतापूर्वक यथातथ्य योजना बनाकर खुद को पढ़ाने तथा अपने छात्र को ज्ञानप्राप्ति के लिए तैयार करता है।

यह क्रम अगले छह सप्ताह तक चलता रहा और मैं प्रति-घूर्णन नोदक की रूपरेखा तैयार करने की समन्वित अवधारणा को समझ गया। तब प्रो. धवन ने मुझे एक

निर्धारित हूवरक्राफ्ट संरचना के लिए प्रति-घूर्णन नोदक की रूपरेखा तैयार करने को कहा। उस समय मैंने महसूस किया कि प्रो. सतीश धवन न सिर्फ एक महान शिक्षक थे, अपितु एरोनॉटिकल प्रणालियों के एक अद्भुत डेवलपमेंट इंजीनियर भी थे। रूपरेखा पूरी करने के बाद प्रो. धवन ने उसकी समीक्षा की। इसके बाद हम नोदक बनाने के लिए तैयार थे, और इसके लिए एक विशेष सामग्री की आवश्यकता थी। चूँकि यह सामग्री बाज़ार में सहज उपलब्ध नहीं थी, अतएव प्रो. धवन ने उसके लिए हिंदुस्तान एरोनॉटिकल लिमिटेड के अध्यक्ष से बात की और उनकी सहायता से हम उक्त सामग्री हासिल कर पाए। इस प्रकार बहुस्तरीय सैंडविच संरचना एवं असेम्बली का उपयोग करते हुए मैंने नोदक का निर्माण किया।

टेस्ट ट्रायल के दौरान कुछ समस्याएँ उत्पन्न हुईं, लेकिन जब भी आवश्यकता होती प्रो. धवन परीक्षण देखने आ जाते और समस्या का समाधान ढूँढ़ने में सहायता करते। बाधारहित परीक्षण अवस्था तक पहुँचने के बाद प्रति-घूर्णन नोदक का लगातार पचास घंटे तक परीक्षण किया गया। प्रो. धवन स्वयं वह परीक्षण देखते रहे और इसके बाद उन्होंने मुझे बधाई दी। वह दिन मेरे लिए एक महान दिन था जब मैंने देखा कि हमारे द्वारा डिजाइन किया गया प्रति-घूर्णन नोदक मिशन की आवश्यकताएँ पूरी कर रहा है।

यह पहली रूपरेखा थी जो हमने विकसित की। इससे मेरा आत्मविश्वास बढ़ा तथा बाद में अपने पेशे के दौरान कई जटिल एरोस्पेस प्रणाली की रूपरेखाएँ मैंने विकसित कीं। इस परियोजना के माध्यम से मैंने न सिर्फ प्रति-घूर्णन नोदक की रूपरेखा तैयार करने की तकनीक सीखी,

अपितु विकास के चरण में, कई प्रकार की असफलताओं के बावजूद, समस्या पर काबू पाना तथा प्रणाली को कार्यशील बनाना भी सीखा।

इन दोनों शिक्षकों से मैंने जीवन में दो महत्वपूर्ण बातें सीखीं। पहली यह कि शिक्षक 'रोल मॉडल' होता है। वह न सिर्फ हमें ज्ञान देता है, अपितु हमारे जीवन को सँवारते समय उसके मन में महान सपने एवं उद्देश्य होते हैं। दूसरी बात यह कि शिक्षा एवं ज्ञानार्जन की संपूर्ण प्रक्रिया का परिणाम यह होना चाहिए कि व्यक्ति में पेशेवर क्षमता का विकास हो और उसमें इस आत्मविश्वास और इच्छा-शक्ति का उदय हो कि दृढ़तापूर्वक सारी बाधाओं को पार कर एक रूपरेखा, एक उत्पाद प्रणाली का विकास कर सके।[9]

माता-पिता एवं शिक्षकों को यह समझना चाहिए कि इस संसार में हम में से प्रत्येक व्यक्ति मानव इतिहास में एक पृष्ठ का निर्माण करता है; चाहे किसी भी हैसियत का वह हो। मैं महसूस करता हूँ कि मानव इतिहास में मेरा अनुभव नन्हे बिंदु के समान है, किंतु इस बिंदु में जीवन है, इसमें प्रकाश है। इसके विपरीत एक शिक्षक का जीवन कई दीपों को प्रज्वलित करता है।[10]

शिक्षक आपको भविष्य के लिए तैयार करता है

सेंट जोसेफ कॉलेज त्रिचिरापल्ली में, युवा छात्र के रूप में, मुझे एक अनुपम दिव्य व्यक्तित्व के दर्शन का सौभाग्य प्राप्त हुआ। वे प्रत्येक दिन सुबह कॉलेज कैम्पस से होते हुए बी. एस-सी. तथा एम. ए. के छात्रों को गणित पढ़ाने के लिए जाते थे। युवा छात्र उनको

सम्मान की भावना से देखते थे। उनका व्यक्तित्व विद्वत्ता एवं संस्कृति का सर्वश्रेष्ठ प्रतीक था। जब वे चलते थे तो लगता था जैसे उनके चारों तरफ ज्ञान का प्रकाश फैला हुआ हो। ये महान हस्ती गणित के प्रसिद्ध शिक्षक प्रो. तोताद्री अयंगार थे।

शिक्षकों का महान ध्येय युवा मस्तिष्कों को तेजस्वी बनाना है

उस समय 'कैलकुलस श्रीनिवासन' मेरे गणित शिक्षक थे। वे प्रो. तोताद्री अयंगार का उल्लेख अत्यंत सम्मान के साथ करते थे। उन दिनों वे और प्रो. तोताद्री अयंगार प्रथम वर्ष के छात्रों की कक्षाएँ लेते थे। मुझे प्रो. अयंगार की, आधुनिक बीजगणित, सांख्यिकी आदि विषयों की, कक्षा में बैठने का अवसर मिला था। और एक बार मैंने सुना कि वे 'कॉम्पलेक्स वैरिएबल्स' पढ़ा रहे हैं।

कैलकुलस श्रीनिवासन अपनी कक्षा के दस मेधावी छात्रों को सेंट जोसेफ कॉलेज के गणित क्लब के लिए चुनते थे जहाँ प्रो. तोताद्री अयंगार व्याख्यान दिया करते थे। सन् 1952 में दिये गये उनके एक व्याख्यान को मैं अभी भी याद करता हूँ, जिसमें उन्होंने चार महान गणितज्ञ एवं खगोलवेत्ताओं, आर्यभट्ट, भास्कर, ब्रह्मगुप्त और रामानुजम् की उपलब्धियों से हमें परिचित कराया था। वह व्याख्यान मेरे कानों में अभी भी गूँज रहा है। ऐसी प्रेरक विद्वत्ता एवं व्याख्यान ही मेरी शिक्षा के आधार बने।

आशा और मूल्य आधारित शिक्षण में विश्वास करने वाले प्राथमिक, माध्यमिक और कॉलेज शिक्षा के मेरे शिक्षकों ने मुझे कई दशक आगे के लिए तैयार कर दिया।[11]

शिक्षण का ध्येय

देश के सर्वाधिक मेधावी व्यक्तियों को शिक्षक बनना चाहिए

शिक्षण का उद्देश्य छात्रों में राष्ट्र निर्माण की क्षमताएँ पैदा करना है। ये क्षमताएँ शिक्षण संस्थानों के ध्येय से प्राप्त होती हैं तथा शिक्षकों के अनुभव से सुदृढ़ होती हैं, ताकि शिक्षण संस्थान से निकलने के बाद छात्रों में नेतृत्वकारी विशिष्टताएँ आ जाएँ।

मेरे मानस में एक चित्र उभरता है कि प्रत्येक शिक्षण संस्थान के परिसर से सैकड़ों-हज़ारों प्रबुद्ध छात्र, शिक्षा प्राप्त कर, बाहर आ रहे हैं तथा विश्व शांति एवं समृद्धि की दिशा में अग्रसर देश और दुनिया को संपन्न बना रहे हैं।[12]

एक कथन है, ''यदि आप निष्ठावान हैं तो और कोई चीज अर्थ नहीं रखती। यदि आप निष्ठावान नहीं हैं तो किसी भी दूसरी चीज का कोई अर्थ नहीं है।'' इस कथन से एक समीक्षात्मक संदेश मिलता है। यदि समाज में एक लाख योग्य, चरित्रवान एवं निष्ठावान छात्र हो जाएँ तो वर्तमान कमजोर समाज को प्रत्येक पाँच वर्ष में एक बड़ा सुखद झटका दिया जा सकता है। और यह कार्य शिक्षक, जो कि गुरु हैं, प्रेरणास्रोत हैं, वही कर सकते हैं।[13]

अध्यापन एवं अध्ययन का दोहरा दायित्व

अध्ययन के लिए चिंतन एवं कल्पना की स्वतंत्रता आवश्यक है। यह शिक्षक एवं शिक्षा प्रणाली के द्वारा ही सम्भव होता है। शिक्षकों को चुनौतीपूर्ण प्रश्न पूछने चाहिए तथा छात्रों को उनके बारे में सोचने एवं उचित

उत्तर के साथ सामने आने की अनुमति देनी चाहिए। शिक्षकों को भी छात्रों द्वारा पूछे गये प्रश्नों के उत्तर ढूँढ़ने चाहिए अथवा, कम से कम, छात्रों को वे ऐसी दृष्टि तो प्रदान ही करें जिससे छात्र स्वयं उत्तर ढूँढ़ सकें। वस्तुतः शिक्षक को एक आजीवन स्वायत्त शिक्षार्थी का निर्माण करना है जो एक प्रबुद्ध नागरिक के रूप में विकसित होगा।[14]

विगत पाँच वर्षों के दौरान देश के सभी भागों के दस लाख से अधिक छात्रों से मैं मिल चुका हूँ, विशेषकर दस से सत्रह वर्ष की आयु वर्ग के, और मेरी कोशिश रहती है कि मैं कम से कम उनके दस-पंद्रह प्रश्नों के उत्तर दूँ। इसके साथ-साथ, मैं अपने वेबसाइट के माध्यम से भारत एवं विदेश के छात्रों के हजारों प्रश्नों के उत्तर दे चुका हूँ। मैं इन विशिष्ट जिज्ञासु युवाओं के विषय में, खास करके शिक्षकों को, बताना चाहता हूँ ताकि वे हमारे विद्यार्थियों की अपेक्षाएँ, आकांक्षाएँ, बौद्धिक सजगता एवं सपनों को समझ सकें।

कर्नाटक राज्य विज्ञान परिषद के रजत जयंती समारोह में बंगलोर के बारह विभिन्न विद्यालयों से आए छात्रों ने विज्ञान संबंधी कुछेक दिलचस्प प्रश्न पूछे। प्रार्थना स्कूल की नौवीं कक्षा के मास्टर प्रज्ज्वल पी. आचार्य ने पूछा, ''समय और सर्वव्यापी गुरुत्वाकर्षण

के बीच क्या संबंध है?" मैंने इस बहुत अच्छे प्रश्न की प्रशंसा की और उसे बताया कि समय, अंतरिक्ष एवं सर्वव्यापी गुरुत्वाकर्षण की अवधारणा बड़ी दिलचस्प है तथा इसने अत्यंत मेधावी व्यक्तियों को अपनी ओर आकर्षित किया है। मैंने कहा, "अपने द्रव्यमान के कारण विशाल कणों के बीच जो खिंचाव होता है, उसमें लगने वाले बल को गुरुत्वाकर्षण कहते हैं। किसी वस्तु का भार उसके द्रव्यमान तथा गुरुत्वाकर्षण क्षेत्र में उसकी स्थिति से निर्धारित होता है। गुरुत्व के लक्षणों के विषय में पर्याप्त जानकारी मिल चुकी है, फिर भी गुरुत्वाकर्षण बल का प्रमुख कारण एक प्रश्न ही बना हुआ है। सामान्य सापेक्षता गुरुत्वाकर्षण का अब तक का सबसे सफल सिद्धांत है। यह दर्शाता है कि द्रव्यमान एवं ऊर्जा की वक्र रेखा और अंतरिक्ष-समय जिस परिघटना को जन्म देते हैं उसे गुरुत्व कहते हैं।"

शिक्षक की भूमिका उस सीढ़ी जैसी है जिसके द्वारा लोग जीवन की ऊँचाइयों को छूते हैं, लेकिन सीढ़ी वहीं की वहीं रहती है

अगला प्रश्न एथेना पब्लिक स्कूल की दसवीं कक्षा के छात्र मास्टर भरत चौधरी ने पूछा। प्रश्न था, "हम लोग अंतरिक्ष की तुलना में समुद्र के रहस्यों की अधिक खोज क्यों नहीं करते?" मैंने उसे बताया कि समुद्र की सीमा पृथ्वी के आकार में सीमित है, किंतु अंतरिक्ष अनंत है। समुद्र की गहराइयों की तुलना में अंतरिक्ष की ऊँचाइयों तक पहुँचना आसान है। समुद्र की गहराइयों में पहुँचने की दिक्कतों के बावजूद हम लोग इसमें खोज कर रहे हैं और इसके अनेक लाभ भी प्राप्त हो रहे हैं। समुद्र की गहराइयों में से कई प्रकार के ज्ञान भण्डार, समुद्री जीवन के विभिन्न दिलचस्प रूप तथा विविध प्राकृतिक संसाधन लगातार खोजे जा रहे हैं।

एक छात्र ने पूछा, "एक वैज्ञानिक तथा एक दार्शनिक में क्या अंतर है?" मैंने कहा कि दार्शनिक एवं

वैज्ञानिक, दोनों की चिंतन-प्रक्रिया समान है। वैज्ञानिक सिद्धांत के विषय में इस तरह सोचता है कि उसे प्रमाण देकर सिद्ध किया जा सके, जबकि एक दार्शनिक धर्मशास्त्रीय, दार्शनिक एवं आध्यात्मिक विचारों के विषय में सोचता है जिसके प्रमाण समाज की गतिशीलता में निहित हैं। विज्ञान के परिणाम अंततः प्रौद्योगिकी के रूप में सामने आते हैं और उससे समाज का हित होता है। दर्शनशास्त्र समाज की गतिशीलता का पथ प्रशस्त करता है। शिक्षकों को छात्रों के ऐसे प्रश्नों का स्वागत करना चाहिए। खासकर चौदह से सत्रह वर्ष की उम्र के बीच युवा मस्तिष्कों को विभिन्न विषयों के सौन्दर्य, चुनौतियों एवं आनंद से परिचित कराना बहुत महत्वपूर्ण है। यही वह समय है जब छात्र निर्णय लेते हैं कि वे विज्ञान, इंजीनियरिंग, चिकित्सा, कानून अथवा मानविकी में से किसे अपने उच्च अध्ययन के लिए चुनें।[15]

श्रेष्ठ मन-मस्तिष्क वालों को ही शिक्षक बनना चाहिए

शिक्षक होने के नाते मैं कह सकता हूँ कि शिक्षक किसी भी देश की रीढ़ होते हैं। वे ऐसे स्तंभ होते हैं जिन पर देश की आकांक्षाएँ टिकी रहती हैं तथा साकार होती हैं। रचनात्मकता शिक्षा-प्रक्रिया, स्कूल के परिवेश तथा इस सबसे भी बढ़कर छात्रों के मस्तिष्क को प्रबुद्ध बनाने की शिक्षकों की क्षमता का परिणाम होती है। शिक्षक समुदाय ही वस्तुतः प्रबुद्ध नागरिकों का निर्माता है। महान शिक्षाविद डॉ. सर्वपल्ली राधाकृष्णन् के अनुसार, "देश के श्रेष्ठ मन-मस्तिष्क वाले व्यक्तियों को ही शिक्षक बनना चाहिए।"[16]

एक शिक्षक का जीवन कई दीपों को प्रज्वलित करता है

हमारे प्राथमिक एवं माध्यमिक विद्यालयों में लगभग

पचास लाख शिक्षक कार्यरत हैं। इनमें से अधिकांश देश के विभिन्न भागों में फैले छह लाख गाँवों में शिक्षण कार्य करते हैं। गाँवों में स्कूल संबंधी सुविधाएँ प्रदान करना ही पर्याप्त नहीं है, बल्कि वहाँ पढ़ाई-लिखाई का समन्वित वातावरण सुलभ कराना भी ज़रूरी है, साथ ही सभी परिवारों के लिए एक ऐसा आर्थिक वातावरण भी ज़रूरी है, ताकि शिक्षकों एवं छात्रों, दोनों में ही गाँवों में रहने का आकर्षण बना रहे। शिक्षकों में एक स्वाभाविक प्रवृत्ति अपना स्थानांतरण शहरी क्षेत्रों में करवाने की देखी जाती है। उन्हें लगता है कि बड़े शहरों में ही वे अपने बच्चों को ठीक से पढ़ा-लिखा सकेंगे। वे यह भी महसूस करते हैं कि शहरी क्षेत्रों में उपलब्ध सुविधाओं के बीच ही वे अपने ज्ञान की श्रीवृद्धि कर सकते हैं।

सरकार को इस समस्या की ओर अविलम्ब ध्यान देने की आवश्यकता है। इस हेतु एक व्यापक कार्यक्रम बनाया जाना चाहिए, ताकि गाँवों में नियुक्त इन शिक्षकों के जीवन को आरामदायक एवं आकर्षक बनाया जा सके। ऐसा ग्रामीण क्षेत्रों में शहरी सुविधाएँ प्रदान करके किया जा सकता है। इसके लिए भौतिक, इलेक्ट्रोनिक तथा ज्ञान-संबद्धता (knowledge connectivity) का प्रसार करना होगा, ताकि गाँवों में आर्थिक समृद्धि हो।[17]

प्रौद्योगिकी-आधारित अध्यापन

शहरी एवं ग्रामीण, दोनों क्षेत्रों के हमारे स्कूल अनुभवी शिक्षकों की कमी की समस्या से जूझ रहे हैं, क्योंकि प्रति व्यक्ति शिक्षक की उपलब्धता अत्यंत कम है। कक्षाओं में औसतन चालीस से साठ तक छात्र रहते हैं,

जबकि उनके बीच सिर्फ एक शिक्षक होता है। उस एक शिक्षक के लिए यह असंभव है कि चालीस मिनट की अवधि में सभी छात्रों पर बराबर ध्यान दे सके। इससे गुणवत्ता पर असर पड़ता है तथा उर्वर मस्तिष्क वाले छात्रों की पहचान नहीं हो पाती है। कभी-कभी तो छात्र स्कूल ही छोड़ देते हैं।

इस समस्या के समाधान में प्रौद्योगिकी मददगार हो सकती है। प्रौद्योगिकी उपकरणों एवं स्तरीय शिक्षकों के मेल से इस अंतर को समाप्त किया जा सकता है, जिससे पढ़ाई में छात्रों की रुचि जगायी एवं कायम रखी जा सकेगी।[18]

इसके लिए मेरी एक परिकल्पना है कि प्रत्येक राज्य प्राथमिक एवं माध्यमिक विद्यालयों में श्रेष्ठ शिक्षकों की पहचान करे। उचित सॉफ्टवेयर एवं बैण्डविड्थ (band-width) प्रदान कर टेली-एजूकेशन में इन शिक्षकों का उपयोग करते हुए चालीस से साठ छात्र तक वाली एक कक्षा के स्थान पर कई अलग-अलग कमरों में बैठे एक ही कक्षा के हज़ारों छात्रों तक इस सुविधा का प्रसार किया जा सकता है।

एक शिक्षक को सतत बौद्धिक निष्ठा द्वारा सार्वजनिक हित की खोज में रहना चाहिए

वास्तविक शिक्षण के संदर्भ में, सक्रिय सामूहिक शिक्षण तथा मूल्यांकन में कंप्यूटर एक अमूल्य उपकरण है। जहाँ बेसिक वर्ड-प्रोसेसिंग प्रोग्राम छात्रों को स्वतंत्र रूप से विचार एवं मत व्यक्त करने में मददगार होते हैं, वहीं ई-मेल साथियों के साथ विचार विनिमय तथा सामूहिक संपादन का अवसर प्रदान करता है। उच्चस्तरीय इंटरेक्टिव मल्टीमीडिया-पैकेज, सच्ची जिज्ञासा आधारित शिक्षा की सुविधा प्रदान करते हैं, जहाँ छात्र कक्षा-आधारित कई परियोजनाओं में समाधान खोज सकते हैं

तथा उनका प्रदर्शन कर सकते हैं।

किंतु इस सुझाव का आशय यह नहीं है कि शिक्षकों के स्थान पर कंप्यूटरों से काम लिया जाय। वास्तविक अर्थों में यह अनुचित एवं अव्यावहारिक होगा। इसके विपरीत कंप्यूटर को एक प्रभावशाली शिक्षण उपकरण माना जाए, जो शिक्षक की सहायता करता है। सॉफ्टवेयर छात्रों को व्यक्तिगत स्तर पर ज्ञान प्राप्त करने के अवसर देता है, ताकि जहाँ कुछ छात्र किसी विषय में अपनी गति से प्रगति कर सकें, वहीं जो छात्र अपेक्षित गति से नहीं चल पाते वे शिक्षक का व्यक्तिगत मार्गदर्शन प्राप्त कर सकें। कंप्यूटर वैचारिक आदान-प्रदान एवं वैयक्तिक सहायता पर ध्यान केंद्रित करने में शिक्षकों का सहायक होता है।

टेली-एजूकेशन के बढ़े हुए उपयोग से उसके प्रचालन खर्च में कमी आएगी तथा साथ-साथ योजकता (शारीरिक, इलेक्ट्रॉनिक, ज्ञान एवं आर्थिक) की वजह से स्कूल में पढ़ाने वाले शिक्षकों का स्तर उठाने में भी मदद मिलेगी।[19]

शिक्षक-दिवस मनाएँ

डॉ. सर्वपल्ली राधाकृष्णन् हमारे देश के राष्ट्रपति भी रहे हैं और एक श्रेष्ठ अध्यापक भी। उनका जन्मदिन 5 सितम्बर है। जब भी कभी उनसे उनके जन्मदिन को सार्वजनिक रूप से मनाने की बात कही जाती थी तो वे कहते कि मेरा जन्मदिन नहीं, 5 सितम्बर को अध्यापक दिवस ही मनाएँ जिससे सभी अध्यापकों को सम्मान मिले।[20]

छात्रों को तो यह दिन बड़े उत्साह से मनाना ही चाहिए,

मेरी दृष्टि में छात्रों के अभिभावकों को उतने ही उत्साह से भाग लेना चाहिए। देश के प्रत्येक स्कूल में 5 सितम्बर को अध्यापक दिवस बड़े उत्साह से आयोजित करें। उस दिन हम अपने अध्यापकों का सम्मान करें कि कैसे उन्होंने पूरा जीवन देश की भावी-पीढ़ी के निर्माण में लगाया है और उनके पढ़ाए हुए छात्र किस प्रकार देश के भावी नागरिक बनकर समाज और देश की सेवा कर रहे हैं। उस दिन विशेष

उपलब्धियों के लिए जिन अध्यापकों को हम सम्मानित करते हैं, उससे अन्य अध्यापक भी प्रेरणा लेते हैं। यही अध्यापक दिवस का उद्देश्य है।[21]

अंततः शिक्षा का उद्देश्य है सत्य की खोज। इस खोज का केन्द्र अध्यापक होता है जो अपने विद्यार्थियों को शिक्षा के माध्यम से जीवन में और व्यवहार में सच्चाई की शिक्षा देता है। छात्रों को जो भी कठिनाई होती है, जो भी जिज्ञासा होती है, जो वे जानना चाहते हैं, उन सब के लिए वे अध्यापक पर ही निर्भर करते हैं। उनके लिए उनका अध्यापक एक तरह से एन्साइक्लोपीडिया है जिसके पास सभी प्रश्नों के उत्तर हैं।

यदि शिक्षक के मार्गदर्शन में प्रत्येक व्यक्ति शिक्षा को उसके वास्तविक अर्थ में ग्रहण कर मानवीय गतिविधि के प्रत्येक क्षेत्र में उसका प्रसार करता है तो मौजूदा 21वीं सदी में दुनिया काफी सुंदर हो जाएगी।[22]

शिक्षा का उद्देश्य

जब ज्ञान-प्राप्ति का मक सद
तय होता है तो सृजनशीलता पनपती है।
सृजनशीलता के फलने-फूलने
से सोचने-समझने के रास्ते खुलते हैं।
सोचने-समझने के माहौल
में ज्ञान का प्रकाश फैलता है।
जब ज्ञान का प्रकाश फैलता है तब
अर्थव्यवस्था
फलती-फूलती है[1]

शिक्षा का उद्देश्य

बच्चों की मुस्कुराहट बनी रहे

नन्हें बच्चों को आप हमेशा मुस्कुराते हुए पाते हैं। किंतु जब वे कंधों पर बस्ता ढोते हुए प्राइमरी स्कूल जाने लगते हैं तब उनकी मुस्कुराहट कम हो जाती है। जब वे सेकंडरी स्कूल में पहुँचते हैं तो उनकी मुस्कुराहट और भी कम हो जाती है। हायर सेकंडरी स्कूल में तो उनकी मुस्कुराहट गायब ही हो जाती है।

कॉलेज पहुँचने पर वे अधिक गंभीर हो जाते हैं और कॉलेज के बाद वे लगातार चिंतित रहने लगते हैं। इस चिंतनीय अवधि के दौरान बच्चे और माता-पिता के मन में किसी खास पेशे को अपनाने में होने वाली प्रतियोगिता और उससे जुड़ी वित्तीय संभावना संबंधी

बातें छायी रहती हैं। हम सभी को इस समस्या का समाधान ढूँढना है।

क्या हम ऐसी शिक्षा प्रणाली का निर्माण नहीं कर सकते जिसमें पढ़ाई शुरू करने से लेकर रोजगार पाने तक, संपूर्ण अवधि के दौरान बच्चों के चेहरे पर मुस्कुराहट बनी रहे? क्या ऐसा करना संभव है? जी हाँ, संभव है, यदि हम संपूर्ण शिक्षा प्रणाली को सृजनशील बना दें और रुझान तथा क्षमता के आधार पर सभी युवकों को पूर्ण रोजगार उपलब्ध करा सकें।

प्राइमरी स्कूल के स्तर पर किताबी पढ़ाई के बोझ को कम करके शिक्षा प्रणाली में सृजनशीलता को प्रोत्साहित किया जा सकता है। सेकंडरी स्कूल के स्तर पर बच्चों की सृजनशीलता में और निखार लाया जा सकता है।

शिक्षा ज्ञान और बुद्धि के रास्ते से गुज़रने वाली एक अनंत यात्रा है

अंततः उच्च शिक्षा प्राप्त कर छात्र स्वावलम्बी बनें, जिससे वे उद्यमशील हों और रोजगार खोजने के बजाय खुद रोजगार पैदा करें।[2]

प्राइमरी स्तर पर शिक्षा बच्चों के अपने परिवेश के प्रति रुचि जगाए और चिंतन प्रक्रिया का दस्तकारी तथा शारीरिक कौशल से संबंध स्थापित करे। प्राइमरी शिक्षा में पाठ्यक्रम, पढ़ाने के तौर-तरीके और परीक्षा प्रणाली में सुधार की आवश्यकता है ताकि बच्चों में सृजनशीलता खिले और निखरे। विभिन्न प्रकार की गतिविधियों के माध्यम से बच्चों में छिपी प्रतिभा को उभारने, कुछ नया कर दिखाने और सृजनशीलता निखारने पर जोर दिया जा सकता है। सेकंडरी स्कूल के

स्तर पर प्रयोग, समस्या निदान और टीम गतिविधि पर बल देना चाहिए।[3]

शिक्षा प्रणाली में इस बात पर बल देना चाहिए कि छात्र स्व-प्रेरणा से सीखने योग्य हो जाएं

कक्षा में पढ़ाई जितनी महत्वपूर्ण है उतना ही महत्वपूर्ण यह है कि कक्षा के बाहर बच्चे स्वयं के अनुभव के आधार पर क्या सीख रहे हैं। बच्चों को प्रेक्षण, क्षेत्र अध्ययन, प्रयोग और परिचर्चा के माध्यम से सीखने की प्रक्रिया में सक्रिय रूप से भाग लेना चाहिए। इस मक सद को पाने के लिए विद्यालय को शिक्षा केंद्र की जगह अपने आपको ऐसे केंद्र के रूप में ढालना चाहिए जहाँ ज्ञान के साथ-साथ कौशल प्राप्त किया जा सके।[4]

माता-पिता की भूमिका

बच्चों को शिक्षित और तेजस्वी नागरिक बनाने में माता-पिता की महत्वपूर्ण भूमिका होती हैं। उन्हें अपने बच्चों की अच्छी शिक्षा के प्रति सजग रहने की आवश्यकता है। बच्चों के सामने माता-पिता को अपने व्यवहार और आचरण की मिसाल रखनी चाहिए। इससे बच्चों के मन में माता-पिता के प्रति प्रेम और श्रद्धा का विकास होगा तथा वे उन्हें अपना आदर्श मानेंगे।[5]

सामूहिक मिशन

बच्चे जब तक सत्रह साल के होते हैं तब तक उन्हें सँवारने का सामूहिक मिशन माता-पिता, शिक्षकों, घर एवं विद्यालय परिसर के जिम्मे होता है। किसी बच्चे को प्रबुद्ध नागरिक बनाने में पिता, माता और शिक्षक की भूमिका महत्वपूर्ण होती है।

घर में बच्चों का लालन-पालन बड़े प्यार और स्नेह से किया जाता है। किंतु जब वे थोड़े बड़े होकर विद्यालय जाने लायक होते हैं तो उन्हें मूल्य आधारित शिक्षा की ज़रूरत होती है। ऐसी शिक्षा विद्यालय में दी जाती है। विद्यालय के माहौल का बड़ा महत्व है जहाँ बच्चों का चरित्र निर्माण किया जाता है। बच्चों के लिए सीखने की असली अवधि पाँच से लेकर सत्रह वर्ष की उम्र तक होती है। इस अवधि के दौरान छात्र लगभग 25,000 घंटे विद्यालय में रहते हैं। जहाँ घर में स्नेह और ममता का माहौल होता है वहीं दिन का अधिकांश समय अगले दिन के लिए होमवर्क तैयार करने, पढ़ने, खाने-पीने, खेलने और सोने में बीत जाता है। इस प्रकार बच्चों के लिए विद्यालय का समय सबसे अधिक निर्माण का समय होता है। अतएव विद्यालय का माहौल सबसे खूबसूरत होना चाहिए। विद्यालय में मूल्य आधारित शिक्षा दी जानी चाहिए जिसका कुछ मिशन हो। उदार और पारदर्शी समाज के निर्माण के लिए विद्यालय परिसर में बारह सालों तक मूल्य आधारित शिक्षा प्रदान करना अनिवार्य है। मुझे यूनानी शिक्षक बेस्टोलोज़ी का कथन याद आता है "सात साल तक कोई बच्चा मेरी निगरानी में रहे, फिर भगवान हो या शैतान, कोई उसमें परिवर्तन नहीं ला सकता।" ऐसी क्षमता एक शिक्षक में ही हो सकती है।[6]

विद्यालय की भूमिका

बच्चों में सृजनशीलता बढ़ाने, पढ़ाई में रुचि बनाए रखने और विद्यालय छोड़ने की दर में कमी लाने के लिए देश में कई शिक्षा मॉडल चलाए जा रहे हैं।

सीखते रहने का संकल्प

प्रो. एम. आर. राजू, आंध्रप्रदेश के भीमावरम के पास अपने पुश्तैनी गाँव, पेद्दामीरम में रहते हैं। प्रो. राजू की ज़िंदगी वाकई इस बात का एक बेहतरीन उदाहरण है किस तरह अमरीका में काम करने वाले एक जाने माने नाभिकीय वैज्ञानिक ने अपनी नौकरी छोड़ी और लौट आए अपने गाँव। अपने परिवारजनों की मदद से पेद्दामीरम गाँव और उसके आसपास के इलाके की हालत सुधारने की दृढ़ इच्छाशक्ति के साथ वे लौटे थे।

अपनी खुद की पूँजी से उन्होंने गाँव में महात्मा गाँधी मेमोरियल मेडिकल ट्रस्ट शुरू किया। दस साल में उन्होंने भारत और दूसरे देशों के कई संस्थानों से आए स्वयंसेवियों की मदद से गाँव के लोगों की ज़िंदगी को बदल कर रख दिया है।

उन्होंने तीन से पाँच साल तक के बच्चों के चरित्र निर्माण पर खासतौर से ज़ोर दिया। गाँव में इस उम्र के सौ बच्चे हैं। इनमें से पचास ऐसे घरों से हैं जिनकी आमदनी अच्छी है और ये प्राइवेट स्कूलों में पढ़ते हैं। वहीं तीस बहुत गरीब परिवारों से हैं जो बालवाड़ी स्कूल में पढ़ते हैं जिसे राज्य सरकार चलाती है। शेष बीस बच्चे प्रोफेसर एम. आर. राजू के स्कूल में पढ़ने आते हैं। इधर स्कूल में बच्चों के माता-पिता को एक दिन की आधी दिहाड़ी एक बच्चे की फीस के तौर पर देनी होती है, जबकि लड़कियों की फीस दस रुपये प्रतिमाह है।

इस स्कूल में खेलकूद भरे माहौल, खाने-पीने की चीज़ों और प्यारभरी देखरेख पर ज़ोर दिया जाता है। यहाँ बच्चों को सफाई और स्वास्थ्य के प्रति सजग बनाया

जाता है। उदाहरण के तौर पर उन्हें बताया जाता है कि खाने से पहले हाथ धोने का क्या महत्व है। स्कूल में साफ-सुथरे रहने के संबंध में बताए जाने से वे इतने सजग हो जाते हैं कि वे घर में किसी भी सदस्य को हाथ धोए बिना खाना नहीं खाने देते।

शिक्षक जब बच्चों से मिलते हैं तो वे उनके साथ वैज्ञानिक जैसा व्यवहार करते हैं। इससे बच्चों में सृजनशीलता पनपती है। बच्चों को अंग्रेज़ी वर्णमाला का अक्षर 'B' दिखाकर पूछा जाता है कि इसे देखकर उन्हें क्या समझ आती है, तो वे कहते हैं कि यह चश्मे जैसा लगता है। इसी प्रकार आँख या होंठ का आरेख खींचने पर बच्चे पूरे चेहरे की तस्वीर बना देते हैं। इससे बच्चों की सृजनात्मक क्षमता व्यक्त होती है।

क्या हम एक ऐसी शिक्षा-प्रणाली का विकास कर सकते हैं जिसमें बच्चों के चेहरे पर मुस्कान बनी रहे

जब एक बार ये बच्चे प्रो. राजू के स्कूल में तीन साल तक पढ़ लेते हैं तो उन्हें पढ़ने में मजा आने लगता है और फिर वे अपनी पढ़ाई पूरी होने से पहले स्कूल जाना बंद नहीं करते। इससे गाँव का माहौल ही पूरी तरह से बदल गया है और बच्चों के स्कूल छोड़ने की दर में भी कमी आयी है। इस गाँव और आसपास के इलाके में आत्मविश्वास से भरी युवा पीढ़ी का उदय हो रहा है।

प्रो. राजू और उनके साथी जिस विधि से बच्चों को सिखाते हैं उसे बाल मनोवैज्ञानिकों और शिक्षाविदों ने तैयार किया है। इस विधि से बच्चे नियमित रूप से स्कूल में भर्ती होने से पहले सीखने के लिए जिज्ञासु हो जाते हैं और जब वे स्कूल में भर्ती होते हैं तो बड़े जोश से पढ़ाई करते हैं। कई दूसरे स्कूल भी अब इसी रास्ते पर चल पड़े हैं।[7]

आजीवन विद्यार्थी

विद्यालयों में दी जाने वाली शिक्षा जीवन-मूल्यों पर आधारित और सोद्देश्य होनी चाहिए

बच्चों में समझ-बूझ पैदा करने वाले सभी गुणों के विकास के लिए अज़ीम प्रेमजी फाउंडेशन ने राज्य सरकारों एवं विभिन्न बहुआयामी संगठनों के साथ मिलकर ऐसे स्कूल खोलने की शुरुआत की है जिनमें बच्चों का मन लगा रहे। इस कार्यक्रम का मुख्य उद्देश्य है कि बच्चे स्कूल में दाखिला लें, और कम से कम पाँच वर्ष तक स्कूल में पढ़ें। यह कार्यक्रम ठीक से चल रहा है। इसके मुख्य कारण हैं—शिक्षकों, गाँव के बुजुर्गों और स्कूल समिति के सदस्यों की प्रतिबद्धता। इस कार्यक्रम के तहत कई प्रकार के उपाय किए जाते हैं जिससे कक्षा की गतिविधियों को बढ़ावा दिया जाता है और पढ़ाई-लिखाई के काम की देखरेख के लिए शैक्षणिक प्रशासन के साथ-साथ समाज को सबल बनाने में सहयोग दिया जाता है। इस कार्यक्रम के तहत कक्षा, पेयजल, सफाई और बच्चों के शारीरिक-मानसिक-सामाजिक स्वास्थ्य की देखरेख संबंधी स्तरीय सेवा मुहैया कराने की कोशिश की जाती है। ऐसे पाठ्यक्रम पर ज़ोर दिया जाता है जिसमें लिंग-भेद समाप्त करने के प्रति संवेदनशीलता, साक्षरता, अंक ज्ञान, जीवन के लिए उपयोगी ज्ञान, रुझान और कौशल तथा समझ-बूझ बढ़ाने वाले काम पर ध्यान दिया जाता है।

शुरू में ही यदि ऐसी विधि से बच्चों को सीखने के लिए तैयार कर लिया जाता है जिसमें वे हँसते-खेलते हुए सीखें और उन्हें परीक्षा का कोई डर न हो तो वे खुद ही सीखने में रुचि लेने लगते हैं।[8]

स्व-प्रेरणा से सीखना

आज के संचार और सूचना के युग में छात्रों के पास विभिन्न स्रोतों से प्राप्त सूचनाओं का जमावड़ा है। इंटरनेट के माध्यम से पूरे सूचना संसार तक पहुँच होने के कारण आज के छात्र के लिए यह संभव हो गया है कि वह एक अच्छे खासे पुस्तकालय को अपने साथ लैपटॉप कंप्यूटर में लेकर घूमे। अब उन्हें अपने दिमाग के भंडार का विशेष उपयोग करने और याददाश्त पर बल देने की आवश्यकता नहीं है। अब शिक्षा प्रणाली में इस बात पर बल देना चाहिए कि छात्र सूचना के अथाह सागर में से उपयोगी ज्ञान के मोती चुनने में प्रशिक्षित हो जाएँ। इस दिशा में शिक्षकों को छात्र का मार्गदर्शन करना चाहिए और वे छात्र में ऐसा हुनर पैदा कर दें कि छात्र स्व-प्रेरणा से सीखने लगे।

माता-पिता और शिक्षकों के सामने घर और विद्यालय दोनों का साझा मिशन होना चाहिए

शिक्षाविदों में स्कूल और स्कूली शिक्षा के प्रति एक नया दृष्टिकोण विकसित हो। उनमें एक ऐसे शैक्षणिक परिवेश की कल्पना हो जिसमें सीखने के तौर-तरीकों को अपनाकर छात्र खुद सीखने के काबिल हो जाय। छात्रों को खुद सीखने लायक बनाने के लिए हम भाषण की घुट्टी नहीं पिला सकते, इसे व्यवहार में अपनाकर प्राप्त किया जा सकता है और विकसित किया जा सकता है। स्कूल छात्रों में यह गुण पढ़ाने के तौर-तरीकों से ही विकसित कर सकता है।[9]

प्रतिभा की पहचान

जर्मनी में जन्म लेने वाले अल्बर्ट आइंस्टाइन एक युवा छात्र के रूप में पढ़ने के लिए स्वीट्जरलैंड के ज्यूरिख

पॉलीटेक्निक संस्थान गए। इस संस्थान में प्रवेश पाने के लिए हाई स्कूल का डिप्लोमा ज़रूरी नहीं था, सिर्फ इसकी कठिन प्रवेश परीक्षा में पास ग्रेड मिल जाना चाहिए। आइंस्टाइन इस प्रवेश परीक्षा में असफल हो गए, किंतु गणित और भौतिकी में उन्हें काफी उच्च अंक प्राप्त हुए। इससे इस संस्थान के प्रिंसिपल इतने प्रभावित हुए कि उन्होंने आइंस्टाइन को अगले सत्र में बिना किसी प्रवेश परीक्षा के भर्ती करने का वादा किया।

हम जैसा समाज बनाना चाहते हैं हमें वैसी ही शिक्षा देनी चाहिए

इस घटना से किसी संस्थान में प्रवेश के लिए लचीले तौर-तरीकों के महत्व पर प्रकाश पड़ता है। साथ ही शिक्षकों में ऐसी विशेष क्षमता होनी चाहिए कि वे किसी खास विषय में छात्र की रुचि को परख सकें और उसकी प्रतिभा को उस दिशा में निखार सकें।[10]

शिक्षा का मिशन

बचपन से लेकर जीविकोपार्जन के लिए वृत्ति अपनाने तक हममें से प्रत्येक पढ़ाई-लिखाई के कई दौर से गुजरते हैं। शिशु, किशोर और वयस्क से लेकर नेता बनने तक की कई अवस्थाओं के दृश्य मेरे मन में वैसे ही घूम रहे हैं। सभी लोगों के जीवन में अपनी आवश्यकता को पूरा करने की चुनौती होती है, किंतु हममें से प्रत्येक व्यक्ति इसे अलग-अलग तरीके से पूरा करते हैं।

शिशु दूसरे से मदद की अपेक्षा रखता है। किशोर कोई काम अपने बल पर करना चाहता है। युवक कोई काम लोगों के साथ मिलकर करना चाहता है, किंतु एक

सुयोग्य नेता लोगों की मदद के लिए तैयार रहता है।

शिक्षा प्रणाली का यह दायित्व है कि वह एक शिशु को सुयोग्य अगुआ बनाए—उसे 'दूसरे से मदद चाहने वाले' की जगह 'दूसरे को मदद करने वाला बनाए'।

इसके लिए स्कूल-कॉलेज के प्रिंसिपल को दूरदृष्टि संपन्न होना चाहिए। साथ ही उसमें बच्चों को प्रेरित करने की क्षमता हो। प्रिंसिपल को यह सुनिश्चित करना पड़ेगा कि शिक्षक छात्रों को इस तरीके से पढ़ाए कि छात्रों की बेहतरीन प्रतिभा उभरकर सामने आए। इसके लिए प्रिंसिपल को खुद एक सुयोग्य शिक्षक बनना पड़ेगा। प्रिंसिपल, शिक्षक एवं माता-पिता के सामूहिक प्रयास से छात्रों में सर्वोत्तम सृजनशीलता पनपेगी।[11]

डॉ. सर्वपल्ली राधाकृष्णन् के अनुसार—"हम जैसा समाज बनाना चाहते हैं हमें वैसी शिक्षा देनी चाहिए। हम चाहते हैं कि हमारा आधुनिक लोकतंत्र मानवीय गरिमा और गुणों पर आधारित एक सक्रिय लोकतंत्र हो। फिलहाल तो ये बातें महज़ आदर्श हैं किंतु हमें इन्हें साकार करना चाहिए।"[12]

इक्कीसवीं सदी में शिक्षा का मॉडल

एक दुरुस्त शिक्षा मॉडल समय की माँग है। वह यह सुनिश्चित करे कि छात्र बड़े होकर राष्ट्र की आर्थिक प्रगति में सहयोग दें।

पूरी शिक्षा प्रणाली छात्रों में क्षमता जगाने वाली हो। इसके पाँच पहलू हैं—अनुसंधान और जिज्ञासा,

सृजनशीलता और नवीनता, उच्च-स्तरीय तकनीकी के उपयोग की क्षमता, उद्यमशीलता और नैतिक नेतृत्व।

अनुसंधान और जिज्ञासा : हमने अभी तक जो ज्ञान और सूचना अर्जित की है, इक्कीसवीं सदी में इसका सही प्रकार से प्रबंधन करने के साथ-साथ उसमें हम मानवीय मूल्य जोड़ सकते हैं। हम अपने छात्रों में ऐसी काबिलियत भर दें कि हमने जो ज्ञान का संसार रचा है और उसमें उम्रभर इज़ाफा करते रहे हैं उसके बीच वे सही रास्ते की तलाश कर सकें। आज प्रौद्योगिकी के सहारे हम सही अर्थों में जीवनभर सीखने लायक बन सकते हैं। स्थायी आर्थिक प्रगति के लिए ऐसी क्षमता का होना आवश्यक है।

हमने अभी तक जो ज्ञान और जानकारी अर्जित की है, इक्कीसवीं सदी में उसे प्रबंधन और मानवीय मूल्यों से जोड़ने की आवश्यकता है

सृजनशीलता और नवीनता : हमारे पास बेहद खुशी देने वाला सूचना संसार है। जब सूचना को नेटवर्क के माध्यम से उपलब्ध कराया जाता है तो इसकी क्षमता और उपयोगिता में दिन दुगनी रात चौगुनी वृद्धि होती है, जैसा कि मैटकाफ के नियम में पूर्वानुमान लगाया गया। इक्कीसवीं सदी में उपलब्ध सूचना के विशाल सागर का प्रबंधन किसी आदमी के बल-बूते की बात नहीं है। इसे व्यक्ति के हाथ में सिमटने के बजाय नेटवर्क के माध्यम से उपलब्ध करना होगा। छात्रों को यह सीखना चाहिए कि सामूहिक रूप से ज्ञान का प्रबंधन कैसे किया जाए।

उच्च-स्तरीय प्रौद्योगिकी के उपयोग की क्षमता : सभी छात्रों को अपने सीखने की प्रक्रिया को आगे बढ़ाने के लिए सबसे उन्नत प्रौद्योगिकी का ज्ञान होना चाहिए। विश्वविद्यालयों को चाहिए कि वे छात्रों को पर्याप्त कंप्यूटर सुविधा, प्रयोगशाला सुविधा, इंटरनेट

सुविधा तथा उनमें समझ-बूझ की क्षमता बढ़ाने वाला माहौल मुहैया कराएँ। नवीन प्रौद्योगिकी एवं सूचना क्रांति के आने से हम ऐसा नहीं मान सकते कि शिक्षकों की भूमिका कमजोर पड़ जाएगी, बल्कि पूरी दुनिया में शिक्षा प्रणाली शिक्षकों के सहयोग से चलेगी क्योंकि प्रौद्योगिकी की मदद से काबिल शिक्षक देश के कोने-कोने में ज्ञान फैला सकते हैं।

उद्यमशीलता : बच्चों में उद्यमशीलता के प्रति रुझान बचपन से ही पैदा करना चाहिए और यह प्रयास विश्वविद्यालय स्तर तक करना चाहिए। हमें अपने छात्रों को सिखाना चाहिए कि वृहत् लाभ के लिए वे सोच-समझकर

जोखिम उठाएं, किंतु व्यापार में सदाचार का भाव हो। वे अपने में उचित कार्य करने की प्रवृत्ति विकसित करें। इस क्षमता के सहारे वे जीवन में आगे चुनौतीपूर्ण कार्य करने के लायक हो सकेंगे।

नैतिक नेतृत्व : नैतिक नेतृत्व के दो पहलू हैं। इसके तहत पहली आवश्यकता है कि मानव जीवन को बेहतर बनाने के लिए सम्मोहक और सशक्त सपने हों। दूसरी आवश्यकता यह है कि आपमें स्वयं उचित कार्य करने और दूसरों को ऐसा करने के लिए प्रेरित करने की प्रवृत्ति हो।

वास्तविक शिक्षा मानवीय गरिमा और व्यक्ति के स्वाभिमान में वृद्धि करती है

संक्षेप में, जिज्ञासा, सृजनशीलता, प्रौद्योगिकी, उद्यमशीलता और नैतिक नेतृत्व जैसी पाँच क्षमताओं का विकास शिक्षा प्रक्रिया के माध्यम से किया जाना चाहिए। यदि इन पाँच क्षमताओं का विकास हम अपने छात्रों में करते हैं तो हम अपने बल-बूते पर सीखने वाले लोगों का निर्माण करेंगे (अपने बल-बूते पर सीखने वालों का मतलब है -- स्व-प्रेरणा से, जीवनभर आत्म-नियंत्रित रहकर सीखने वाले)। इनमें अपने से बड़ों के प्रति सम्मान होगा और साथ में वे उचित ढंग से उनसे प्रश्न भी करने में समर्थ हो सकेंगे। ऐसे नेता 'स्वयं संगठित नेटवर्क' के रूप में सामूहिक स्तर पर काम करते हैं। इनमें किसी भी देश को एक खुशहाल देश बनाने की क्षमता होती है।

तथापि, शिक्षा की सबसे महत्वपूर्ण भूमिका यह है कि वह छात्रों में 'हम यह कर सकते हैं' का भाव भरे।[13]

शिक्षा रोजगार देने वाली हो

उपयोगी हुनर सिखाना

हालांकि अक्षर-अंक ज्ञान होना किसी नागरिक के लिए अनिवार्य है, फिर भी सिर्फ— इसी की बदौलत लाभकारी रोज़गार मिलना संभव नहीं। जिन लोगों ने केवल हाईस्कूल तक पढ़ाई की है उनमें सही और आर्थिक रूप से उपयोगी हुनर का होना ज़रूरी है। देश में ऐसे नौजवानों की काफी बड़ी तादाद है। उन्हें रोजगार पाने या अपना कारोबार शुरू करने के लिए प्रशिक्षित किए जाने की आवश्यकता है। उन्हें विनिर्माण, मरम्मत, होटल, स्वास्थ्य सेवा, फुटकर कारोबार या फिर

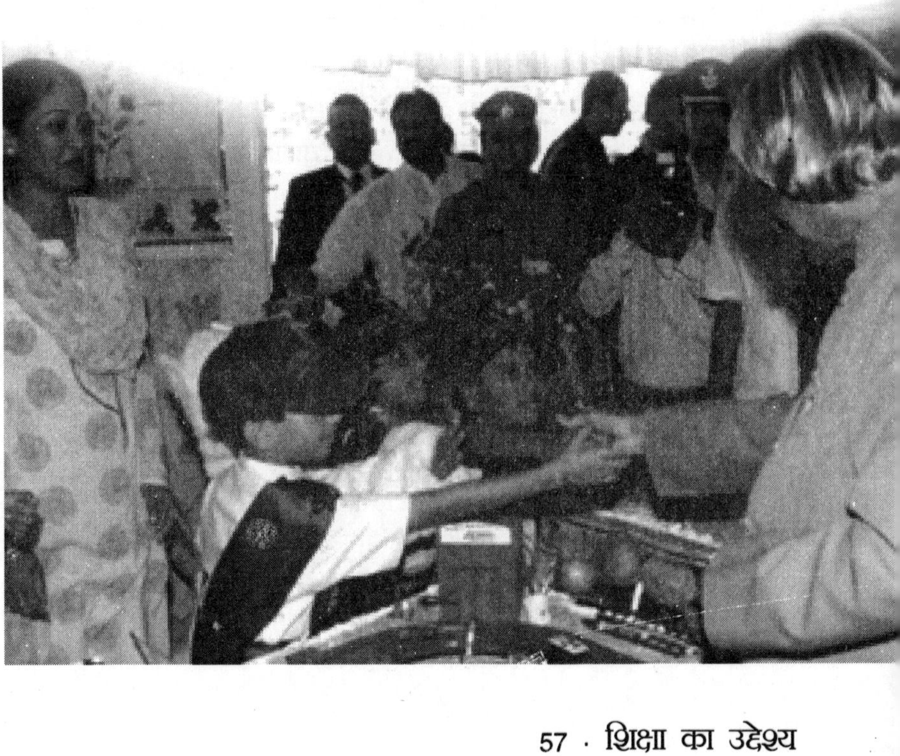

इलेक्ट्रिशियन, बढ़ई के कार्य में प्रशिक्षित किया जा सकता है। आधुनिक प्रतियोगी अर्थव्यवस्था में स्तरीय हुनर की आवश्यकता है और हमारा दायित्व है कि हम अपने नागरिकों को ऐसे हुनर में होशियार बनाएँ।[14]

उद्यमियों का निर्माण

शिक्षा प्रणाली के ऊपर एक बड़ी ज़िम्मेदारी है कि वह बच्चे को नेतृत्व प्रदान करने वाला नागरिक बनाए 'मदद की चाहत रखने वाले' की जगह 'मदद के लिए तत्पर व्यक्ति' बनाए

देश में उच्चशिक्षा में काफी विस्तार हुआ है। प्रत्येक वर्ष तीस लाख से अधिक स्नातक तैयार होते हैं। किंतु हमारे यहाँ इतने रोजगार के अवसर नहीं हैं कि इन सभी स्नातकों को रोजगार मिल सके। फलस्वरूप शिक्षित बेरोजगारों की संख्या में बढ़ोत्तरी होती जा रही है। इसका एक कारण यह भी है कि आधुनिक अर्थव्यवस्था में जिस तरह के हुनर की आवश्यकता होती है और हमें जो शिक्षा दी जाती है, उसके बीच काफी असंतुलन है। इससे सामाजिक व्यवस्था में असंतुलन पैदा होना तय है। हमें रोजगार दिलाने वाली उच्चशिक्षा की आवश्यकता है। शिक्षा को अधिक आकर्षक बनाने के साथ-साथ इसमें रोजगार की संभावना बढ़ाने के लिए बहुआयामी रणनीति अपनाने की आवश्यकता है। आखिर, हम इसके लिए कौन-सी पद्धति अपनाएंगे?

शिक्षा प्रणाली में उद्यमशीलता के महत्व पर प्रकाश डालना चाहिए और कॉलेज से ही छात्रों को तैयार किया जाना चाहिए कि वे अकेले या लोगों के साथ मिलकर छोटे-मोटे उद्योग-धंधे शुरू कर सकें। इससे धन पैदा

करने के लिए उनमें सृजनशीलता, स्वतंत्रता और क्षमता का उदय होगा। विभिन्न प्रकार के हुनर और काम करने की क्षमता से व्यक्ति उद्यमी बनता है। ये कौशल सभी छात्रों को सिखाया जाना चाहिए।[15]

छात्रों की आकांक्षा

शिक्षा का सबसे महत्वपूर्ण पहलू है कि वह छात्रों में 'हम ऐसा कर सकते हैं' का भाव भर दे

आज की युवा छात्र-पीढ़ी ऐसी शिक्षा प्रणाली चाहती है जो उसके खोजी और सृजनशील मन को सबल बनाने के साथ-साथ उसके सामने चुनौती प्रस्तुत करे। देश का भविष्य उन पर टिका हुआ है। वे वर्तमान में शिक्षा प्रणाली के संबंध में सोच-विचार करना चाहते हैं। एक अच्छी शिक्षा प्रणाली में ऐसी क्षमता होनी चाहिए जो छात्रों को ज्ञानप्राप्ति की तीव्र जिज्ञासा को शांत कर सके।[16]

शैक्षणिक संस्थानों को ऐसे पाठ्यक्रम बनाने के लिए खुद को तैयार करना चाहिए जो विकसित भारत की सामाजिक और प्रौद्योगिकी संबंधी आवश्यकताओं के प्रति संवेदनशील हो। वर्तमान पाठ्यक्रम में विकास कार्यों में छात्रों की गतिविधियों को अनिवार्यतः स्थान दिया जाना चाहिए ताकि ज्ञान समाज की भावी पीढ़ी पूरी तरह से सामाजिक परिवर्तन के सभी पहलुओं के अनुकूल हो सके।

शिक्षा ज्ञान और बुद्धि के रास्ते से गुजरने वाली एक अनंत यात्रा है। ऐसी यात्रा से मानवता के विकास के नए दरवाजे खुलने लगते हैं जहाँ संकीर्णता, कलह, ईर्ष्या, घृणा और शत्रुता को कोई स्थान नहीं। इससे

मानव का व्यक्तित्व संपूर्ण, विनम्र और संसार के लिए उपयोगी बनता है। सही शिक्षा से मानवीय गरिमा, स्वाभिमान और विश्व-बंधुत्व में बढ़ोत्तरी होती है। ये गुण शिक्षा के आधार होते हैं।[17]

सृजनशीलता और नवीनता

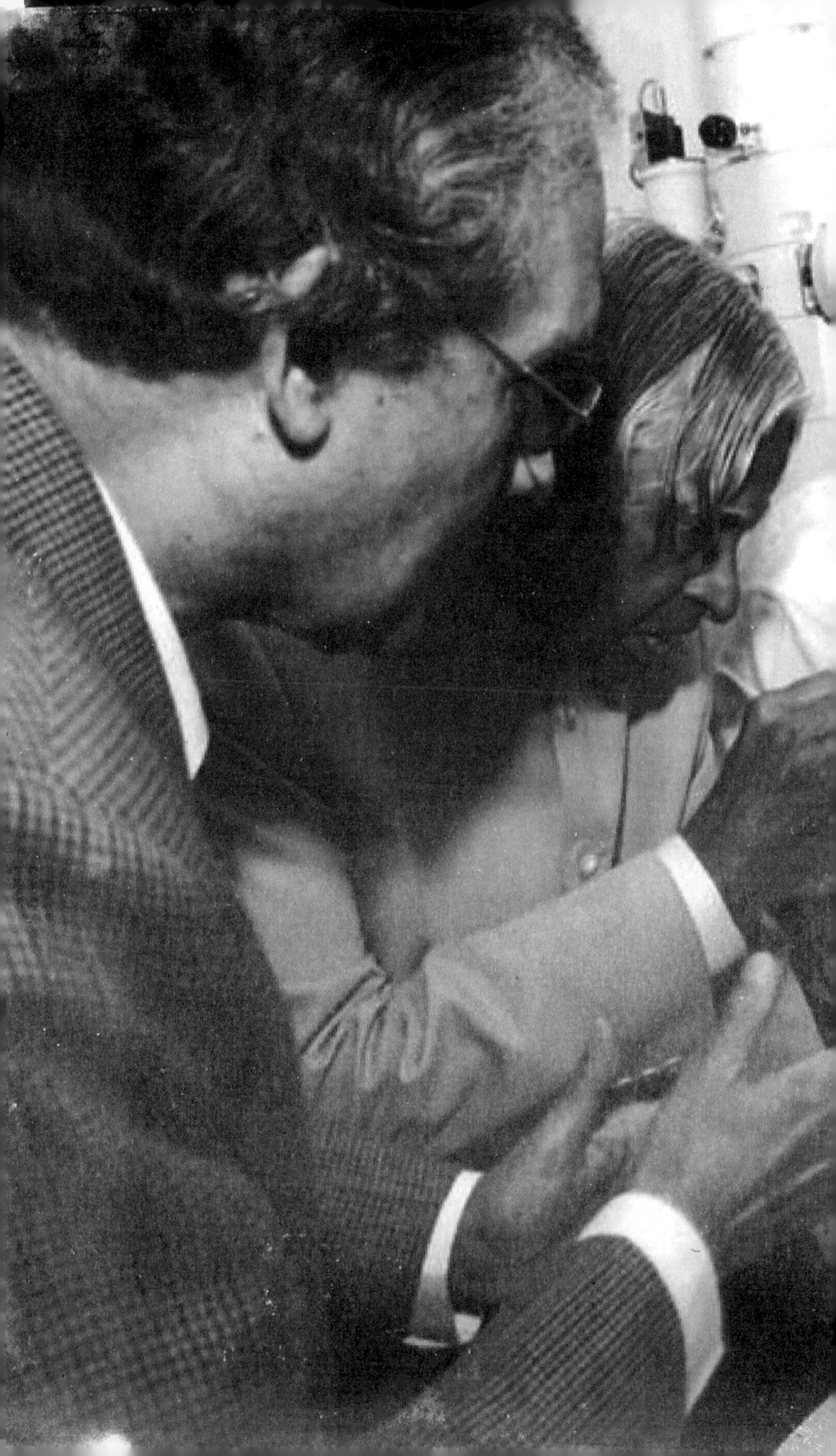

एक तेजस्वी मस्तिष्क
इस धरती पर,
धरती के नीचे
या ऊपर आसमान में
सबसे सशक्त संसाधन है[1]

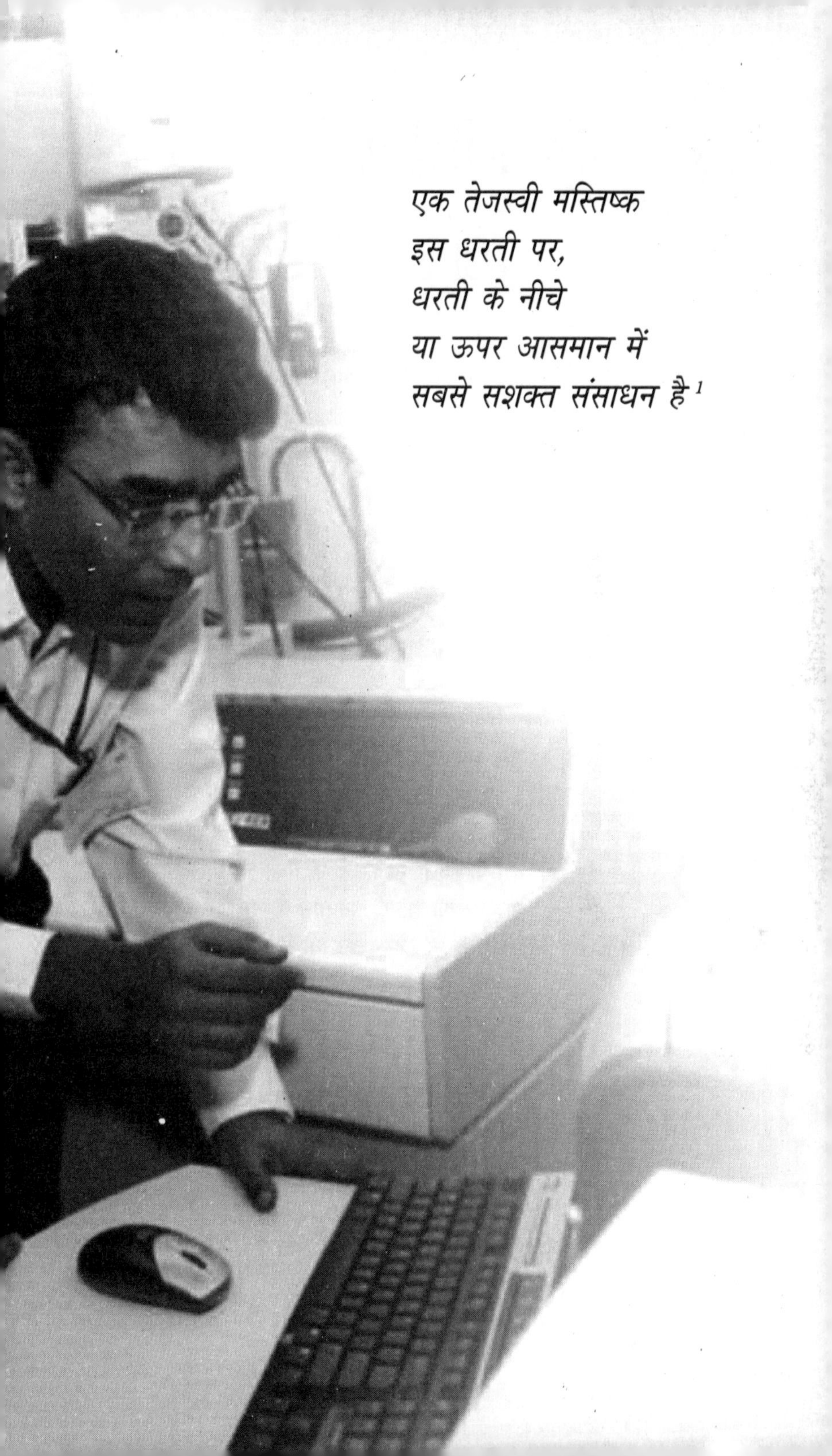

सृजनशीलता और नवीनता

मन की सुंदरता से सृजनशीलता

मन की सुंदरता से सृजनशीलता पैदा होती है। किसी भी देश के किसी भी हिस्से में, कहीं भी मिल सकती है यह। मछुआरे की झोंपड़ी, किसान के घर, दूधिए की डेयरी, मवेशियों के प्रजनन केंद्र या फिर कक्षाओं, प्रयोगशालाओं, उद्योगों और अनुसंधान तथा विकास केंद्रों— कहीं से भी शुरू हो सकता है सृजनशीलता का सिलसिला।

कुछ नया खोज निकालने या पहले से मौजूद किसी चीज़ को नये ढंग से पेश करने जैसे सृजनशीलता के बहुत से पहलू हैं। पहले से मौजूद विचारों में कुछ जोड़ या घटाकर, उनमें बदलाव लाकर या उनका नये ढंग से प्रयोग करना सृजनशीलता से ही संभव होता है। नयेपन और बदलाव

को स्वीकार करना, विचारों और संभावनाओं से खेलना, नज़रिए का लचीलापन, हर अच्छी चीज़ को और बेहतर बनाने के बारे में सोचते हुए उसे अपनाने की आदत सृजनशीलता की पहचान है। अपने काम को पूरी लगन से करते हुए धीरे-धीरे अपनी सोच के जरिए उसमें बदलाव और बेहतरी लाने का सिलसिला ही सृजनशीलता है। जो चीज़ दूसरों को जैसी नज़र आती है उसे वैसे ही देखते हुए उसके बारे में अलग ढंग से सोचना सृजनशीलता का अहम् पहलू है।

मानव मन कुदरत की एक अनोखा देन है।
सोचने-विचारने की शक्ति को अपनी पूँजी मानकर चलें, भले ही ज़िंदगी में कैसे भी उतार-चढ़ाव क्यों न आएं। चिंतन ही प्रगति है। चिंतन से रहित होना किसी व्यक्ति, संस्था और देश के लिए विनाशकारी होता है। चिंतन या विचार से जीवन में सक्रियता आती है। बिना सक्रियता वाला ज्ञान बेकार और बेमानी है। ज्ञान के साथ सक्रियता भी हो तो खुशहाली आती है।[2]

मानव मस्तिष्क की सृजनात्मक और कल्पनाशील क्षमता हमेशा किसी कंप्यूटर से आगे ही रहेगी

सृजनशीलता को प्रोत्साहन

इसमें कोई शक नहीं कि हर इंसान के दिमाग में सृजनशीलता के बीज मौजूद होते हैं, किंतु उन्हें अंकुरित और अभिव्यक्त करने के लिए मन से प्रयास करना पड़ता है। हर एक इंसान सृजनशील है, हर मन में जिज्ञासा होती है और हमें चाहिए कि जब कोई बच्चा प्रश्न करे तो हम उसकी जिज्ञासा को ज़रूर शांत करें। शिक्षकों और माता-पिता की यह बुनियादी ज़िम्मेदारी है। यदि बचपन में ही ऐसा किया जाए तो सृजनशीलता पोषित होगी और बच्चों का बौद्धिक विकास होगा।

मन की सुंदरता से ही सृजनशीलता पैदा होती है। सृजनशीलता विचारों को कलाकृति, कहानी या कविता में बदल देती है।

सीखने से सृजनशीलता आती है
सृजनशीलता सोचने की राह बनाती है
सोचने से ज्ञान प्राप्त होता है
ज्ञान व्यक्ति को महान बनाता है।[3]

सृजनशीलता का पोषण

सृजनशीलता है किसी भी चीज़ को अलग ढंग से देखना

इस संबंध में केरल के सुदूर ग्रामीण क्षेत्र के लवलीजेन नामक युवक का ज़िक्र करना उचित होगा। वह विज्ञान का छात्र था और अपना ग्रेजुएशन पूरा नहीं कर सका। उसने मुझे पत्र लिखा कि उसने गणित की एक नए थियॅरी की खोज की है और वह मुझसे मिलना चाहता है। मुझे पत्र के माध्यम से उस लड़के की बातों में सच्चाई जान पड़ी। चूँकि उसने मुझे पत्र लिखा था, इसलिए मुझे लगा कि विशेषज्ञों का एक दल, उसकी खोज पर गौर करे और उचित अनुसंधानकर्ताओं से उसे मिलाये। इसलिए कुछ दिनों के लिए मैंने उसे दिल्ली बुलाया।

उसके काम को देखकर मैं आश्चर्य से भर उठा। उसके निष्कर्ष रामानुजम की नंबर थियॅरी के समीकरण जैसे थे। किंतु रामानुजम के समीकरणों की उसे पहले से जानकारी नहीं थी। उसकी खोज रामानुजम की थियॅरी से तो मिलती-जुलती थी ही, साथ ही उसने इसमें कुछ नई बातें भी जोड़ी थीं। अतएव उसके निष्कर्ष में नयापन था। एक बड़ी सीमा तक गणित के क्षेत्र में

खोज प्रकृति के मनोरम रहस्यों को देखने की इच्छा का परिणाम होती है। इसी भावना से प्रेरित होकर प्राचीनकाल से खगोलविद् सितारों से भरे आकाश की घटनाओं में दिलचस्पी लेते रहे हैं। प्रकृति की घटनाओं को जानने की आकांक्षा मनुष्य में जन्मजात होती है, भले ही वह गणितीय शृंखला या अनुक्रमों के रूप में अभिव्यक्त हो। यह उल्लेख काफी दिलचस्प होगा कि लवलीजेन इन दिनों पावर सीक्वेन्स और सीरीज़ जैसे आकर्षक विषय में रमा हुआ है। मैंने महसूस किया कि उसे गणित की अच्छी शिक्षा और अच्छे शिक्षक की देखरेख की ज़रूरत है, जैसे प्रो. हार्डी ने रामानुजम की देखरेख की थी।
ऐसे उत्साही युवकों को हम कैसे प्रोत्साहित करें? क्या हमारे शिक्षक, समाजसेवक अथवा सामाजिक कार्यकर्ता ऐसी युवा प्रतिभाओं की पहचान कर उनके विकास में मदद कर सकते हैं?[4]

सृजनशीलता की कोई सीमा नहीं

मैं जाने-माने राजनीतिक कार्टूनिस्ट श्री के. शंकर की दूरदृष्टि की सराहना करता हूँ कि उन्होंने बच्चों में सृजनशीलता के विभिन्न पहलुओं से जुड़ी संभावना को देखा।

मन की सुंदरता से ही सृजनशीलता पैदा होती है

मैं अड़सठ देशों के बच्चों के बनाए चित्रों को देखते हुए हैरत में पड़ गया। बच्चों ने चित्रकला, कविता, कहानी और लेखों में असाधारण प्रतिभा का प्रदर्शन किया। जहाँ बड़े होकर लोग देश-सीमा, जाति-धर्म और अमीर-गरीब संबंधी बातें करने लगते हैं, वहीं इन बच्चों की रचनाओं में सीमा और संकीर्णता की कोई जगह नहीं। बच्चों का मन निर्मल होता है जिसमें भेदभाव की गुंजाइश नहीं। दुनिया

जो सपने देखते हैं और उन्हें सच करने की हिम्मत रखते हैं उन्हें दुनिया सम्मान और स्नेह देती है

की इस नई पीढ़ी को देखकर वाकई उम्मीद जागती है और मेरा भरोसा बढ़ जाता है कि यह पृथ्वी उनके हाथों में सलामत रहेगी। जितने बच्चों की रचनाओं को देखने का मुझे मौका मिला, वे सभी मेरी स्मृति में वर्षों तक तरोताजा बने रहेंगे। यहाँ मैं इनमें से कुछ की चर्चा करना चाहता हूँ।

जर्मनी की ऐंथिया न्यूम्स की पेंटिंग देखकर मुझे बेहद खुशी हुई। उसने ईस्टर के दिनों ग्रामीण अंचल के खुशनुमा दृश्यों को चित्रित किया है। उसने जो चटक रंग चुने, उन्हें देखकर मुझे समुद्र के किनारे बसे अपने गाँव की याद आ गयी, जहाँ मेरा बचपन बीता। भारत की चौदह वर्षीया सुजाता चक्रवर्ती ने अपनी एक कहानी में मध्यवर्गीय नैतिकता को पारिवारिक परिवेश में अभिव्यक्त किया है और यह भी दिखाया है कि चुनाव के दौरान वोट कैसे खरीदे जाते हैं। साफ है कि उसका युवा मन बदलाव चाहता है।

तेरह साल की आर्द्रा कृष्णा ने भी खूब दिमाग लगाया है और अपनी कल्पना को खुलकर उड़ने की छूट दी है। उसने यह कल्पना की है कि सन् 3000 ईस्वी के आसपास पृथ्वी पर कैसा नज़ारा होगा। उसकी कल्पना के मुताबिक नागरिकों को मजबूरन मंगल ग्रह पर जाकर बसना पड़ेगा जहाँ एक पूरी सभ्यता फल-फूल रही होगी। इंसान की बनायी इस उन्नत सभ्यता पर एक विनाशकारी प्राकृतिक घटना का खतरा अचानक मँडराने लगता है वृहस्पति की ओर से एक एस्टेरॉयड यानी क्षुद्रग्रह से टक्कर का खतरा। तब मंगल के वैज्ञानिक अपनी ओर बढ़ रहे इस क्षुद्रग्रह पर नाभिकीय हथियारों की बौछार करने का एक नायाब तरीका खोज निकालते हैं। इस बमबारी से वह क्षुद्रग्रह नष्ट हो जाता है और इस तरह

सन् 3000 में प्रकृति के तांडव के बावजूद वैज्ञानिक सूझबूझ से मंगल की सभ्यता का कुछ नहीं बिगड़ता। कितनी बढ़िया वैज्ञानिक सोच है आर्द्रा कृष्णा की!

दृढ़ संकल्प से पुरानी मान्यताओं को बदलकर आप हमेशा सफल हो सकते हैं

रूस की बारह वर्षीया बच्ची अन्ना सिन्याकोवा की कविता 'नेवर थिंक ऑफ इलनेस' यानी 'बीमारी का ख्याल न लाओ' भी अद्भुत है। कोई भी महत्वपूर्ण काम करते समय मैं हमेशा मान बैठता था कि कोई न कोई समस्या ज़रूर आएगी, लेकिन समस्याओं को हावी नहीं होने देना चाहिए। मेरी सलाह, खासतौर से बच्चों के लिए, यही है कि समस्याओं पर काबू पाकर सफल होना चाहिए। अन्ना सिन्याकोवा की कविता में यही सोच प्रतिध्वनित हुई है। उसकी कविता में छिपे उत्साह बढ़ाने वाले इस संदेश और सलाह में बहुत दम है कि इंसान में स्वस्थ रहने के लिए किसी भी बीमारी का सामना करने की हिम्मत होनी चाहिए।

श्रीलंका की दस वर्षीया सविद्या कुमारी प्रेमसुंदरा की कविता भी मुझे अच्छी लगी। उसने मछली पकड़ने के पेशे और मछुआरों की छवि की जैसी कल्पना की है उससे इस बच्ची की देखने-समझने की क्षमता का पता चलता है। कीनिया के तेरह साल के एक बच्चे ने हवाई जहाज़ के अपने उस पहले सफर का अनुभव लिखा है जिसका अपहरण कर लिया गया। पूरी घटना की बच्चे के दिमाग पर काफी गहरी छाप पड़ी। उसने अपने अनुभवों और भावों को बड़े प्रभावशाली शब्दों में व्यक्त किया है।[5]

सृजनशीलता जीवन की दिशा बदलती है

सृजनशीलता के सहारे जीवन की दिशा को मोड़ देने वाले

कुछ महापुरुषों का मैं यहाँ उल्लेख करना चाहूँगा। प्राकृतिक चयन सिद्धांत के प्रणेता चार्ल्स डार्विन ने मानव जाति के विकास के संबंध में हमें दूसरे ढंग से सोचने पर विवश किया। थामस अल्वा एडीसन ने विद्युत का आविष्कार किया, इससे विज्ञान और प्रौद्योगिकी के प्रत्येक क्षेत्र में क्रांति आयी। महात्मा गांधी ने अहिंसा आंदोलन के माध्यम से दक्षिण अफ्रीका में नस्लीय भेदभाव के विरुद्ध और भारत में ब्रिटिश शासन के विरुद्ध जंग छेड़ी तथा देश को आज़ादी दिलायी। बीसवीं सदी की ये तीन महत्वपूर्ण घटनाएँ सृजनशील मन की देन हैं।

नई खोजों की प्रक्रिया के ज़रिये ही ज्ञान धन-सम्पदा में रूपांतरित होता है

आसमान की ओर नज़र दौड़ाओ! पाओगे कि हम अकेले नहीं हैं। सारे ब्रह्मांड का हमसे दोस्ताना है और जो सपने देखता है वह कुछ भी पा सकता है। जैसे—चंद्रशेखर सुब्रह्मण्यम् ने ब्लैक होल की खोज की; और चंद्रशेखर द्वारा ईजाद किए गये तरीके से आज हम यह पता लगा सकते हैं कि सूरज कब तक रोशनी बिखेरता रहेगा। इसी तरह का काम सर सी. वी. रमन ने किया। उन्होंने समुद्र की ओर नज़र घुमायी और अपने मन में उठे सवाल पर गौर किया कि उसका रंग नीला क्यों है। वह इस सवाल का जवाब तलाशते हुए उस नतीजे पर पहुँचे जिसे विज्ञान की दुनिया ने 'रमन इफेक्ट' के रूप में जाना। जैसे अल्बर्ट आइंस्टीन ने दिमाग को उलझाने वाली ब्रह्मांड की खूबियों को देखते हुए उसकी फितरत के बारे में सवाल उठाए, और उनके जवाब तलाशते हुए $E = mc_2$ वाला मशहूर समीकरण रच डाला। जब विद्वान वैज्ञानिकों ने इसे अपनाया तो हमें नाभिकीय शक्ति से बिजली हासिल हुई। इससे उलट, यही समीकरण अगर दूसरे ढंग से इस्तेमाल किया जाता है तो भारी तबाही फैलाने वाले हथियार तैयार होते हैं।

पुराने जमाने में आमतौर पर महान खगोलशास्त्री तोलेमी के सिद्धांतों के आधार पर तमाम तारों और ग्रहों की चाल का हिसाब लगाया जाता था। तब माना जाता था कि पृथ्वी सपाट है। यह साबित करने में वैज्ञानिकों को कितनी मशक्कत करनी पड़ी कि पृथ्वी गोल है और सूरज के चक्कर लगाती है। तीन महान खगोलशास्त्रियों कॉपरनिक्स, गैलीलियो और केप्लर ने खगोलशास्त्र को एक नयी दिशा दी। पृथ्वी गोल है और सूरज के चक्कर लगाती है और खुद सूरज आकाशगंगा में एक अलग गोल रास्ते में घूम रहा है— यह जानकारी आज हमें कितनी मासूम लगती है, जबकि सच यह है कि आज के दौर की सारी वैज्ञानिक प्रगति पिछली सदियों के उन वैज्ञानिकों की खोजों की बदौलत ही संभव हुई है।[6]

सृजनशीलता असम्भव को संभव बना सकती है

किसी देश के राजनीतिक और आर्थिक तंत्र में जान फूँकने में उसकी खोजी प्रवृत्ति संजीवनी बूटी का काम करती है

पिछले साठ साल में विज्ञान और प्रौद्योगिकी में हमने देखा है कि जिसे असम्भव माना जाता था, वह घट गया और जिसे सम्भव समझते रहे, वह अब तक नहीं हुआ। लेकिन वह होगा ज़रूर। खासतौर से एरोनॉटिक्स, स्पेस टेक्नोलॉजी, इलेक्ट्रॉनिक्स, नए पदार्थों, कंप्यूटर साइंस और सॉफ्टवेयर के मामले में दुनिया ने नए आयाम हासिल किए हैं। आने वाले दशकों में शायद हम ऐसी यूनिफाइड फील्ड थ्योरी तैयार होते देखें जिसमें गुरुत्वीय और विद्युतचुंबकीय शक्तियाँ और सामान्य सापेक्षिकता सिद्धांत, स्पेस और समय एक साथ शामिल हों। हो सकता है आज के बच्चे आगे चलकर किसी ग्रह या चाँद पर उद्योग लगते या मानव बस्ती बसते देखें। शायद दुनिया में कई बार इस्तेमाल होने लायक ऐसे लॉन्च वेहिकल सिस्टम यानी हाइपर प्लेन का दौर आ जाए जिनकी बिजली की

ज़रूरत सौर ऊर्जा से पूरी हो, क्योंकि अगले पचास से सौ साल के अंदर जैव ईंधन यानी पेट्रोलियम और कोयले आधारित ईंधन की कमी हो जाएगी। यह सब सृजनशील सोच के ज़रिए ही मुमकिन है।[7]

नई डिजिटल अर्थव्यवस्था में जो सूचना प्रसारित होती या फैलती है वह नयी सोच का सृजन करती है और राष्ट्रीय सम्पदा में योगदान करती है

एरोडायनामिक्स के नियम के अनुसार भँवरे की बनावट ऐसी होती है कि उसके लिए उड़ना असंभव है। लेकिन उसका उड़ने का इरादा बड़ा पक्का होता है। भौंरा लगातार पंख फड़फड़ाता रहता है और उसमें जितनी प्राणशक्ति होती है वह सारी उसे आगे बढ़ाने में लग जाती है। बहुत तेज़ी से पंख फड़फड़ाने के कारण एक तरह का भँवर सा बन जाता है जिसके खिंचाव की वजह से भँवरा उड़ने में सफल हो जाता है। इस तरह पक्के इरादे के साथ कोशिश करने से आप वह सब करने में सफल हो सकते हैं जिसे असंभव माना जाता है। इतनी शक्ति होती है सृजनशीलता में!

भँवरे की उड़ान ही नहीं, इंसान के आसमान में उड़ने की बात को भी असंभव माना जाता था। सन् 1890 में लंदन की रॉयल सोसायटी के तत्कालीन अध्यक्ष और जाने-माने वैज्ञानिक लार्ड केल्विन ने कहा कि हवा से भारी कोई भी चीज़ न खुद उड़ सकती है और न ही उसे उड़ाया जा सकता है। इस बात को दो दशक ही बीते कि राइट बंधुओं के पक्के इरादे की बदौलत यह साबित हो गया कि आदमी भी उड़ सकता है। उनकी इस एक उपलब्धि ने परिवहन के क्षेत्र में क्रांति ला दी और दुनिया को छोटा कर दिया।

मशहूर रॉकेट डिज़ाइनर बॉन ब्रॉन ने सैटर्न-v राकेट बनाया था जिससे अंतरिक्ष यात्रियों सहित यान को छोड़ा गया। और इस तरह चाँद पर चलने का आदमी

का सपना सच हुआ। उन्होंने एक बार कहा था “अगर मुझे अधिकृत कर दिया जाय तो मैं शब्दकोश से असंभव शब्द ही मिटा दूँ।”[8]

सृजनशील भारतीय

भारत में विकास के हर दौर में नए-नए काम और सृजनशील चिंतन होते देखे गए हैं। 1960 के दशक में हम लोग सपने में भी नहीं सोच सकते थे कि नाभिकीय ऊर्जा से बिजली भी बनायी जा सकती है या फिर

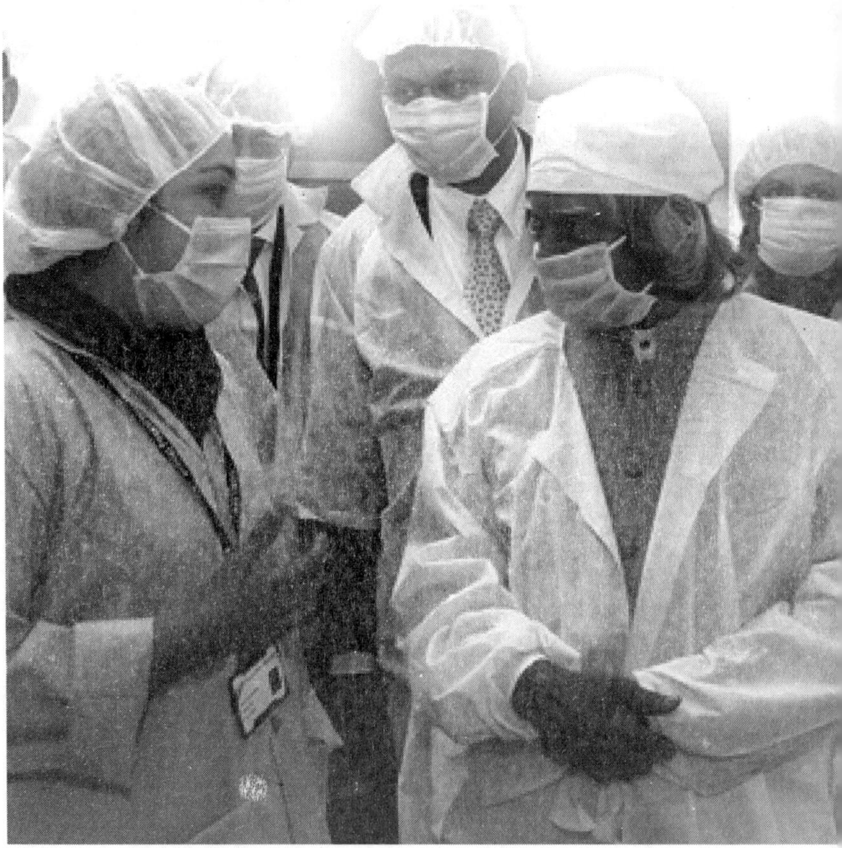

नाभिकीय औषधि से थायरॉयड की बीमारियों और कैंसर का इलाज संभव हो सकेगा। लेकिन होमी भाभा की बदौलत नाभिकीय ऊर्जा से बनी बिजली तारों में दौड़ी। एक दशक के अंदर नाभिकीय ऊर्जा से बनी बिजली का उत्पादन 20,000 मेगावॉट से ज़्यादा हो जाएगा।

1980 के दशक में सूचना प्रौद्योगिकी की दृष्टि से भारत का कहीं स्थान नहीं था, लेकिन कुछ युवा इस क्षेत्र में आगे आए और भारत के नियम-कानूनों के सिकुड़े-से दायरे के बावजूद उन्होंने नए ढंग की सृजनशील सोच से काम लिया और संभव करके दिखा दिया कि किस तरह आई. टी. से जुड़ी सेवाओं के जरिए विदेशों से पैसा कमाया जा सकता है। आखिरकार सरकार को भी आई. टी. क्षेत्र में नई एवं लचीली नीति अपनानी पड़ी। अब हमारे युवा आई. टी. कारोबारी विदेशों को अपनी सेवाएँ देकर पंद्रह सौ लाख डॉलर कमा रहे हैं। इसी तरह दवा कंपनियाँ भी भारत की अर्थव्यवस्था को मज़बूत बना रही हैं।[9]

भावी विकास

प्रसिद्ध पुस्तक 'द एज ऑफ दि स्प्रिचुअल मशीन्स' के लेखक रे कुर्जवील का मानना है कि एक हज़ार डॉलर मूल्य वाला कंप्यूटर सन् 2009 में प्रति सेकंड एक लाख करोड़ गणना करेगा तथा 2019 तक प्रति सेकंड दस लाख करोड़ गणना करेगा, जो कि इंसानी दिमाग की क्षमता के बराबर होगा। सन् 2029 तक एक कंप्यूटर में एक हज़ार इंसानी दिमागों के बराबर शक्ति होगी। इस तरह आगामी युगों में आदमी अपने कुछ कामों को कंप्यूटरचालित रोबोट को सौंप सकेगा और अपनी अद्‌भुत प्रतिभा व कल्पनाशीलता के सहारे मस्तिष्क का इस्तेमाल कंप्यूटर से

भी आगे की कोई उपलब्धि संभव बनाने के लिए कर सकेगा।

इस शताब्दी के अंत तक इंसानी सोच और मशीनी बुद्धि, जिसका सर्जक भी खुद इंसान ही है, के बीच तालमेल बढ़ेगा। कल्पना करें उस समय की, जब मानव मस्तिष्क और कंप्यूटर की संरचना में कोई फर्क नहीं रहेगा। तब इंसान मशीन पर अपना वर्चस्व कैसे कायम रख सकेगा? साफ है कि आने वाले समय में कंप्यूटर इंसान को चुनौती देने जा रहा है। यह सवाल न सिर्फ जीव विज्ञानियों और जैव प्रौद्योगिकीविदों, बल्कि पूरे वैज्ञानिक समुदाय के सामने चुनौती पेश करता है कि मनुष्यनिर्मित कंप्यूटर

कहीं मनुष्य से अधिक वर्चस्व वाला न हो जाय! संयोग से, मानव मस्तिष्क की सर्जनात्मक और कल्पनाशील क्षमता हमेशा मशीन से आगे ही रहेगी और मशीन पर उसका वर्चस्व कायम रहेगा।

मानव 'जीनोम' (genome) में सॉफ्टवेयर भरा पड़ा है। मानव की नैसर्गिक प्रतिभा को पूरी तरह से निखारने के लिए इस सॉफ्टवेयर को पूर्ण सक्रिय किया जाना अभी बाकी है।[10]

सृजनशीलता नवीनता और समृद्धि का पथ प्रशस्त करती है

स्थिर सूचना का विकास नहीं होता। नई डिजिटल अर्थ-व्यवस्था में जो सूचना प्रसारित होती या फैलती है वह नयी युक्तियों का सृजन करती है और राष्ट्रीय सम्पदा में योगदान करती है।

नई खोजों की प्रक्रिया के जरिये ही ज्ञान धन-सम्पदा में रूपांतरित होता है। नव-प्रवर्तन एक क्रमबद्ध, संगठित एवं तार्किक कर्म है, जो सामान्यतया विश्लेषण परीक्षणों और प्रयोगों से गुज़र कर ही अंतिम परिणति तक पहुँचता है।[11]

नव-प्रवर्तन अर्थात् नई खोज के लिए साहस की ज़रूरत होती है :

अलग ढंग से सोचने का साहस
अन्वेषण का साहस
असंभव को संभव कर दिखाने का साहस
समस्याओं से जूझने और सफलता हासिल करने का साहस।[12]

सामान्यतौर पर नई खोज बाज़ार से प्रेरित होती है। प्रचलित प्रौद्योगिकी की जगह नई प्रौद्योगिकी अपनाकर या फिर किसी बहुत प्रभावी तरीके से मूल्य कम करके अथवा उत्पाद या पद्धति में सुधारों के जरिये नई खोज तक पहुँचा जा सकता है। नए उत्पाद के आने से उद्यम के किसी क्षेत्र में लागत की तुलना में लाभ अधिक होता है। जैसा हम ऑप्टिकल संचार के क्षेत्र में गति बनाम लागत के रूप में देखते हैं। जहाँ निर्माण प्रक्रिया में लचीलापन हो वहाँ कई वस्तुओं में से एक का चयन बनाम लागत पर ध्यान दिया जाता है और उपग्रह की मदद से किए जाने वाले काम में ग्राहकों की संतुष्टि बनाम लागत पर गौर किया जाता है।

अनुसंधान, विकास और संस्थागत बदलाव सहित अन्य स्त्रोतों से नई खोज का जन्म होता है। इसलिए नई खोजों के लिए हमारे देश में एक सक्षम ढाँचा खड़ा करने की ज़रूरत है। ऐसे ढाँचे के अंतर्गत एक-दूसरे पर निर्भर रहने वाली कंपनियों, ज्ञान देने वाली संस्थाओं (यूनिवर्सिटी, कॉलेज, शोध संस्थान, टेक्नोलॉजी देने वाली कंपनी) के बीच तालमेल बैठाने वालों (विशेषज्ञ, तकनीकी सेवा या सलाह देने वाले) और ग्राहकों के बीच निकट संबंध स्थापित करने वाले तंत्र विकसित होंगे जिससे गुणवत्ता के साथ-साथ उत्पादकता में भी बढ़ोतरी होगी। इस प्रकार नए ढाँचे में जो तंत्र विकसित होंगे वे दुनिया में हो रहे ज्ञान के फैलाव को संपीड़ित कर उसका उपयोग स्थानीय आवश्यकताओं की पूर्ति में करेंगे। आखिर में इससे नए ज्ञान का प्रसार और नई प्रौद्योगिकी का निर्माण होगा।

विश्व बाज़ार में व्याध्सायिक रूप से उपयोगी और प्रतियोगी उत्पाद के साथ-साथ राजनीतिक और आर्थिक तंत्र में जान फूँकने में किसी देश की खोजी क्षमता का

बहुत बड़ा हाथ होता है। यह क्षमता शुद्ध रूप से वैज्ञानिक या तकनीकी उपलब्धि से अलग है। इसके अंतर्गत आर्थिक उन्नति में नई प्रौद्योगिकी के उपयोग पर ध्यान दिया जाता है। इस प्रकार खोजी क्षमता विकसित करने के लिए निजी क्षेत्र, सार्वजनिक क्षेत्र और शिक्षाविदों के बीच तालमेल बैठाते हुए सहयोग की आवश्यकता है।[13]

मानव-चिंतन का आधार

सृजनशीलता मानव-चिंतन का आधार है। चाहे कितनी भी गति और स्मृति वाले कंप्यूटर विकसित हो जाएँ, मानव चिंतन का स्थान हमेशा सबसे ऊपर रहेगा। सृजनशीलता जैसा गुण इंसान में सदा मौजूद रहेगा और प्रौद्योगिकी से प्राप्त होने वाली व्यापक गणन क्षमता जैसा मजबूत हथियार इंसान के पास होगा। उसका उपयोग वह इस दुनिया को और खूबसूरत बनाने की अपनी योजना को साकार करने में करेगा।[14]

कला और साहित्य

प्रकृति की आंतरिक सुंदरता की लोक-कल्याणकारी अभिव्यक्ति है कला। वह चाहे कार्टून, मूर्ति या फिर साहित्यिक कृति के रूप में हो। कला संसार को देखने और इससे आनंदित होने के लिए मधुर भाव भर देती है। ऐसा भाव मौन रहते हुए भी प्रेम, प्रसन्नता, स्नेह और शांति का संदेश बखूबी बिखेरता है...[1]

कला और साहित्य

कला जीने के लिए सहारा देती है

धरती पर विभिन्न कालखंडों में कई महान मानव सभ्यताओं का जन्म हुआ, किंतु उनमें से कुछ ही सभ्यताओं का अस्तित्व कायम रह पाया। वही सभ्यताएँ कायम रहीं जिनमें भविष्य को समझने और परिवर्तन की गति के साथ कदम-से-कदम मिलाकर चलने की क्षमता थी। यह क्षमता इंसान की सोच से पैदा होती है। इस सोच को आकार देने में साहित्य, कविता और अन्य तर्कपूर्ण सामग्रियों का सहयोग रहता है। प्राचीनकाल में दार्शनिक और बाद के समय में वैज्ञानिक, प्रौद्योगिकी विशेषज्ञ, अर्थशास्त्री और समाजशास्त्री, सभी ने मिलकर विभिन्न सभ्यताओं को संपन्न बनाया। भारतीय सभ्यता ने विभिन्न संस्कृतियों के संपर्क से होने वाले परिवर्तनों को

स्वीकार करते हुए उन्हें अपने में रचा-बसा लिया। यही कारण है कि हमारी सौ करोड़ की जनसंख्या वाले समाज में विभिन्न संस्कृतियों, भाषाओं और धर्मों के मानने वाले लोग हैं, किंतु मानसिक स्तर पर हम सभी एक हैं। इसका श्रेय हमारे चिंतकों को जाता है। हमारे यहाँ महाभारत, तिरुक्कुरल, कबीरवाणी और नारायणीयम जैसे ग्रंथों की परंपरा रही है। यह परंपरा सदियों बाद आज भी कायम है और फल-फूल रही है।[2]

पुस्तकें हमारी जीवनभर की साथी हैं

कला ज़िंदगी की खूबसूरती को बड़ी नज़ाकत से पेश करती है। यह मानव के अस्तित्व को अर्थ देने के साथ-साथ उसे शक्ति प्रदान करती है।

किसी अच्छी पुस्तक के संपर्क में आने और उसका संग्रह करने से ज़िंदगी हमेशा के लिए खुशहाल बन जाती है। अच्छी पुस्तकें हमारी स्थायी साथी बन जाती हैं। कई पुस्तकें काफी पहले लिखी गईं, किंतु वे अभी भी जीवनभर हमारा मार्गदर्शन करती हैं और आगे भी कई पीढ़ियों को दिशा दिखाती रहेंगी।

बारह साल की उम्र में अल्बर्ट आइंस्टाइन ने अपने पथप्रदर्शक मैक्स टालमुड से यूक्लीडियन प्लेन ज्यॉमेट्री पर एक पुस्तक पाकर विस्मय का अनुभव किया था। इस पुस्तक को पढ़ने से आइंस्टाइन ने विचार की असली दुनिया में कदम रखा और वे समझ पाए कि सर्वमान्य सत्य की खोज बिना किसी महँगी प्रयोगशाला और उपकरण की मदद के भी की जा सकती है। इस प्रक्रिया को सिर्फ मन की शक्ति से नियंत्रित किया जाता है।

मेरी प्रिय पुस्तकें

जब मैं युवकों से मिलता हूँ तो अक्सर दो प्रश्नों से सामना होता है : आपकी प्रिय पुस्तक कौन-सी है?

आजकल आप कौन-सी पुस्तकें पढ़ रहे हैं?

साहित्यकारों को यह अवसर मिला है कि वे मानव को चुनौतियों से जूझने और जीवन में सफल होने में सहायता कर सकते हैं

हालांकि मैं सभी प्रकार की पुस्तकें पढ़ना पसंद करता हूँ, फिर भी तीन पुस्तकों को पढ़कर मुझे काफी आनंद आया। इनमें से एक है – लिलियन इचलर वाट्सन द्वारा संपादित 'लाइट फ्रॉम मेनी लैम्पूस'। यह किताब मैंने सन् 1953 में मुरे बाजार, चेन्नै की किताब की एक पुरानी दुकान से खरीदी। पाँच दशकों से भी अधिक समय से यह किताब मेरी अभिन्न मित्र और हमसफ़र रही है। जब कभी मैं समस्याओं से घिर जाता हूँ तो इस पुस्तक को पलटता हूँ और अपना गम भूल जाता हूँ। जब कभी मैं खुशी से झूमने लगता हूँ तो यह पुस्तक मेरे मन को भीतर से छूती है और मेरी सोच संतुलित हो जाती है। एक बार फिर से मुझे इस पुस्तक के महत्व का एहसास हुआ जब मेरे एक न्यायाधीश मित्र ने इस पुस्तक का नया संस्करण मुझे भेंट किया। उन्होंने कहा कि सबसे बढ़िया चीज़ जो वे मुझे दे सकते हैं, वह यह पुस्तक है। हो सकता है आज से पचास वर्ष बाद यही पुस्तक आपके सामने नए रूप में आए।

दूसरा ग्रंथ जिसके प्रति मैं श्रद्धा रखता हूँ वह है – तिरुवल्लुवर रचित 'तिरुक्कुरल'। मुझे इसमें जीवन-आचरण का आदर्श स्वरूप मिलता है। लेखक की सोच राष्ट्र, भाषा, धर्म और संस्कृति की संकुचित सीमाओं से परे है। सचमुच ऐसी सोच से मानव मन उदार बनता है।

तीसरी पुस्तक है – डॉ. एलेक्सिस करेल की लिखी हुई 'मैन द अननोन'। नोबेल पुरस्कार से सम्मानित डॉ. एलेक्सिस एक चिकित्सक थे जो बाद में दार्शनिक बन गए। इस पुस्तक में प्रकाश डाला गया है कि बीमारी के दौरान मन और शरीर दोनों के इलाज की ज़रूरत होती है क्योंकि दोनों में अभिन्न संबंध है। आप एक का इलाज करें और

दूसरे पर ध्यान न दें, ऐसा हो नहीं सकता। जो बच्चे डॉक्टर बनने का सपना देख रहे हैं उन्हें यह किताब विशेष रूप से पढ़नी चाहिए। वे समझ पाएँगे कि मानव शरीर महज एक यांत्रिक प्रणाली नहीं है। यह एक बुद्धिमत्तापूर्ण और सुनियोजित संरचना है जो मानसिक और शारीरिक अवयवों के मेल से बनी है। यह एक जटिल और संवेदनशील संरचना है।[3]

आधी सदी से अधिक का वक़्त
मैंने बिताया किताबों के संग,
किताब मेरी दोस्त, मेरी हमसफ़र,
किताबों के सहारे
मैंने देखे सपने
सपने बन गए मक़सद,
किताबों के सहारे बढ़ा हौसला
मक़सद पूरा करने का,
असफलता के वक़्त
किताबों ने बढ़ाई मेरी हिम्मत
किताब मेरी दोस्त, मेरी हमसफ़र,
अच्छी किताबें देवदूत बन
मेरे लिए पैगाम लायीं
मेरे दिल को हौले से सहलाया,
इसीलिए मैं अपने युवा साथियों से
कहता हूँ—किताबों से दोस्ती करो
ये हैं तुम्हारी अच्छी दोस्त, हमसफ़र
किताब मेरी दोस्त, मेरी हमसफ़र।[4]

लेखक समाज की चेतना के प्रहरी होते हैं

लेखक की भूमिका और महत्व

मानव जीवन में लेखक की अत्यंत महत्वपूर्ण भूमिका है। एक लेखक की अच्छी पुस्तक कई पीढ़ियों के लिए ज्ञान

और संपत्ति का स्रोत होती है। कई बार ऐसा होता है कि लेखक के जीवन-काल में कोई पुस्तक पाठकों को प्रेरित नहीं कर पाती है किंतु बाद में जब समाज पुस्तक के सही महत्व को समझ पाता है तो पुस्तक में छिपे संदेश यकीनन दुनिया की नज़र में आ जाते हैं। इसके बाद उस पुस्तक की चमक दिखने लगती है। सचमुच कई ऐसी श्रेष्ठ कृतियाँ हैं जो कई पीढ़ियों से अपनी चमक कायम रखे हुए हैं।[5]

अड़तीसवें ज्ञानपीठ पुरस्कार से सम्मानित तमिल लेखक जयकांतन कहते हैं— 'मेरी सफलता तभी है जब मेरी रचना में आप (पाठक) स्वयं से हटकर कुछ ढूँढने लगते हैं।' साहित्य की सफलता का मापदंड है कि वह पाठकों के सामने एक ऐसा मार्ग प्रस्तुत करे जिस पर चलकर पाठक अपने स्वयं के दायरे से हटकर एक अलग दुनिया को देख सकें।

किसी अच्छी पुस्तक के संपर्क में आने और उसे पढ़ने से ज़िंदगी खुशहाल बन जाती है

मैं जीवन के प्रति जयकांतन के इस दृष्टिकोण का प्रशंसक हूँ जिसका उन्होंने 'एक साहित्यकार के राजनीतिक अनुभव' नामक निबंध-संग्रह की भूमिका में वर्णन किया है। इसमें वे कहते हैं— "क्या ज्ञान और उत्साह से भरे हमारे स्वतंत्रता सेनानियों और समाजवादी चिंतकों के लिए ऐसा समय नहीं आया है कि वे आपस में संगठित होकर एक नए स्वतंत्र समाज के निर्माण के लिए बलिदान दें? साहित्यकारों का मन इसके लिए व्याकुल है।" इसी प्रकार, एक संदर्भ में जयकांतन इस बात को सरल ढंग से कहते हैं "साहित्य की दुनिया में लोग मुझे अछूत मानते हैं, फिर भी मैं साहित्य-लेखन करता रहूँगा। मैं परिवर्तन के लिए प्रयास करता रहूँगा। जैसे जगत्गुरु आदि शंकराचार्य ने दत्तात्रेय को अपना गुरु स्वीकार किया। यह मेरी इच्छा नहीं है बल्कि ईश्वर की इच्छा है।"

यह एक अत्यंत ही सुंदर और मार्मिक कथन है। जब भी मैं इस कथन को पढ़ता हूँ तो मेरी आँखों से आँसू छलक आते हैं क्योंकि हम अपने चारों ओर दुःख और भाग्यवाद पाते हैं, किंतु हमारे अंदर की निष्ठा उन्हें चुनौती दे रही है। साहित्य इसी तरह हमारे मन को सबल बनाता है। लेखक समाज की चेतना के प्रहरी होते हैं।

हमारे चिंतक और लेखकगण युवकों को तेजस्वी मन वाले नेता बना सकते हैं। वे अपने लेखन से युवकों के मन में उदारता और मानवता के भाव भर सकते हैं। वे नई पीढ़ी

को अदम्य साहस की याद दिला सकते हैं जिसके सहारे वे किसी भी प्रकार की दुर्बलता और अभाव पर विजय प्राप्त कर सकते हैं। यह लेखकों पर बाहर से थोपा गया दायित्व नहीं है बल्कि उन्हें यह अवसर मिला है कि वे मानव को बदहाली से मुक्ति पाने और जीवन में सफल होने में सहयोग दे सकें।

कोई देश अपनी प्राकृतिक संपदा, जैव-विविधता और अपने नागरिकों के बल पर समृद्ध होता है। किंतु चिंतक किसी देश के गौरव को चार चाँद लगाते हैं। वे समाज को आने वाले समय के लिए तैयार करते हैं और समाज को परिवर्तन के अनुकूल बनाते हैं।[6]

बच्चों और छात्रों को इस बात के लिए प्रेरित करना चाहिए कि 'रोज़ एक घंटे पुस्तक पढ़ें। कुछ ही वर्षों में वे ज्ञान के भंडार बन जाएंगे।'

लोग पुस्तकें भेंट करने की आदत डाल लें, खासकर युवाओं को। इस कार्य से युवक तेजस्वी बनेंगे और हमारे

समाज को एक ज्ञानसंपन्न समाज बनाने में मदद मिलेगी।[7]

भावनात्मक एकता के लिए संगीत, नृत्य और नाटक

हमारी सभ्यता में साहित्य, नृत्य और नाटक के पाँच हज़ार वर्ष की गौरवशाली परंपरा रही है। कलाकारों को अपनी कला का प्रदर्शन करते देखकर मैं सोचने लगता हूँ कि क्या संगीत और नृत्य का उपयोग विश्वशांति और आपसी एकता के लिए किया जा सकता है। हाल के वर्षों में आतंकवाद ने कई मासूमों की जान ले ली है। इस समस्या के हल के लिए क्या सैन्य, आर्थिक और कानूनी तरीकों के सिवा कोई अन्य उपाय है? मेरा दृढ़ विश्वास है कि आतंकवाद को समाप्त करने में संगीत-नृत्य प्रभावशाली औज़ार हो सकते हैं।

दुनिया में शांति और एकता कायम करने में नृत्य-संगीत का उपयोग एक प्रभावशाली माध्यम के रूप में किया जा सकता है

संगीत-नृत्य आपको एक अलग दुनिया में ले जाते हैं जहाँ आप खुशी और सुकून की साँसें ले पाते हैं। संगीत-नृत्य का सृजन तभी हो सकता है जब कलाकार का मन शांत और प्रसन्न हो। ऐसी मानसिक अवस्था में वे अपने समाज के सामने अमन-चैन का पैग़ाम देने वाले के रूप में आगे आते हैं।[8]

संगीत लोगों के मन के तार को जोड़ता है। इसका कितना खूबसूरत उदाहरण कर्नाटक संगीत है। इसकी त्रिमूर्ति ने तंजौर जिले में तेलुगू और संस्कृत में अपनी कृतियों को गाया, पुरंदर दास ने कन्नड़ में गाया, अन्नमाचार्य ने तेलुगू में और अरुणागिरिनाकर ने तमिल में। किंतु संगीत प्रेमियों के लिए भाषा कभी बाधक नहीं

रही। केरल में ट्रावनकोर, आंध्रप्रदेश में तिरुपति, तमिलनाडु में तंजौर और कर्नाटक में मैसूर के संगीत घराने किसी हार में रत्न की तरह चमक रहे हैं। हार के ये मनके एक ही संगीत के धागे में पिरोये हुए हैं। संगीत अपने आप में बहुत बड़ा माध्यम है और इसमें भाषा कभी बाधक नहीं हो सकती।[9]

भारत में आधुनिक नृत्य के जनक माने जाने वाले उदयशंकर ने भारतीय नृत्य-संगीत को बिल्कुल नए और सटीक ढंग से परिभाषित किया। भारत में प्रचलित सभी प्रकार के शास्त्रीय और लोकनृत्यों की उन्होंने सराहना की। उन्होंने इनकी विशेषताओं में एकता के सूत्र को तलाश कर भारतीय नृत्य की शब्दावली को उच्चस्तरीय विस्तार दिया। वे 1930 एवं 1940 के दशक में भारतीय कला में पुनर्जागरण के अग्रदूत थे। उन्होंने भारतीय नृत्य-संगीत से पश्चिमी जगत का परिचय कराया। इससे पूरी दुनिया में भारतीय नृत्य-संगीत की प्रशंसा की जाने लगी और इसे सम्मान की दृष्टि से देखा जाने लगा। उदयशंकर ने किसी भी भारतीय शास्त्रीय नृत्य में कोई औपचारिक प्रशिक्षण नहीं लिया था, फिर भी नृत्य की दुनिया में उन्होंने अपनी अलग पहचान बनायी। यह इस बात को सिद्ध करता है कि उनमें जन्मजात प्रतिभा थी।[10]

देश के विभिन्न भागों की अपनी यात्रा के दौरान मैं महसूस करता हूँ कि ग्रामीण और जनजातीय समाज में नृत्य के प्रति काफी लगाव है। थोड़ा भी मौका पाकर वे अक्सर गाने-नाचने लगते हैं। इससे वे न सिर्फ अपने कठिन ग्रामीण जीवन के गमों को भुला देते हैं बल्कि अपनी सदियों पुरानी सांस्कृतिक परंपरा को बनाए रखते, प्रचारित और विकसित करते हैं। हमारे देश के इतिहास में संगीत, नृत्य और रंगमंच के विकास में ग्रामीण समाज का

काफी योगदान रहा है। हमारी सामाजिक संस्कृति में विविध धाराओं के संगम से कलात्मक परंपरा समृद्ध हुई है और इसे प्रोत्साहित किया जाना चाहिए।[11]

हमारे मन को ऊर्जावान बनाने के लिए नाटक मनोरंजन का एक महत्वपूर्ण साधन है। यह लोगों तक संदेश फैलाने का एक सशक्त माध्यम है और लोगों के ज़ेहन में कल्पनाशील विचार और सोच डालता है। सिनेमा, टी.वी. और मल्टीमीडिया के दबाव में यह कला-माध्यम जूझ रहा है। इनकी अपनी भूमिका है, फिर भी हमारे प्राचीन नाटक के बहुत से स्वरूपों को बचाए रखने के साथ-साथ इनमें वर्णित मूल्यवान कथाओं को भी सुरक्षित रखने की ज़रूरत है।[12]

हमारी संस्कृति विविध धाराओं का संगम है

फिल्मों का प्रभाव

फिल्म उद्योग से जुड़े लोगों में यह क्षमता है कि वे दर्शकों को रुलाने-हँसाने, गुस्सा दिलाने, प्रेरित करने और कई बार उन्हें अवसादग्रस्त तक कर देने का काम करते हैं। वे दर्शकों के मर्म को छू लेते हैं। वे दर्शकों के दिल पर तात्कालिक प्रभाव तो छोड़ते हैं ही, कई बार तो यह प्रभाव काफी लंबे समय तक कायम रहता है। एक फिल्म में इतनी शक्ति होती है।[13]

कला उत्साह बढ़ाती है

हाल ही में मुझे 'आर्टिकुलेशन्स — वॉयसिन फ्रॉम दि कंटेम्पोरेरी इंडियन विजुअल आर्ट' नामक पुस्तक के अध्ययन का अवसर मिला। इसमें मैं भारतीय दृश्यकला और चित्रकला से जुड़े कलाकारों की विशेषता ढूँढने लगा। साथ ही उनका माध्यम क्या है? समाज और कला के

बीच कौन-सा संबंध है? कलाकार के माध्यम – रंग-ब्रश और समाज के बीच क्या कोई संबंध है? जैसे प्रश्न मन में उठने लगे।

संगीत एक ऐसा माध्यम है जिसमें भाषा कोई बाधक नहीं

जब एम. एफ. हुसैन कहते हैं कि चित्रकला समाज से निकलती है तो इसका अर्थ है : 'यदि समाज औसत दर्जे का है तो उसमें औसत दर्जे की पेंटिंग ही मिलेंगी; यदि समाज प्रबुद्ध और खुशहाल है तो पेंटिंग में इस बात की झलक मिल जाएगी।' इस पुस्तक को पढ़ते हुए मैंने महसूस किया कि सभी पेंटर और कलाकारों का व्यक्तित्व अनुपम होता है। उन्हें प्रभावित करने वाली प्रत्येक घटना में वे सौन्दर्य खोजते हैं। जहाँ आर. के. लक्ष्मण को किसी पृष्ठभूमि के विरुद्ध खड़े कौओ की तस्वीर बनाने में आनंद आता है, वहीं के.के. हेब्बर रेखाओं की लयात्मक गतिविधि से प्रभावित दिखते हैं। इस संदर्भ में मैं एक कलाकार के कथन से पूर्णतया सहमत हूँ। वे कहते हैं – 'एक कलाकार को ज्ञात चीज़ों की जानकारी होनी चाहिए, अज्ञात तो स्वतः प्रकट हो जाएगा।'

कुछ समय पहले मैंने 'जीवन वृक्ष' नामक एक कविता तमिल में लिखी और उसका अंग्रेज़ी में अनुवाद किया। इस कविता में जीवन को उत्साहपूर्वक जीने का संदेश है। कविता लिखते समय कभी भी मैंने नहीं सोचा था कि इसमें जीवन की तस्वीर, सौन्दर्य और सृजनशीलता प्रकट हो पाएगी। उसी समय मानव नामक एक युवा कलाकार राष्ट्रपति भवन आए और वहाँ रुककर उन्होंने मुगल गार्डन के प्राकृतिक सौन्दर्य को चित्रित किया। वे अपने परिवार के साथ वहाँ दो सप्ताह रुके और इस दौरान उन्होंने बहुत से चित्र बनाए जिनसे जीवन छलक रहा था। ऐसा लगा जैसे मैंने उनके चित्रों में फूलों की खूबसूरती को देखा, उनकी खुशबू ली और फूल में सिंचित मधु को

चखा। उन्होंने जब मेरी कविता 'जीवन वृक्ष' को देखा तो उन्हें वह अच्छी लगी। वे मुगल गार्डन के सुंदर परिवेश में सात दिन रहे। इस दौरान उन्होंने 'जीवन वृक्ष' को बोलने वाले वृक्ष में बदल दिया।

यह कितनी अच्छी रचना बन गई! मैंने पहली बार महसूस किया कि किसी पेंटर की कल्पना में किस तरह पेंटिंग और कविता का समन्वित रूप रहता है, जिससे नई रचना जन्म लेती है। यह नई रचना आपके मर्म को छूती है, आपकी भावना पर स्नेहलेप लगाती है, मिश्रित कला में मौजूद खूबसूरती और अमन का संचार कलाकार में करती है और कलाकार के मन तथा आत्मा को आनंद से भर देती है।[14]

कलाकार का व्यक्तित्व बेजोड़ होता है। वे जीवन को समृद्ध करने वाली प्रत्येक घटना में सौन्दर्य ढूँढते हैं

सृजनशीलता और समृद्धि

किसी देश की खुशहाली का सीधा संबंध उसके कलाकार और लेखकों की सृजनशीलता से है। इतिहास में जाने पर आप पाएंगे कि किसी शासन के स्वर्णकाल के दौरान सबसे अधिक संख्या में कलाकारों-लेखकों को राज्याश्रय मिला।

भारत को एक विकसित राष्ट्र बनाने में कला और साहित्य के विद्यार्थियों का महत्वपूर्ण योगदान है। वे सृजनशील मनोरंजन और इसके प्रबंधन के क्षेत्र में रोजगार के काफी अवसर पा सकेंगे। ये ऐसे क्षेत्र हैं जिनमें भविष्य में समाज काफी समय और धन खर्च करेंगे। कलाकार जनता और नीति-निर्माताओं के बीच तालमेल बनाने के माध्यम होंगे। वे जनता और वैज्ञानिक-प्रौद्योगिकी विशेषज्ञ के बीच सेतु का काम करेंगे।[15]

कला प्रकृति में मौजूद आंतरिक सुंदरता की लोक कल्याणकारी अभिव्यक्ति है। वह चाहे कार्टून, मूर्ति या फिर साहित्यिक कृति के रूप में हो— सभी में संसार को देखने और इससे आनंदित होने के लिए मधुर जीवन भाव भर देती है। ऐसा भाव मौन रहते हुए भी प्रेम, हास्य, स्नेह और शांति का संदेश बखूबी बिखेरता है।

कला ज़िंदगी की खूबसूरती को बड़ी सौम्यता से पेश करती है। इसे नई ऊँचाइयों पर ले जाती है जो अपने आप में एक बेहतर और सुसंस्कृत दुनिया है। कला मानव के अस्तित्व को अर्थ देने के साथ-साथ इसे मजबूती देती है। यह जीवन के उद्देश्य को उचित ठहराती है। कलह से भरे इस संसार में, जहाँ मानवीय मूल्यों को बड़ी बेरहमी से कुचला जा रहा है और भौतिक सुख-सुविधा के चक्कर में जीवन का सौन्दर्य नष्ट हो गया है, वहाँ इससे अधिक आपकी क्या जिज्ञासा हो सकती है! इससे अधिक आप क्या देखने की उम्मीद कर सकते हैं ![16]

शाश्वत जीवन मूल्य

फूल को देखो – वह
कितनी उदारता से अपनी
खुशबू और शहद बाँटता
है। वह हर किसी को
देता है, प्यार बिखेरता है,
और जब उसका काम
पूरा हो जाता है तो
चुपचाप झड़ जाता है।
फूल की तरह बनने की
कोशिश करो, जिसमें
इतनी खूबियों के बावजूद
ज़रा भी घमंड नहीं[1]

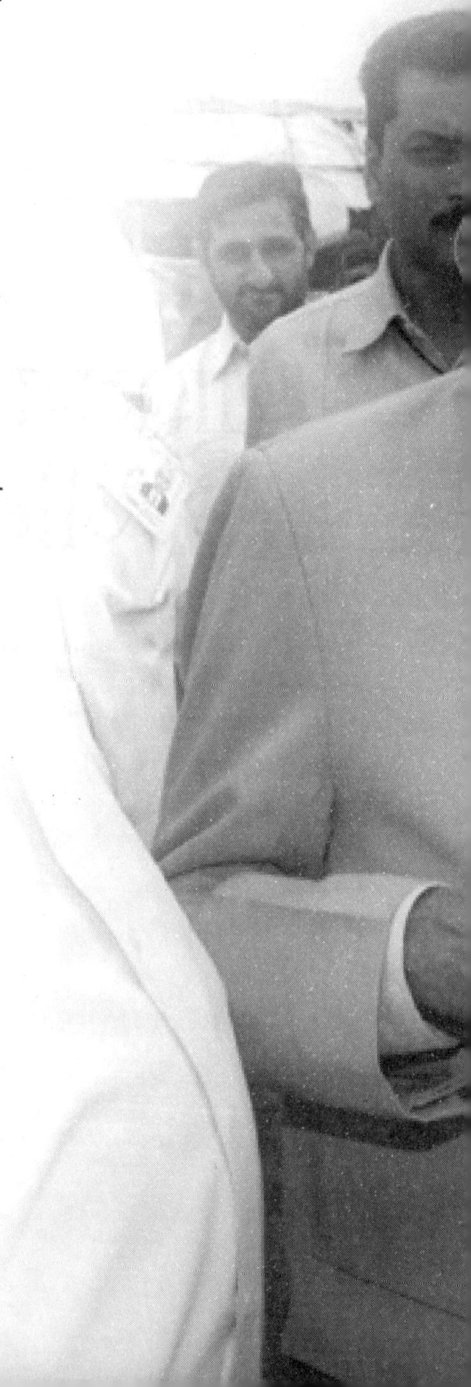

शाश्वत जीवन मूल्य

सदाचार

मैं एक भजन की चर्चा करना चाहूँगा जिसे मैंने पवित्र प्रशांति निलयम में सुना था। यह भजन सदाचार के विकास के माध्यम से शांति की कामना करता है :

जहाँ हृदय में हो सदाचार, चरित्र
सुंदर होता है
सुंदरता हो जब चरित्र में, घर में
आती है समरसता,
और समरसता घर में होने पर,
राष्ट्र में रहती है व्यवस्था
राष्ट्र में हो ठीक व्यवस्था, शांति रहे
सारी दुनिया में।

हम देख सकते हैं कि हृदय, चरित्र, राष्ट्र और संसार किस खूबसूरती से एक दूसरे से जुड़े हैं। मनुष्य के मन में सदाचार की भावना कैसे भरी जाए? दरअसल यही तो मनुष्य को बनाने वाली— यानी दैवीय शक्तियों का उद्देश्य है।[2]

सच्ची नैतिक शिक्षा से समाज और राष्ट्र का उत्थान होगा

आज हम बड़े ही अजीब हालात से गुजर रहे हैं। जहाँ तमाम लोग हर वक्त खुद से, समाज से, और राष्ट्र से एक किस्म की लड़ाई लड़ रहे हैं। हर पल हमारे दिमाग में यह जंग चल रही है कि हम किस तरफ जाएँ? जब सही निर्णय करने में कठिनाई हो तो हमें ईश्वर से प्रार्थना करनी चाहिए कि वह हमारी बुद्धि को सदाचार की ओर प्रेरित करे।[3]

समाज के विभिन्न अंगों में सदाचार पैदा करना हम सभी की जिम्मेदारी है। पूरे समाज को सदाचारी बनाने के लिए परिवार, शिक्षा, सेवा, कैरियर, व्यापार, उद्योग, लोक प्रशासन, राजनीति, सरकार, कानून-व्यवस्था और न्यायालय में, सभी जगह सदाचार होना चाहिए।[4]

घर में सदाचार

यदि किसी देश को भ्रष्टाचार मुक्त करना है और वहाँ के लोगों को उदार बनाना है तो इसके लिए तीन महत्वपूर्ण व्यक्ति हैं जो परिवर्तन ला सकते हैं— पिता, माता और शिक्षक।[5]

भारतीय विज्ञान संस्थान, बंगलोर के एक कर्मचारी ने मुझसे इस घटना का जिक्र किया। उसने अपनी बेटी को सिखाया कि वह हमेशा सत्य बोले। यदि वह ऐसा

करती है तो उसे ज़िंदगी में किसी से डरने की ज़रूरत नहीं। आज वह दस साल की है, परंतु जब वह दूसरी कक्षा में पढ़ती थी तो वह अपने पिता के दोस्त के यहाँ एक समारोह में भाग लेने के लिए चले जाने के कारण स्कूल नहीं जा सकी। छुट्टी के लिए उसके आवेदन पत्र में पिता ने लिखा कि अपरिहार्य कारण से उनकी बेटी स्कूल नहीं जा सकी। बच्ची ने तुरंत विरोध किया कि अपरिहार्य कारण की जगह हम समारोह में भाग लेना क्यों नहीं लिखते? आप ने ही मुझे सिखाया कि झूठ नहीं बोलना चाहिए, किंतु मुझे अब क्यों झूठ बोलना चाहिए? पिता को तुरंत अपनी गलती का एहसास हुआ और उन्होंने फिर से छुट्टी के लिए आवेदन पत्र लिखा जिसमें उन्होंने अनुपस्थिति के सही कारण का उल्लेख किया।

राजा से लेकर जनता तक सभी के लिए सदाचार जीवन का आधार है

बच्चों को छोटी उम्र में ईमानदारी के पाठ पढ़ाने का इतना सशक्त असर होता है कि यदि हम अपने सदाचार के मार्ग से भटक जाते हैं तो हमें बच्चे सही रास्ते पर ले जाते हैं। ईमानदारी सदाचार से पनपती है। यदि एक बार आपने बच्चों को ईमानदारी का सबक सिखा दिया और उनके मन को सही रास्ते पर ला दिया तो परिवार में चरित्र निर्माण की प्रक्रिया शुरू हो जाती है। हर बच्चा और माँ-बाप के दिल में एक ही ख्वाहिश हो कि उसका घर सदाचारी लोगों का घर बनें।

छात्रों से बातचीत के दौरान एक बार कर्नाटक के शिमोगा के एक लड़के ने मुझसे पूछा – "समाज में भ्रष्टाचार, जिसकी जड़ इस देश में कैंसर की तरह फैल गई है, को रोकने के लिए छात्रों की क्या भूमिका हो सकती है?" इस प्रश्न के माध्यम से युवा मन का दर्द प्रकट होता है। मेरे लिए यह एक बहुत ही महत्वपूर्ण

प्रश्न था क्योंकि यह प्रश्न मुझसे एक बच्चे ने पूछा था। मैंने कहा देश में सौ करोड़ लोग हैं और करीब बीस करोड़ घर। सामान्य तौर पर अच्छे लोग सभी जगह मिल जाते हैं फिर भी कुछ लाख घरों में रहने वाले लोग पारदर्शी नहीं हैं और देश की कानून व्यवस्था का आदर नहीं करते हैं। ऐसे में हम क्या कर सकते हैं! ऐसे घरों में माता-पिता के सिवा एक-दो लड़के-लड़की हो सकते हैं। यदि इन घरों के माता-पिता सदाचार के मार्ग से भटक जाते हैं तो बच्चे प्रेम और स्नेह को हथियार बनाकर माँ-बाप को सदाचार के मार्ग पर वापस ला सकते हैं। मैंने बैठक में उपस्थित सभी बच्चों से पूछा कि यदि कुछ बच्चों के माता-पिता पारदर्शिता के मार्ग से भटक जाते हैं तो क्या वे अपने माता-पिता से कहेंगे कि वे सही काम नहीं करते हैं। अधिकांश बच्चों ने बिना किसी झिझक के जवाब दिया कि वे ऐसा ही करेंगे। ऐसा आत्मविश्वास प्रेम को हथियार बनाने के कारण ही पनपता है।

इसी प्रकार, मैंने कई अन्य बैठकों में माता-पिता से भी यही प्रश्न पूछा। शुरू में सभा में चुप्पी छा जाती थी, किंतु बाद में कई लोग संकोच करते हुए सहमत हो जाते थे कि वे बच्चों के सुझाव को मानेंगे क्योंकि ऐसे सुझाव प्रेम से प्रेरित होते हैं। वे मुझसे शपथ लेते हैं कि "मैं एक ईमानदार ज़िंदगी गुजारूँगा जिसमें भ्रष्टाचार को कोई स्थान नहीं, और दूसरों के लिए मैं एक उदाहरण स्थापित करूँगा ताकि वे पारदर्शी जीवन गुजारें।"[6]

माँ सच्चाई की राह बताती है

शेख अब्दुल क़ादिर अल जिलानी एक महान संत थे। वे करीब एक हज़ार साल पहले अफगानिस्तान में रहते थे। एक दिन जब अब्दुल क़ादिर अपनी गाय चरा रहे थे तो एक गाय को कहते सुना 'आप यहाँ चारागाह में क्या कर रहे हैं? आप इन कामों के लिए नहीं बने हैं।' वे तुरंत अपने घर लौट आए और अपने आप को इतना डरा हुआ महसूस कर रहे थे कि वे अपने घर की छत पर चढ़ गए। वहाँ उन्होंने देखा कि बहुत से लोग हज करने के बाद अराफात की पहाड़ी से वापस आ रहे हैं। चकित अब्दुल क़ादिर अपनी माँ के पास गए और बोले 'मुझे पढ़ने के लिए बगदाद जाने की मंजूरी दे दो।'

माँ ने इसे खुदा का पैग़ाम समझा और अब्दुल क़ादिर को बगदाद जाने की मंजूरी दे दी। माँ ने उन्हें चालीस सोने की मुहरें दीं जो उन्हें पैतृक संपत्ति में हिस्सेदारी मिलती। माँ ने इन सिक्कों को क़ादिर के कोट के अस्तर में जड़ दिया। घर से विदा करते हुए माँ ने कहा –"मेरे लाल तू घर से जा रहा है। मैं खुदा के

वास्ते तुझे दूर भेज रही हूँ। मैं जानती हूँ कि क़यामत के दिन तक भी तेरा मुँह नहीं देख सकूंगी, फिर भी तू अपनी माँ की आखिरी सलाह लेता जा—अपनी ज़िंदगी को खतरे में डालकर भी हमेशा सच बोलना, सच को ही महसूस करना और सच का ही प्रचार करना।"

अब्दुल क़ादिर एक छोटे काफिले के संग बगदाद के लिए रवाना हो गए। दुर्गम रास्ते से होते हुए वे आगे बढ़ रहे थे तभी डाकुओं के एक दल ने उन पर धावा बोल दिया। वे काफिले को लूटने लगे। उनमें से किसी ने अब्दुल क़ादिर पर तनिक भी ध्यान नहीं दिया। बाद में एक लुटेरा उनकी ओर मुड़ा और पूछा—"अच्छा कंगाल, तू यहाँ छुपा है, तेरे पास कुछ माल अस्बाब है?" अब्दुल क़ादिर ने जवाब दिया—"मेरे पास चालीस दीनार हैं जो मेरी माँ ने मेरे बाँह में कोट के अस्तर में जड़ दी थीं।" लुटेरे उन पर हँसने लगे और उन्होंने सोचा कि अब्दुल क़ादिर उनसे मज़ाक कर रहे हैं। ऐसा समझ कर लुटेरे अब्दुल क़ादिर को छोड़ कहीं चले गए। फिर दूसरे लुटेरे आए उन्होंने भी अब्दुल क़ादिर से वही प्रश्न किया और अब्दुल क़ादिर ने वही जवाब दिया। अंत में, लुटेरों का सरदार आया और कहा—यह लड़का देखने से तो भिखारी लगता है, पर कहता है कि इसके पास चालीस सोने के सिक्के हैं। हमने हर किसी को लूटा किंतु इसे जानबूझ कर छोड़ दिया क्योंकि हम यह यकीन नहीं कर पा रहे हैं कि इसके पास सोने के सिक्के हो सकते हैं। हमें लगता है कि यह हमें बेवकूफ बना रहा है। सरदार ने अब्दुल क़ादिर से वही सवाल किया और अब्दुल क़ादिर ने भी फिर वही जवाब दिया। तब सरदार ने अब्दुल क़ादिर का कोट फाड़ दिया और देखा तो उसमें सचमुच चालीस सिक्के थे।

जो समाज में परिवर्तन ला सकते हैं, वे हैं माता, पिता और शिक्षक

सरदार खुश हुआ और अब्दुल क़ादिर से पूछा कि तुमने

किस बात से मजबूर होकर सच कुबूल किया। अब्दुल क़ादिर का उत्तर था— "मेरी माँ ने मुझसे वचन लिया था कि अपनी जान को खतरे में डालकर भी मैं सच बोलूँगा। यह तो केवल चालीस दीनार की बात है, मैंने उन्हें वचन दिया था कि मैं उनके विश्वास को कभी नहीं तोड़ूँगा, इसलिए मैंने सच बोला।" लुटेरे रोने लगे और बोले, तुमने अपनी माँ की सलाह को माना, किंतु हमने अपने पिता के विश्वास को तोड़ा और कई वर्षों तक अल्लाह के फरमान का विरोध किया। हम पश्चाताप करते हैं। आज से तुम हमारे मुखिया हो। उस दिन से वे लुटेरे लूट-खसोट छोड़ सच्चे इंसान बन गए। इस तरह दुनिया ने देखा कि माँ की सच्ची सलाह को मानकर एक बालक महान संत शेख अब्दुल क़ादिर अल जिलानी बन गया।[7]

एक बार समझा-बुझा देने पर बच्चे चेतना के प्रहरी बन जाते हैं

शिक्षा के माध्यम से नैतिक ज्ञान

नन्हें बच्चों को बड़े लाड़-प्यार से रखा जाता है। जब वे स्कूल जाते हैं तो उन्हें नैतिक शिक्षा की आवश्यकता होती है। बच्चों में सीखने की उम्र छह से सत्रह वर्ष तक की होती है। इसलिए स्कूल के दिन बच्चों के सीखने के असली दिन होते हैं। इस दौरान उन्हें खूबसूरत माहौल और मूल्य आधारित शिक्षा दी जाय जिसका कोई मक़सद हो।

जब मैं सेंट जोसफ कॉलेज, त्रिची में पढ़ रहा था तो मुझे उस समय रेवरेण्ड फादर रैक्टर कालाथिल के दिए व्याख्यान अभी भी याद हैं। वे प्रत्येक मंगलवार को क्लास लेते थे और इस दौरान लगभग एक घंटे तक पुराने जमाने के और आज के आध्यात्मिक, धार्मिक

और राजनीतिक नेताओं के विषय में बोलते थे। वे अच्छे मानव के लक्षणों पर भी प्रकाश डालते थे। इस क्लास में वे बुद्ध, कन्फ्यूशियस, सेंट अगस्टाइन, खलीफा उमर, महात्मा गाँधी, आइंस्टाइन, अब्राहम लिंकन सहित कुछ वैज्ञानिकों के विषय में भी बताते थे। हमारी सभ्यता की धरोहर से जुड़ी नैतिक कहानियाँ भी बताई जाती थीं। मुझे यकीन है कि मैंने उन कक्षाओं में जो नैतिक पाठ पढ़े वे आज भी मेरे दिल में बसे हुए हैं।

यह अनिवार्य है कि स्कूल और कॉलेज सप्ताह में कम से कम एक घंटा भारतीय सभ्यता की धरोहर के संबंध में कक्षा का आयोजन करें जिसमें संस्थान के कोई बड़े शिक्षक व्याख्यान दें। इस क्लास को नैतिक विज्ञान की क्लास कहा जा सकता है। यह युवकों के मन को राष्ट्र प्रेम के लिए उदार बनाएगा। इसके साथ ही वे मानव से प्रेम करना सीखेंगे और उनका मन उच्च भावों से भरा रहेगा। उचित नैतिक शिक्षा से समाज और देश का उत्थान होगा।[8]

विवेक आत्मा का दिव्य प्रकाश है

उपहार से मानव जीवन की गरिमा नष्ट होती है

रामेश्वरम् एक सुंदर स्थान है। मैंने वहाँ, अपने परिवार में रहकर बचपन बिताया। लगभग सन् 1940 का समय रहा होगा, द्वितीय विश्वयुद्ध चल रहा था। उसी समय रामेश्वरम् पंचायत बोर्ड का चुनाव हुआ और मेरे पिता उसके सदस्य निर्वाचित हुए। उसी दिन वे रामेश्वरम् पंचायत बोर्ड के अध्यक्ष भी चुन लिए गए। मेरे पिता किसी धर्म, किसी जाति के होने या कोई खास भाषा बोलने या अपने आर्थिक रुतबे के कारण अध्यक्ष नहीं बने बल्कि वे एक अच्छे इंसान होने के कारण चुने

गए। उस समय मैं चौथी कक्षा में पढ़ता था। मुझे अभी भी याद है वह घटना, जिस दिन वे अध्यक्ष निर्वाचित हुए।

उस समय हम लोगों के पास बिजली नहीं थी। मैं लैम्प में ही पढ़ा करता था। मैं जोर-जोर से बोलकर पढ़ा करता था। मैं जोर से बोलकर पढ़ ही रहा था कि मेरे दरवाजे पर किसी के खटखटाने की आवाज हुई। उस समय रामेश्वरम् में लोग अपने घरों के दरवाजे पर ताले नहीं लगाते थे। किसी ने हमारा दरवाजा खोला और अंदर आकर मेरे पिता के विषय में पूछा। मैंने कहा वे शाम की नमाज़ अदा करने के लिए गए हैं। इस पर वे बोले 'मैंने उनके लिए कुछ खरीदा है, क्या मैं इसे यहाँ रख दूँ?' चूँकि मेरे पिता घर पर नहीं थे, इसलिए मैं अपनी माँ से इस संबंध में पूछने गया। लेकिन वे भी नमाज़ पढ़ने गई थीं। जब मुझे कहीं से कोई जवाब नहीं मिला तो मैंने उन सज्जन से कहा कि वह सामग्री वहीं खाट पर छोड़ दें और मैं फिर से अपनी पढ़ाई में लग गया।

विवेक का फलक बहुत विशाल होता है। इस पर सभी प्रकार के अच्छे-बुरे कर्म परखे जाते हैं

मैं जोर-जोर से बोलकर पढ़ रहा था और अपनी पढ़ाई में पूरी तरह से रम गया था। तभी मेरे पिता वापस आए और उन्होंने खाट पर रखा तम्बलम देखा। उन्होंने मुझसे पूछा— 'यह क्या है? यह किसने दिया?' मैंने कहा कि कोई आए थे और इसे आपके लिए रख गए। उन्होंने तम्बलम को खोला और देखा कि उसमें महँगी धोती, अंग वस्त्रम्, कुछ फल, मिठाइयाँ और एक पर्ची थी। पर्ची पर उस व्यक्ति का नाम लिखा हुआ था जो यह भेंट छोड़ गया था।

मैं अपने पिता का सबसे छोटा लड़का था और वे मुझे बहुत चाहते थे। किंतु मैंने पहली बार देखा कि वे गुस्सा

कर रहे थे और पहली बार उन्होंने मेरी पिटाई की। मैं डर गया और चिल्लाने लगा। मेरी माँ दौड़कर आयीं और मुझे गले लगा लिया। उन्होंने मुझे पुचकारना शुरू कर दिया। मुझे रोते हुए देखकर पिताजी ने प्यार से मेरे कंधे को छुआ और मुझे हिदायत दी कि भविष्य में उनकी अनुमति के बिना मैं किसी का उपहार न स्वीकार करूँ। उन्होंने कहा कि किसी काम के लिए उपहार स्वीकार करना ज़िंदगी में बहुत ही खतरनाक काम है। उन्होंने हदीस का एक पद सुनाया जिसका भाव था 'उपहार के इरादे बहुत खतरनाक होते हैं।'

इस अनुभव से मैंने अपने जीवन में महत्वपूर्ण शिक्षा ली और उसे मैंने दृढ़तापूर्वक अपनाया। वह आज भी मेरे मन में कायम है।

मनुस्मृति आदमी को किसी काम के बदले उपहार लेने से मना करता है क्योंकि यह उपहार स्वीकार करने वाले को उपहार देने वाले के लिए नाजायज काम करने के लिए तैयार करता है। अंततः यह इंसान को उपहार देने वाले के लिए गैरकानूनी काम करने के लिए उकसाता है। अतएव यह आवश्यक है कि लोगों में उपहार और भेंट को तिरस्कृत करने का भाव भरा जाय, ताकि उनके मन में कभी भी उपहार के लिए लालच न हो। यह भी कहा जाता है कि उपहार स्वीकार करने से व्यक्ति के मन में मौजूद ज्योति कमजोर पड़ने लगती है।[9]

भ्रष्टाचार विवेक को नष्ट कर देता है

अपना विवेक सँवारें

विवेक आत्मा की ज्योति है जो इंसान के मनमंदिर में जलती रहती है। यह उतना ही वास्तविक है जितना कि

जीवन। जब कोई व्यक्ति सदाचार के विरुद्ध आचरण करता है तो यह ज्योति विरोध करती है। विवेक सत्य का स्वरूप है जो हमारे आनुवंशिक भंडार से ज्ञान के रूप में निकलकर हमारे कर्म और अच्छे-बुरे अनुभवों में बदल जाता है। विवेक का फलक बहुत विशाल है जिस पर हमारे अपराध दर्ज होते हैं। यह एक भयावह गवाह है। यह डराता है, आश्वासन देता है, पुरस्कार देता है और दंडित करता है। हर कोई इसी के नियंत्रण में है। यदि विवेक एक बार जवाब देता है तो यह चेतावनी कहलाती है। जब यह दो बार सचेत करता है तो यह व्यक्ति के कार्य की निंदा करता है।

डर पूछता है, क्या यह सुरक्षित है?
लोभ कहता है, क्या इसमें कोई लाभ है?
गर्व कहता है, क्या मैं इससे महान बन सकता हूँ?
वासना कहती है, क्या इसमें कोई मज़ा है?
किंतु विवेक कहता है, क्या यह उचित है?

जीवन में खुद जीतने से भी महत्वपूर्ण है दूसरों को जीतने में सहायता करना

हम अपनी अंतरात्मा से उठती विवेक की आवाज़ क्यों नहीं सुनते? इसके हिलाने डुलाने पर भी हम बेखबर क्यों रहते हैं? इसकी आलोचना से भी हम लापरवाह क्यों रहते? ऐसे सभी सवालों का एक ही उत्तर है –भ्रष्टाचार।

भ्रष्टाचार हमारे विवेक पर एक प्रकार का प्रहार है। घूस लेना और किसी के प्रति पक्षपात करना, आजकल आम बात हो गई है। बड़े पदों पर कार्यरत लोगों में विवेक को तिरस्कृत करने की आदत हो गई है। वे मान बैठे हैं कि सब कुछ ठीक है। वे क्रिया और प्रतिक्रिया के नियम से अपरिचित हैं। क्या वे भूल गए हैं कि अवचेतन का प्रभाव हमारे मन और कार्यों पर कितना

अधिक पड़ता है। यदि आप घूस लेते हैं तो इसका असर अवचेतन मन के माध्यम से आपके विचार और कार्यों पर पड़ता है। आप अपनी बेईमानी अपनी अगली पीढ़ी तक पहुँचाते हैं और इस प्रकार क्या आप उनका अहित नहीं करते?

यह बहुत ही दर्दनाक वास्तविकता है कि भ्रष्टाचार जीवन का अंग बन गया है। यह हमारे निजी और सामाजिक जीवन के सभी पहलुओं को प्रभावित कर रहा है। केवल आर्थिक स्तर पर ही भ्रष्टाचार नहीं है बल्कि इसके अन्य रूप भी हैं। उच्च पदों पर और सत्ता की बागडोर संभाले लोगों के अनैतिक तौर-तरीकों ने सामान्य लोगों के मन में हीन भावना भर दी है। कितने खतरनाक हालात हैं!

एक सच्चा इंसान आत्मबल से अपने विवेक के दीपक को जलाए रखता है। वह खुद ही अपनी आत्मा की आवाज सुनता है। दुष्ट व्यक्ति में यह चीज़ मर गई होती है। उसकी भावुक प्रवृत्ति पाप और भ्रष्टाचार से नष्ट हो गई होती है। वह सही-गलत में फर्क नहीं कर पाता। जो लोग संगठन, व्यापार, उपक्रम, संस्थान और सरकार चलाते हैं उनमें अपने विवेक के इस्तेमाल की क्षमता रहनी चाहिए। अपने विवेक के इस स्वच्छ स्वरूप के इस्तेमाल की काबलियत से वे चिंता और सभी प्रकार के दुःखों में अपने आप को स्वतंत्र अनुभव करते हैं।

यदि आज आप छोटी-मोटी गलती करते हैं और उसे हल्के से लेते हैं तो कल आप गंभीर अपराध करने से भी नहीं हिचकेंगे। यदि आज आप अपनी चेतना में एक पाप को जगह देते हैं तो कल यकीनन आप हज़ारों

पापों को अपने मन में बसने के लिए चेतना के दरवाजे खोल देंगे। आपका विवेक मंद पड़ जाएगा। इसकी संवेदनशीलता समाप्त हो जाएगी। गलत काम करने की आदत आपके पूरे अस्तित्व पर छा जाएगी, जैसे बिच्छू का विष पूरे शरीर में समा जाता है।

क्या आप जानते हैं कि जब आप भ्रष्ट हैं तो जो आपके बच्चे आपकी भ्रष्टाचार की कमाई पर पलते हैं, वे मन में आप पर हँसते हैं। आखिर वे सब कुछ जानते हैं, उन्हें सब कुछ पता है। आपके पितृत्व का मुखौटा इतना हल्का है कि उसमें बच्चों की आपके प्रति घृणा छुप नहीं सकेगी। आप अब अपने बच्चों का रोल मॉडल नहीं रहे। क्या यह अपमान काफी नहीं?

आध्यात्मिक नेताओं ने नैतिकता, आचरण और सदाचार शिक्षा का स्वरूप विकसित किया है। कई सुंदर मंत्र, मधुर गीत और प्रार्थना गीत लिखे गए किंतु भ्रष्टाचार से विवेक नष्ट होने के कारण स्थिति भयावह बनी हुई है। हमारी चेतना को झकझोरने में धर्म प्रभावशाली नहीं रहा। यह काम कौन करेगा? क्या हमारे विवेक पर से पर्दा हट पाएगा ?[10]

महान् विचार

एक बार जब मैं एक व्याख्यान के लिए बंगलोर जा रहा था तो मैंने अपने एक मित्र से बताया कि मुझे युवाओं से कुछ कहना होगा और इसके लिए क्या उनके पास सुझाव हैं। उन्होंने कोई सुझाव तो नहीं दिया लेकिन समझदारी की ये बात कह डाली :

'जब बोलो सच बोलो, वादा करो तो निभाओ, और अपने विश्वास पर कायम रहो। अपने हाथों को किसी पर उठने और जो कुछ गैरकानूनी और हराम है उसे हासिल करने से रोके रखो।

स्वार्थ से प्रेरित होकर दिए जाने वाले उपहार से बचिए

'सबसे अच्छे काम क्या हैं? किसी इंसान के दिल को खुशी देना, जो मुसीबत में फँसे हैं उनकी मदद करना, दुःख में डूबे लोगों का दुःख बाँटना और जिनका नुकसान हुआ है उन्हें इंसाफ दिलाना।

ईश्वर के बनाए सभी प्राणी उनके परिवार के हिस्से हैं और ईश्वर को सबसे प्यारा वही है जो ईश्वर के बनाए प्राणियों की भलाई के लिए अधिक से अधिक करने की कोशिश करता है।'

मेरे मित्र ने बताया कि ये बातें पैगम्बर मोहम्मद साहब की कही हुई हैं। और मुझे यह बात बताने वाले मेरे मित्र हैं तमिलनाडु के दीक्षिदार और वे गणपति गल हैं यानि वेदों के ज्ञाता। ऐसा नज़रिया सिर्फ हमारे देश में ही किसी का हो सकता है, जहाँ बहुत सारे प्रबुद्ध नागरिक अपने धर्म के आगे दूसरों के धर्मों को समझने की कोशिश करते हैं। ऐसी आध्यात्मिकता पर हमें गर्व होना चाहिए।[11]

इस संबंध में संत तिरुवल्लुवर की एक सुंदर तिरुक्कुरल है जिसका अर्थ है—"सदा ऊपर उठने की सोचते रहो। तुम्हारी सोच में सिर्फ यही बातें हों। तुम्हारा मक़सद पूरा नहीं भी होता हो, तो भी उच्च विचार तुम्हारे मन को उदार ही बनाएगा।"[12]

महान कार्य

एक मोमबत्ती, दूसरी मोमबत्ती को जलाते समय अपना कुछ भी नुकसान नहीं करती

शारीरिक और मानसिक रूप से विकलांग बच्चों के लिए राष्ट्रीय मानसिक विकलांग संस्थान, हैदराबाद ने खेलों का आयोजन किया। मैंने वहाँ एक अविस्मरणीय घटना देखी। सौ मीटर दौड़ में भाग लेने के लिए शारीरिक या मानसिक रूप से विकलांग नौ लड़के प्रारंभिक रेखा पर खड़े हो गए। दौड़ शुरू करने के संकेत मिलते ही वे सभी दौड़ने लगे। वे रुक-रुक कर नहीं, बल्कि दौड़ को जीतने और अंत करने के लिए दौड़े थे। किंतु एक छोटा लड़का डामर पर फिसल गया और वह दो बार उलट गया। वह रोने लगा। अन्य आठ लड़कों ने उसे रोते हुए सुना। वे धीरे हो गए और पीछे देखने लगे। फिर वे सभी पीछे मुड़े और वापस आ गए। एक 'डाउन सिन्ड्रोम' से प्रभावित लड़की ने झुककर उसे चूम लिया और बोली 'इससे यह पहले के मुकाबले अधिक ठीक हो जाएगा।' तब सभी नौ प्रतियोगियों ने हाथ में हाथ डालकर चलना प्रारंभ किया और दौड़ की अंतिम छोर तक पहुँचे। स्टेडियम में मौजूद सभी लोग खड़े होकर ताली बजाने लगे। कई मिनटों तक तालियों की गड़गड़ाहट होती रही।

उस दिन जो लोग वहाँ मौजूद थे वे अभी तक यह कहानी सुनाते हैं। ऐसा क्यों? क्योंकि हम लोग एक बात जानते हैं– इस जीवन में खुद के जीतने से भी बढ़कर है दूसरे को जीतने में मदद करना, चाहे अपनी चाल धीमी करनी पड़े या अपनी दिशा बदलनी पड़े। मैं क़हता हूँ कि आपको अपनी चाल धीमी करने की कोई ज़रूरत नहीं। मुसीबत में फँसे लोगों की सहायता करने से आपको ऐसी प्रेरणा मिलेगी जिससे आप और अधिक तेजी से दौड़ने लगेंगे। यदि आप इसमें सफल हो जाते

हैं तो अपने मन को परिवर्तित करने के साथ-साथ औरों के मन को भी बदलने में सक्षम हो सकेंगे। एक मोमबत्ती दूसरी मोमबत्ती को जलाकर अपना कुछ भी नहीं गँवाती।[13]

सदाचार का मार्ग : व्यक्ति से राष्ट्र तक

मानव अपने हृदय की पवित्रता के सहारे एक प्रबुद्ध नागरिक का सर्वांगीण जीवन जीता है। मानव जीवन के उतार-चढ़ाव के संदर्भ में इस बात को चीनी दार्शनिक कंफ्यूसियस बड़े ही खूबसूरत अंदाज में पेश करते हैं। वे कहते हैं :

"जो लोग संसार में नैतिक समरसता चाहते हैं, उन्हें सबसे पहले अपने राष्ट्रीय जीवन को व्यवस्थित करना चाहिए। जो राष्ट्रीय जीवन को व्यवस्थित करना चाहते हैं उन्हें अपने पारिवारिक जीवन को व्यवस्थित करना चाहिए। जो अपने पारिवारिक जीवन को सँवारना चाहते हैं उन्हें अपनी निजी ज़िंदगी व्यवस्थित करनी चाहिए। जो अपनी निजी ज़िंदगी को व्यवस्थित कर हृदय को पवित्र बनाना चाहते हैं उन्हें अपनी इच्छाशक्ति को संतुलित करना चाहिए। जो अपनी इच्छाशक्ति को दुरुस्त बनाना चाहते हैं उनमें पहले अपने में समझ पैदा करनी होगी। ज्ञान की खोज से समझ पैदा होती है। जब चीज़ों का ज्ञान हो जाता है तो समझ पक्की हो जाती है। जब समझ पक्की हो जाती है तो इच्छाशक्ति दुरुस्त हो जाती है। जब इच्छाशक्ति संतुलित होती है तो हृदय पवित्र हो जाता है। जब हृदय पवित्र हो जाता है तो निजी जीवन सुधर जाता है। जब निजी जीवन व्यवस्थित हो जाता है तो पारिवारिक जीवन सुधर जाता

है। पारिवारिक जीवन ठीक होने से राष्ट्रीय जीवन व्यवस्थित हो जाता है। राष्ट्रीय जीवन व्यवस्थित होने से विश्व में शांति कायम होती है। राजा से लेकर सामान्य आदमी तक सभी के लिए सदाचारपूर्ण जीवन जीना ही, सभी बातों का आधार है।[14]

सदाचार के साथ श्रम करना ही
हमारे जीवन की प्रेरक ज्योति है,
यदि हम कठिन श्रम करते हैं
तो हम सभी खुशहाल बन सकते हैं,
महान् विचारों को धारण करें
क्रियाशील बनने के लिए उठ खड़े हों,
सदाचार ही हमारे पथप्रदर्शक हों।[15]

विज्ञान और अध्यात्म

विज्ञान मानवता को ईश्वर का
सबसे बड़ा वरदान है।
तर्क-आधारित विज्ञान समाज की
पूँजी होता है। विज्ञान और
प्रौद्योगिकी के अध्यात्म से जुड़ने पर
ही दोनों का भविष्य टिका हुआ है[1]

विज्ञान और अध्यात्म

विज्ञान सबसे बड़ा वरदान है

ऐसा माना जाता है कि ईश्वर सर्वश्रेष्ठ प्राणी की रचना करना चाहता था। वह इस दिशा में लाखों वर्ष प्रयास करता रहा। अपनी कल्पना के प्राणी की रूपरेखा तैयार करने और उसे एक आकृति देने में जुटा रहता। वह आकृति को जाँचता-परखता रहा, उसमें सुधार करता रहा और अंततः उसमें प्राण डाल दिए। वह प्राणी मानव ही था। उस प्राणी में जैसे ही जीवन का संचार हुआ वैसे ही दो बातें देखने को मिलीं। पहली बात यह थी कि उसने अपनी आँखें खोलीं और मुस्कुराया। इससे ईश्वर प्रसन्न हुआ। दूसरी बात यह हुई कि मानव ने अपना मुँह खोला और उससे जो शब्द निकले, वे ईश्वर के प्रति धन्यवाद के

शब्द थे। ईश्वर अत्यंत प्रसन्न हुआ। वह अपनी रचना को देखकर खुशी से महसूस करने लगा कि मानव ने दो अच्छे कार्य किए हैं।

अचानक ईश्वर को लगा कि आदमी में कुछ कमी रह गई है। अगले ही क्षण उसने आग की रचना कर डाली जिससे शैतान पैदा हो गया। शैतान ने पैदा होते ही खुदा से कहा – "ऐ खुदा! तुमने आदमी के बनाने में लाखों साल लगाए, किंतु तुमने मुझे आग से एक ही क्षण में पैदा कर दिया। इसलिए मुझसे बढ़कर कोई नहीं है।" ईश्वर जिसने इस जहान को बनाया, तारे और ग्रहों से भरे ब्रह्मांड को बनाया, वह शैतान की बातों से हैरान हो गया।

एक तरफ तो उसने इंसान जैसे खूबसूरत प्राणी को बनाया और दूसरी तरफ शैतान को भी पैदा किया। ईश्वर ने इस पर काफी सोचा। उसने दोनों पर गौर किया। फिर इंसान और शैतान को साथ बैठाकर अपना यह संदेश दिया : "मैंने इंसान को बनाया और उसमें सोचने-समझने की शक्ति दी। मैं खुद के बनाए सभी प्राणियों को आदेश देता हूँ कि वे अपनी दिमागी ताकत का इस्तेमाल कर मेरे रूप तक पहुँचने की कोशिश करें।"

विज्ञान और अध्यात्म, दोनों मानव-कल्याण के निमित्त एक ही परमात्मा का अनुग्रह चाहते हैं

तुर्की के सूफ़ी कवि रूमी ने भी कहा है :

"देवदूत अपने ज्ञान के बल पर स्वतंत्र है
जानवर अपनी अज्ञानता के कारण आज़ाद है
इन दोनों के बीच जो है उसे इंसान कहते हैं
और इंसान दिन-रात संघर्ष करता रहता है।"

यह मानव जीवन का मिशन है और विज्ञान मानवता को

ईश्वर का सबसे बड़ा वरदान है। तर्क-आधारित विज्ञान समाज की पूँजी है। हम विज्ञान, प्रौद्योगिकी, चिकित्सा, राजनीति, नीति-निर्माण, धर्मशास्त्र, धर्म या न्याय जैसे किसी क्षेत्र में कार्यरत रहें, हमें आम लोगों की सेवा करनी ही होगी क्योंकि ज्ञान और सभी प्रकार के कार्यों का मूलमंत्र मानव कल्याण है।[2]

विज्ञान सार्वभौमिक है

विज्ञान बेहतर भौतिक जीवन की राह दिखाता है और अध्यात्म सच्ची राह पर चलना

विज्ञान के अंतर्गत जिज्ञासा प्रकट की जाती है और प्रकृति के नियमों में कठिन परिश्रम और अनुसंधान से, उन जिज्ञासाओं का निदान ढूँढा जाता है। विज्ञान के क्षेत्र में तब तक जिज्ञासा प्रकट की जाती रहेगी, जब तक उनका संतोषजनक उत्तर नहीं मिल जाता। दुनिया का विकास सीधे कार्य-कारण संबंधों से नहीं हुआ है, फिर भी, मानव की जिज्ञासु प्रवृत्ति के कारण ही यह धरती आज रहने लायक बन सकी है।[3]

विज्ञान एक रोमांचकारी विषय है और एक वैज्ञानिक के लिए समूचे जीवन का एक मिशन। विज्ञान में निपुण होने के लिए गणित का ज्ञान आवश्यक है। गणित और विज्ञान के संयोग से एक दीप्ति पैदा होती है। ज़रूरी यह होता है कि सिद्धांत को सामने रख कर प्रयोग किया जाय। जो प्रश्न छात्रों के मन में जिज्ञासा उत्पन्न करते हैं और यदि वे विज्ञान से जुड़े हैं तो छात्र विज्ञान की तरफ आकर्षित होते हैं। इसके साथ ही ये प्रश्न व्यावहारिक रूप से अनुकूल हों तथा इन पर विचार करना मनोरंजक हो। ज्ञान के इस संसार में शिक्षकों को प्रेरणास्रोत बनना

चाहिए, जो प्रत्येक दिन कुछ न कुछ सीखने का हौसला भी रखते हों।

हमें एक ऐसी शिक्षा प्रणाली का निर्माण करना है जिसमें ये सभी खूबियां हों और यह सिर्फ शिक्षकों और शिक्षाविदों के हाथ में है। विज्ञान के क्षेत्र में जो भी समस्याएँ सुलझायी जाती हैं उनका इस बात से कोई लेना-देना नहीं है कि आप किस देश में रहते हैं। विज्ञान का क्षेत्र सीमाहीन है।[4] सूचना प्रौद्योगिकी में प्रगति से दुनिया में दूरियाँ मिट गईं और यह संसार एक विश्वग्राम बन गया है। दुनिया की वास्तविक जटिल समस्याओं के निदान हेतु दुनिया के वैज्ञानिकों के बीच तालमेल होना अनिवार्य है। प्राचीन काल में भारत को शिक्षा, वैज्ञानिक अनुसंधान और दर्शन का गढ़ माना जाता था, किंतु कुछ दशकों से भारत के वैज्ञानिकों का रुख पूर्व से पश्चिम की ओर हो गया है। देर से ही सही, पश्चिमी देशों के वैज्ञानिक फिर भारत की ओर आकृष्ट होने लगे हैं। ऐसा भारतीय वैज्ञानिकों की प्रतिभा और क्षमता को पहचानने और देश में विज्ञान संबंधी सुविधाओं के कारण संभव हो सका है।[5]

हम जिस क्षेत्र में भी काम करें, हमें सामान्य जन की सेवा में लगे रहना होगा। सभी प्रकार के ज्ञान और कर्म का मूलमंत्र सामान्य जन की सेवा है

स्वतंत्रता-पूर्व भारत में विज्ञान

भारत में विज्ञान और प्रौद्योगिकी का विकास दो चरणों में हुआ। 1930 के दशक में अंतर्राष्ट्रीय ख्याति के भारतीय वैज्ञानिकों ने जो कीर्ति अर्जित की उससे देश में एक नया आत्मविश्वास जागा। चंद्रशेखर सुब्रह्मण्यम के 'चंद्रशेखर लिमिट' और ब्लैक होल, सर सी. वी. रमन के 'रमन

प्रभाव', अंक सिद्धांत के क्षेत्र में श्रीनिवास रामानुजन के योगदान, सूक्ष्म तरंग (माइक्रोवेव) के क्षेत्र में जे.सी. बोस, बोस-आइंस्टाइन सांख्यिकी के लिए प्रसिद्ध एस.एन. बोस और 'ताप आयन समीकरण' के लिए मेघनाथ साहा के योगदान को हम याद करते हैं। भारतीय विज्ञान के इस चरण को हम गौरवशाली चरण कह सकते हैं। इस दौर में विज्ञान की जो आधारशिला रखी गई उसने भावी पीढ़ी को उत्साह से भर दिया।

प्रकृति के नियमों के अंतर्गत कठिन परिश्रम और अनुसंधान करते हुए उनका सही उत्तर ढूँढना विज्ञान है

इन वैज्ञानिकों में जो अनूठी समानता थी वह यह थी कि अपनी ज़िंदगी की बाधाओं और समस्याओं के बावजूद उन्होंने जिस पथ-क्षेत्र को चुना उस पर वैज्ञानिक अनुसंधान और जिज्ञासु प्रवृत्ति के लिए अपना संपूर्ण जीवन उत्सर्ग कर दिया। सवाल निष्ठा, प्रतिबद्धता और समझ के साथ-साथ वैज्ञानिक अनुसंधान के लिए अनुकूल माहौल के निर्माण का भी है। इसी सबसे सच्चे वैज्ञानिकों का उदय होता है।[6]

आज के समय में विज्ञान का महत्व

आजादी के समय देश में कई समस्याएँ थीं। उस समय इस्पात, भवन निर्माण, पनबिजली के लिए बाँध और तापविद्युत केंद्रों के लिए प्रौद्योगिकी की तत्काल आवश्यकता थी। देश का ध्यान उस समय लोगों को भोजन, जल, आवास और स्वास्थ्य सेवा जैसी ज्वलंत सुविधाएँ उपलब्ध कराने में लगा हुआ था। देश की आर्थिक स्थिति बहुत कमजोर थी, फिर भी हमारे दूरदर्शी राजनेताओं में अदम्य साहस था कि परमाणु ऊर्जा और

अंतरिक्ष के क्षेत्र में अनुसंधान केंद्रों की स्थापना का बुद्धिमतापूर्वक निर्णय लिया। वे केंद्र ही देश की वैज्ञानिक प्रगति के आधार बने। देश में 'भारतीय प्रौद्योगिकी संस्थान' और विज्ञान तथा प्रौद्योगिकी से जुड़े विश्वविद्यालयों जैसी संस्थाओं के निर्माण से शिक्षा व्यवस्था का सशक्त आधार तैयार किया जा सका।

आज वैज्ञानिकों की संख्या और उनके अनुभव की दृष्टि से भारत की गिनती दुनिया के अग्रणी देशों में होने लगी है। हम ऐसी स्थिति में हैं जिसमें हम न केवल उधार ली गई प्रौद्योगिकी को समझने की क्षमता रखते हैं, अपितु अपने देश में ही विस्तृत वैज्ञानिक अनुसंधान के फलस्वरूप स्वदेशी प्रौद्योगिकी के निर्माण का सामर्थ्य भी रखते हैं। औषधि के क्षेत्र में विस्तृत अनुसंधान और इस दिशा में हुई प्रगति के कारण दुनिया के देशों को हम अपने उत्पाद निर्यात कर रहे हैं।

आजादी के बाद हमने लम्बा सफर तय किया है। अब हम सिर्फ प्रौद्योगिकी के खरीददार नहीं रहे, बल्कि राष्ट्रीय विकास और सामाजिक परिवर्तन के लिए विज्ञान और प्रौद्योगिकी का महत्वपूर्ण योगदान किया है। आज दुनिया में किसी देश की ताकत ज्ञान-विज्ञान के क्षेत्र में उसकी हिस्सेदारी से तय होती है, जैसा कि पैटेन्ट और अनुसंधान पत्रों से पता चलता है। ऐसे में भारत के लिए महत्वपूर्ण हो जाता है कि वह विज्ञान और प्रौद्योगिकी आधारित उत्पादों के सतत् निर्माण के साथ-साथ नयी खोजें भी करता रहे। आज विज्ञान के जिस क्षेत्र में हम काम कर रहे हैं उसमें ऐसी नवीनता और दूरदृष्टि की आवश्यकता है जिसके द्वारा इस प्रतियोगी विश्व के लिए भावी समय में हम अनुकूल प्रौद्योगिकी केंद्र बन सकें।[7]

विज्ञान और प्रौद्योगिकी में तालमेल

प्रौद्योगिकी के कई आयाम हैं। एक के सहारे आर्थिक खुशहाली आती है तो दूसरे की मदद से राष्ट्रीय सुरक्षा के लिए क्षमता पैदा होती है। उदाहरण के तौर पर रासायनिक अभियंत्रण के विकास में जहाँ एक ओर उर्वरकों का उत्पादन हुआ वहीं दूसरी ओर इससे रासायनिक हथियारों का भी निर्माण हुआ। इसी तरह वायुमण्डलीय अनुसंधान के लिए तैयार की गई रॉकेट प्रौद्योगिकी से दूर संवेदी और संचार उपग्रहों का प्रक्षेपण किया गया। साथ ही इससे राष्ट्रीय सुरक्षा के लिए विशेष रक्षा आवश्यकताओं को ध्यान में रखते हुए प्रक्षेपास्त्रों का निर्माण भी किया जा सका। संचार प्रौद्योगिकी के साथ गणित और कंप्यूटर का मेल होने से सूचना प्रौद्योगिकी का जन्म हुआ। इसी सूचना प्रौद्योगिकी का प्रयोग करते हुए प्रशासन, वाणिज्य, स्वास्थ्य और शिक्षा के विभिन्न क्षेत्रों को क्रमशः ई-प्रशासन, ई-वाणिज्य, दूर चिकित्सा (टेलि-मेडिसन) और दूर शिक्षा (टेलि-एजूकेशन) का स्वरूप दिया जा सका।[8]

प्रौद्योगिकी मानव के पास उपलब्ध एक बहुआयामी उपकरण है जो आर्थिक प्रतियोगिता के जमीनी समीकरण में आमूल-चूल परिवर्तन ला सकता है। विज्ञान का उपयोग करने पर वह प्रौद्योगिकी के निकट आ जाता है। प्रौद्योगिकी का उपयोग नव-उत्पादन में होता है तो वह अर्थव्यवस्था और पर्यावरण से जुड़ जाती है। अर्थव्यवस्था और पर्यावरण जब प्रौद्योगिकी से जुड़ जाते हैं तब समाज में खुशहाली आती है।[9]

महत्वपूर्ण प्रौद्योगिकियों के क्षेत्र में आत्म-निर्भरता

हमारे देश का पहला सपना राजनीतिक आजादी थी। राजनेता और जनता आजादी के लिए मिलकर लड़े और देश स्वतंत्र हो गया। अब हमारे सामने भारत को '2020 तक विकसित राष्ट्र' बनाने का दूसरा सपना है।

इस मिशन के पाँच पक्ष हैं : कृषि और खाद्य प्रसंस्करण (फूड प्रोसेसिंग), शिक्षा और स्वास्थ्य सेवा, सूचना और संचार प्रौद्योगिकी, विद्युत के साथ-साथ आधारभूत संरचना का विकास और महत्वपूर्ण प्रौद्योगिकियों के क्षेत्र में आत्म-निर्भरता। भारत तभी विकसित राष्ट्र हो सकता है जब समग्र आर्थिक विकास और महत्वपूर्ण प्रौद्योगिकियों के क्षेत्र में हमारी आत्म-निर्भरता हो। अतएव, यह अनिवार्य है कि राष्ट्रीय संकल्पना और ध्येय प्रौद्योगिकी के विकास तथा वैज्ञानिक उपलब्धियों से जुड़ जाएं।

विज्ञान का क्षेत्र देश की सीमा से आगे है

प्रौद्योगिकी और अध्यात्म से आत्म-निर्भरता

सन् 1893 में एक जहाज जापान से अमरीका जा रहा था। उस जहाज में सैकड़ों लोग थे, जिनमें दो विशिष्ट भारतीय स्वामी विवेकानंद और जमशेदजी नौशेरवानजी टाटा भी थे। जमशेदजी अटलांटिक के उस पार से इस्पात उत्पादन के लिए प्रौद्योगिकी लाने जा रहे थे जिसके आधार पर वे भारत में इस्पात संयंत्र स्थापित करते। इससे पहले जमशेदजी इसी मकसद से इंग्लैंड भी गए थे, किंतु वहाँ के इस्पात निर्माताओं ने उन्हें यह प्रौद्योगिकी देने से मना कर दिया था। उन लोगों ने जमशेदजी का

मजाक उड़ाते हुए कहा कि यदि भारतीय इस्पात का उत्पादन करेंगे तो ब्रिटेन के लोग क्या उसका भोजन करेंगे!

स्वामी विवेकानंद ने जमेशदजी से अमेरिका यात्रा का कारण पूछा। इस पर जमशेदजी ने कहा कि वे भारत में इस्पात उद्योग लगाना चाहते हैं। स्वामी विवेकानंद ने उन्हें आशीर्वाद दिया और कहा कि इस्पात प्रौद्योगिकी के दो पक्ष हैं : पहला इस्पात-विज्ञान और दूसरा उत्पादन-प्रौद्योगिकी। आप देश में जो लाएंगे वह होगी धातु-प्रौद्योगिकी, किंतु धातु-विज्ञान तो आपको देश में ही विकसित करना होगा। इस कथन ने जमशेदजी के मन में पल रहे सपने पर सान चढ़ा दी।

जमशेदजी अमरीका से इस्पात प्रौद्योगिकी लाने में सफल रहे और जमशेदपुर में टाटा आयरन एंड स्टील कंपनी (टिस्को) की स्थापना संभव हुई। कुछ सालों के बाद, सन् 1898 में, जमशेदजी एन. टाटा ने स्वामी विवेकानंद को पत्र लिखा :

23 नवम्बर, 1898

प्रिय स्वामी विवेकानंद,

मुझे विश्वास है कि आपको जापान से शिकागो की वह यात्रा याद होगी जिसमें जहाज पर मैं आपके साथ था। मुझे भारत में संन्यास भाव के विकास के संबंध में आपके विचार अभी भी याद हैं। आपका वह वचन जो आपने संन्यासियों के कर्तव्य के संबंध में कहा था।

संन्यासी का कर्तव्य है कि वह अपनी ऊर्जा को नष्ट न करे बल्कि इसको उपयोगी कार्यों में लगाए।

मैं इन विचारों का उपयोग विज्ञान अनुसंधान संस्थान की अपनी योजना में करना चाहता हूँ। इस संस्थान के संबंध में आपने ज़रूर सुना या पढ़ा होगा। मैं मानता हूँ कि संन्यास भाव का इससे बेहतर उपयोग कहीं नहीं हो सकता। इस भाव से भरे हुए लोगों के लिए मठ या आवासीय परिसर स्थापित किए जाएँ जहाँ वे साधारण सुविधाओं के बीच जीवन गुजारते हुए अपने आपको विज्ञान और मानविकी के विकास के लिए समर्पित कर दें। मेरा विश्वास है कि यदि कोई सक्षम नेता इस तरह के संन्यास के पक्ष में अभियान चलाता है तो इससे संन्यास, विज्ञान और देश की प्रतिष्ठा में काफी वृद्धि होगी। मैं जानता हूँ कि इस अभियान के सर्वश्रेष्ठ नायक विवेकानंद ही हो सकते हैं। क्या अपनी परंपरा में ऐसा जीवन मूल्य पैदा करने के ध्येय में आप अपने आपको लगाने की सोच रहे हैं? अच्छा होता यदि इस संबंध में जन-जागृति फैलाने के आशय का एक प्रेरणादायी पैम्फलेट आप तैयार करते। मुझे इसके प्रकाशन का पूरा व्यय वहन करने में खुशी होगी।

जमशेदजी एन. टाटा

जिस विज्ञान के अंतर्गत हम वर्तमान में काम करते हैं उसके भविष्य के लिए अनुसंधान, दूरदृष्टि और ध्येय होने चाहिए

स्वामी विवेकानंद के आशीर्वाद और जमशेदजी जैसे दूरद्रष्टा की कोशिशों से सन् 1909 में 'भारतीय विज्ञान संस्थान' की स्थापना हो सकी। 'भारतीय विज्ञान संस्थान' दो महान व्यक्तियों की दूरदृष्टि के परिणामस्वरूप स्थापित हुआ। यह भौतिकी, एयरोस्पेस प्रौद्योगिकी, ज्ञान-आधारित

उत्पाद, जीव विज्ञान और जैव-प्रौद्योगिकी का एक विश्वस्तरीय संस्थान है।[10]

धर्म विज्ञान का समर्थन करता है

धर्म आत्मा और मन की प्यास बुझाने वाले उद्यान होते हैं

अनुभवी, बुजुर्ग, ताकतवर, प्रौढ़, नौजवान या फिर मासूम, अधिकांश भारतीय धर्म को शांति और सुरक्षा का साधन मानते हैं। धर्म खूबसूरत बगीचों की भांति हैं जिनमें सुंदरता और शांति बिखरी रहती है। पेड़ों की झुरमुट में प्यारी चिड़ियाँ चहकती रहती हैं। यकीनन मैं धर्मों को खूबसूरत बगीचे ही मानता हूँ। वे सम्मोहक द्वीप जैसे होते हैं। ये मन-आत्मा की प्यास बुझाने वाले उद्यान होते हैं। तथापि द्वीप जैसे होते हैं।

भारतीय अंतरिक्ष अनुसंधान कार्यक्रम के जनक प्रो. विक्रम साराभाई, डॉ. होमी भाभा के साथ मिलकर, विषुवत रेखीय क्षेत्र में भारत के लिए एक उपयुक्त अंतरिक्ष अनुसंधान केंद्र स्थापित करने के लिए जगह ढूँढ रहे थे। इन दोनों महान वैज्ञानिकों ने कई जगहों का दौरा किया और अंततः केरल के थुम्बा नामक स्थान को इस काम के लिए उपयुक्त माना, क्योंकि यह स्थान विषुवतीय क्षेत्र में है और आवश्यकताओं के लिए पूरी तरह अनुकूल है।

जब प्रो. विक्रम साराभाई थुम्बा पहुँचे तो उन्होंने पाया कि वह घनी आबादी वाले कई गाँवों से घिरा है और उसके इर्द-गिर्द हज़ारों मछुआरे रहते हैं। यहाँ सेंट मैरी मैगडालेन जैसा प्राचीन चर्च और एक बिशप के घर भी थे। प्रो. विक्रम साराभाई थुम्बा में अंतरिक्ष विज्ञान अनुसंधान केंद्र

को मंजूरी दिलाने के लिए कई राजनेताओं और नौकरशाहों से मिले, किंतु उन्हें सफलता नहीं मिली। तब उन्हें त्रिवेन्द्रम के बिशप परमपावन रेक्ट. रेव. डॉ. पीटर बर्नार्ड परेरा से मिलने का सुझाव दिया गया।

शनिवार का दिन था, जब प्रो. विक्रम साराभाई बिशप से मिले। बिशप मुस्कुराए और उन्होंने उनसे अगले दिन चर्च आने के लिए कहा। रविवार की सुबह, चर्च में अनुष्ठान के दौरान उपस्थित लोगों को संबोधित करते हुए बिशप ने कहा "मेरे बच्चो, अभी हमारे बीच एक महान वैज्ञानिक मौजूद हैं जो हमारे चर्च और निवास-स्थान का उपयोग विज्ञान के काम के लिए करना चाहते हैं। प्रिय बच्चो, विज्ञान तर्क के रास्ते से सत्य ढूँढता है। एक तरह से विज्ञान और अध्यात्म जन-कल्याण के लिए ही परमात्मा का आशीष पाना चाहता है। मेरे बच्चो, क्या हम परमात्मा

के घर को विज्ञान के कार्य के लिए दे सकते हैं?''
'आमीन' की गूँज उठने लगी और देखते ही देखते पूरा चर्च इस ध्वनि से गूँजने लगा और त्रिवेन्द्रम के बिशप परमपावन रेक्ट. रेव. डॉ. पीटर बर्नार्ड परेरा ने पालिथुरा, थुम्बा में भारतीय अंतरिक्ष अनुसंधान संगठन की स्थापना के उद्देश्य से राष्ट्रीय हित को ध्यान में रखते हुए चर्च का उपयोग करने का महान निर्णय लिया।

इसी चर्च में हमने डिजाइन सेंटर खोला, रॉकेट की एसेम्बलिंग शुरू की और एफ.आर.पी. उत्पाद के लिए फिलामेंट वाइंडिंग मशीन की रूपरेखा तैयार की। इस प्रकार बिशप का घर वैज्ञानिकों का घर बना। बाद में थुम्बा रॉकेट इक्वेटोरियल लाँचिंग स्टेशन (टी.ई.आर.एल.एस.) के नेतृत्व में देश में विक्रम साराभाई अंतरिक्ष केंद्र (वी.एस.एस.सी.) सहित कई केंद्र स्थापित हुए।

यदि धर्म के सभी मनकों को प्रेम और दया की माला में गूँथते हैं तो भारत एक खुशहाल देश बन जाएगा

जब भी मैं इस घटना के विषय में सोचता हूँ तो देखता हूँ कि किस प्रकार तेजस्वी आध्यात्मिक पुरुष और वैज्ञानिक मिलकर मानव जीवन को श्रेष्ठ बनाते हैं। आज प्रो. विक्रम साराभाई और रेव. डॉ. पीटर बर्नार्ड परेरा हमारे बीच नहीं हैं, किंतु वे उस फूल की तरह हैं जिसका वर्णन श्रीमद्भगवद्गीता में इस प्रकार हुआ है "फूलों को देखो! ये कितनी सहजता से अपनी सुगंध और मधु बिखेरते हैं। ये सभी को देते हैं। ये सभी पर अपना प्रेम लुटाते हैं। जब इनका लक्ष्य पूरा हो जाता है तो ये चुपचाप मुरझा जाते हैं। फूलों की तरह बनने का प्रयास करो। इतने गुणों के होते हुए भी इनमें अभिमान नहीं होता।''[11]

11 मई, 1998 को भारतीय वैज्ञानिकों के लिए एक बड़ी

घटना घटित हुई, जब लगातार पाँच परमाणु विस्फोट हुए। मैं उस समय तपती हुई बालू के ढेर पर खड़े होकर इस घटना को देख रहा था। जिस तरह से दीवार पर मानचित्र डोलता है उसी तरह से धरती डोलने लगी। मैंने महसूस किया कि भारत जितनी चाहे उतनी ऊर्जा उत्पन्न कर सकता है, किंतु इस बात के महत्व को न भूले कि इस प्रौद्योगिकी का नियंत्रण अच्छे लोगों के पास रहे। सौभाग्य से 'परमाणु हथियार का पहले प्रयोग हमारी ओर से नहीं' हमारी परमाणु सोच का मूलमंत्र बन गया है। इसका जन्म भारतीय सभ्यता की अनमोल परंपरा से हुआ और अहिंसा को स्वाधीनता का मूलमंत्र मानने वाले राष्ट्रपिता से उसे प्रेरणा मिली।[12]

विज्ञान और अध्यात्म में संबंध

छात्रों के साथ बातचीत के एक सत्र में, एक छात्र ने जानना चाहा कि युद्ध की तैयारी को शांति के लिए सुरक्षा के रूप में कैसे उचित ठहराया जा सकता है। इसके उत्तर में मैंने कहा कि विगत 3000 वर्षों के दौरान भारत पर कई देशों के आक्रमण हुए। भारत पर सिकंदर के आक्रमण के बाद मुगलों का आक्रमण हुआ। फिर फ्रेंच, डच और पुर्तगालियों ने यहाँ अपनी कॉलोनी बसायी, और आखिर में, अंग्रेजों ने इस देश पर शासन किया। अब जबकि हम आजाद हैं, हमें प्रगति के लिए शांति चाहिए। जब विश्व के कई देशों के पास परमाणु हथियार हैं तो भारत हाथ पर हाथ धरे बैठा नहीं रह सकता। एक शक्तिशाली दूसरे शक्तिशाली का सम्मान करता है। हमने रक्षा के क्षेत्र में जो भी किया है वह सिर्फ अपनी स्वतंत्रता की रक्षा के लिए किया है। भारत

नए ढंग का उद्यान

26 जून, 2004 को राष्ट्रपति भवन में एक बिल्कुल नये ढंग के उद्यान का उद्घाटन हुआ, जिसे आप आध्यात्मिक उद्यान भी कह सकते हैं। लगभग पौन एकड़ के क्षेत्रफल में फैले हुए इस उद्यान में 30 ऐसे पौधे लगाए गए हैं जिनकी विश्व के विभिन्न धर्मों में महानता है।

इस उद्यान के पीछे भावना है कि ये पौधे मनुष्य-मात्र के लिए भाईचारे और सुख के संदेशवाहक हों।

इनमें से कई पौधों में तो स्वास्थ्य के लिए हितकारी और उपचार में काम आने वाले गुण हैं। इस उद्यान में जो लोग आएंगे उनका भावनात्मक संबंध प्रकृति से भी बनेगा और विभिन्न धर्मों में परस्पर सहभागिता से भी। प्रत्येक धर्म के अन्तर्गत प्रकृति से जुड़ना भी निहित है।

इस उद्यान में 31 पौधे हैं जिनके नाम हैं : टेटू, अर्जुन, चम्पा, मुचकुन्द, डिल्स, जैतून, अंगूर, केला, अदरक, पीलू, हल्दी, अश्वगंधा, खजूर, अनार, चमेली, चन्दन, पुदीना, अशोक, आमला और शाल आदि।[13]

ने न तो पहले किसी पर आक्रमण किया है और न ही भविष्य में किसी पर आक्रमण करेगा। हमारी परमाणु नीति का मूलमंत्र है परमाणु हथियार का पहला प्रयोग हमारी ओर से नहीं। इसका मतलब यह है कि देश की सुरक्षा हमारा सबसे बड़ा मिशन है।[14]

एक लड़की जानना चाहती थी कि राष्ट्रपति डॉ. कलाम और 'मिसाइल मैन' डॉ. कलाम में क्या अंतर है। मैंने उत्तर दिया कि 'मिसाइल मैन' का संबंध देश को शक्ति और सुरक्षा देने से है, जबकि राष्ट्रपति कलाम चाहते हैं कि इस देश की सौ करोड़ जनता के चेहरे पर मुस्कुराहट बनी रहे।

एक अन्य छात्र के प्रश्न का उत्तर देते हुए मैंने कहा कि विज्ञान की कोशिश है कि लोगों का भौतिक जीवन बेहतर हो जबकि अध्यात्म का प्रयास है कि प्रार्थना इत्यादि उपायों से इंसान सच्ची राह पर चले। विज्ञान और अध्यात्म के मिलन से तेजस्वी नागरिक का निर्माण होता है।[15]

तर्क और युक्ति विज्ञान और अध्यात्म के मूल तत्व हैं। धार्मिक व्यक्ति का लक्ष्य आध्यात्मिक अनुभूति प्राप्त करना है जबकि वैज्ञानिक का मकसद कोई महान खोज या आविष्कार करना रहता है। यदि जीवन के ये दोनों पहलू आपस में मिल जाएँ तो हम चिंतन के उस शिखर पर पहुँच जाएँगे जहाँ उद्देश्य और कर्म एक हो जाते हैं।[16]

भावी नागरिक

यदि भारत को
2020 तक एक
विकसित राष्ट्र बनना है
तो यह युवकों के बल
पर ही संभव होगा[1]

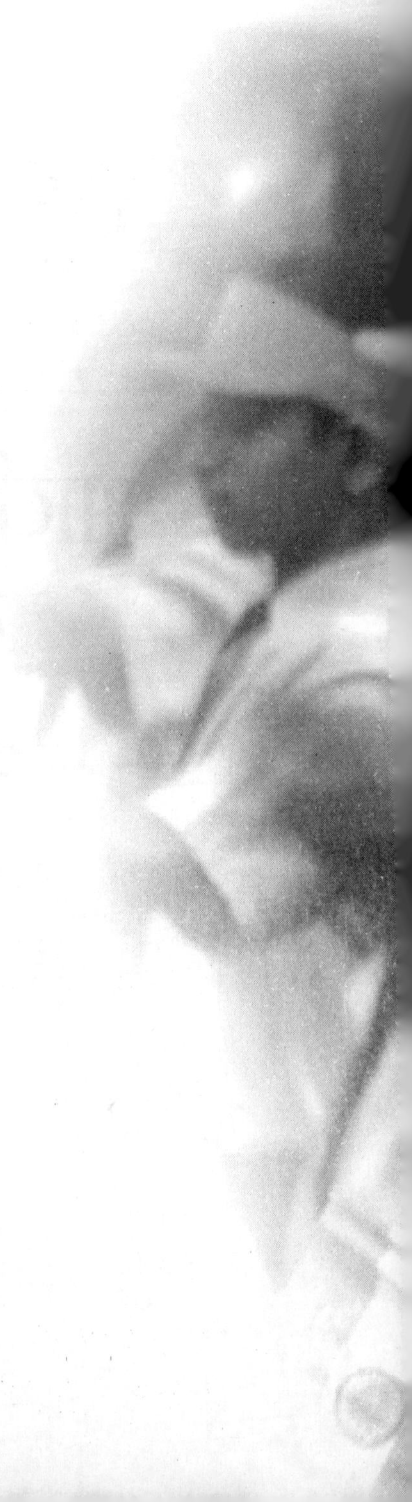

भावी नागरिक

हमारी सबसे बड़ी संपदा

भारतवर्ष 2020 तक अपने आप को एक विकसित राष्ट्र बनाने के मिशन में जुटा हुआ है। जिस संसाधन के बल पर यह मक़सद हासिल होगा, वे हैं 25 वर्ष से कम उम्र के देश के 54 करोड़ नौजवान।[2]

बच्चे और युवक किसी देश के भविष्य की तस्वीर होते हैं। वे हमारे भविष्य के लिए आशा हैं। हमारे समाज का एक महत्वपूर्ण, सशक्त और संसाधनों से भरा हुआ वर्ग युवकों का है जिनमें आसमान की बुलंदियों को छू लेने की आकांक्षा धधक रही है। यदि उनकी ऊर्जा को सही दिशा दी जाय तो उससे ऐसी गतिशीलता पैदा

होगी जो राष्ट्र को विकास के तेज वाहन में दौड़ा देगी। युवकों को अपनी योजना और विकास प्रक्रिया का केंद्रबिंदु मानते हुए हमें इस विशाल और बहुमूल्य मानव संसाधन की देखरेख करने की आवश्यकता है। विकास गतिविधियों में युवकों की आवश्यकताओं, अधिकारों और आकांक्षाओं को अहमियत देना हमारी प्राथमिकता होनी चाहिए।[3]

विकास की गतिविधियों में हमें युवकों की आवश्यकताओं, अधिकारों और आकांक्षाओं को अहमियत देनी होगी

बच्चे हमारी सबसे बड़ी दौलत हैं। देश में जन्म लेनेवाले सभी बच्चों को निखरने का मौका दिया जाए। अनाथ बच्चों सहित सभी बच्चों पर अतिरिक्त ध्यान देकर उन्हें सुविधा देना बहुत ही ज़रूरी है। इस महान सेवा में हर इंसान और सरकारी संस्थानों को हाथ बँटाना चाहिए जिससे तेजस्वी नागरिकों का निर्माण हो जो देश के विकास के लिए अनमोल संपदा बन जाएँ।[4]

मैंने भारतीय और विदेशी बच्चों से बातचीत के दौरान देखा कि उनमें एक ही जैसी आकांक्षा है और वह है शांतिपूर्ण, खुशहाल और सुरक्षित देश में ज़िंदगी जीना। वे सभी चुनौती भरे मिशन, लाजवाब रोल मॉडल और प्रेरक मन वाले नेताओं की ओर टकटकी लगाए हुए हैं। ज्ञान, उत्साह और कठिन परिश्रम के मेल से युवकों के अंदर मुल्क की सूरत को बदल देने वाली ज्वाला धधक रही है।[5]

शिक्षा प्रत्येक बच्चे का अधिकार है

किसी देश की प्रगति और खुशहाली में शिक्षा का सबसे महत्वपूर्ण योगदान होता है। हमें अपनी 35 करोड़

नागरिकों की ओर से घोषणा

बच्चों के महत्व को समझते हुए हम सभी नागरिकों को यह शपथ लेनी चाहिए :

- बच्चे हमारी अनमोल दौलत हैं।
- हम शिक्षित बनाने और आगे बढ़ाने में लड़के और लड़की को समान महत्व देंगे।
- स्वास्थ्य और खुशहाली के लिए हम अपने परिवार का आकार छोटा रखेंगे।
- कठिन परिश्रम से धन अर्जित किया जाता है। इसे हम जुआ और शराब में बर्बाद नहीं करेंगे।
- हम अपने बच्चों को शिक्षा का महत्व बताएंगे कि शिक्षा से ज्ञान की प्राप्ति होती है और ज्ञान के सहारे बच्चे सफल होते हैं।
- हम सामूहिक रूप से अपने वनों की रक्षा करेंगे तथा प्रदूषण को दूर करेंगे।
- हम कम से कम पाँच पेड़/पौधे लगाएंगे।
- हम अपने बच्चों के लिए रोल मॉडल साबित होंगे।[6]

निरक्षर जनता को साक्षर बनाना है। हमारे समाज में कमजोर वर्ग के बच्चे कुपोषण के शिकार रहते हैं और उनमें से सिर्फ एक प्रतिशत ही आठ साल की संतोषजनक शिक्षा पूरी कर पाते हैं। हमें उनके लिए विशेष रूप से सोचने की आवश्यकता है। यकीनन शिक्षा हर भारतीय बच्चे का मौलिक अधिकार है। क्या हम ऐसी परिस्थिति में मूकदर्शक बने रहेंगे, जहाँ लाखों बच्चे ज़िंदगी भर के लिए गरीबी की गर्त में ढकेल दिए जाते हैं?

शिक्षा सुविधा की असमान उपलब्धता भी एक गंभीर चिंता का विषय है। ऐसी स्थिति आज़ादी के छह दशकों बाद भी कायम है। उदाहरण के तौर पर मैंने अपने गाँवों में तीन तरह के परिवारों को देखा है। अपनी आर्थिक संपन्नता के कारण ऐसे खुशहाल परिवार भी हैं जो किसी भी कीमत पर अपने नौजवानों को शिक्षित बनाने का महत्व जानते हैं और जीवन के नाजुक मोड़ पर उन्हें सही दिशा देते हैं। कुछ ऐसे परिवार भी हैं जो शिक्षा के महत्व से परिचित होंगे किंतु न ही उन्हें अवसरों की सही जानकारी है और न उन्हें अपने बच्चों के लिए इन अवसरों को पाने का तौर-तरीका ही पता है। एक तीसरे तरह के परिवार भी हैं जिनकी आर्थिक स्थिति नाजुक रहती है और वे शिक्षा का महत्व महसूस नहीं कर पाते। पीढ़ी दर पीढ़ी उनके बच्चे उचित सुविधाओं से वंचित रहते हैं। वे गरीबी की अंधेरी गुफा में पड़े रहते हैं। उन्हें तेजस्वी बनाना तथा ग्रामीण और शहरी क्षेत्र के गरीबों सहित समाज के सभी वर्गों में शिक्षा के प्रति भरपूर जागृति पैदा करना अनिवार्य है।

वर्तमान शिक्षा प्रणाली छात्रों पर काम का बोझ बढ़ा सकती है, किंतु इन्हें सपने देखने से नहीं रोक सकती

ऐसी रिपोर्ट है कि पाँचवीं कक्षा तक पढ़ने के बाद 39 प्रतिशत बच्चे स्कूल छोड़ देते हैं और आठवीं कक्षा तक

पढ़ने के बाद 55 प्रतिशत बच्चे स्कूल छोड़ देते हैं। इस स्थिति में सुधार की सख्त ज़रूरत है क्योंकि इस संबंध में 86वें संविधान संशोधन विधेयक— पाँच से चौदह वर्ष के आयुवर्ग के बीच के बच्चों के लिए शिक्षा अधिकार बिल— में इस संबंध में विचार व्यक्त किया गया है। किंतु किसी अधिनियम से ही लक्ष्य को तब तक प्राप्त नहीं किया जा सकता जब तक जिन लोगों के लिए प्रावधान बनाया जा रहा है उन्हें ठीक ढंग से शिक्षित न कर दिया जाए।[7]

सपने-सोच-सक्रियता

मैं चाहता हूँ कि सपनों को साकार करने का मूलमंत्र हर छात्र के दिल में पिरो दूँ

मैं विकसित भारत के मिशन में आनेवाली चुनौती का सामना करने के लिए युवकों के अदम्य साहस, संकल्पशक्ति और सम्मिलित प्रयास का आह्वान करता हूँ। कोई राष्ट्र अपने नागरिकों के सोचने-समझने के तौर-तरीकों से महान बनता है। खासकर भारत की युवा पीढ़ी के सामने महान उद्देश्य होना चाहिए। छोटे-मोटे लक्ष्यों में अपने आपको सीमित कर लेना गुनाह जैसा है।

वर्तमान शिक्षा प्रणाली छात्रों पर काम का बोझ बढ़ा रही है किंतु यह उन्हें सपने देखने से वंचित न करे। यह उन्हें ज्ञान प्राप्त करने के लिए बाधक न बने। कठिन परिश्रम और लगन जीवन में खूबसूरत पैग़ाम लाते हैं जो हमेशा आपको सहयोग देते रहेंगे।

सन् 1960 के दशक में हमारे अंतरिक्ष कार्यक्रम के दूरद्रष्टा वैज्ञानिक प्रोफेसर विक्रम साराभाई ने एक ध्येय सामने रखा कि भारत को अपने संचार उपग्रह और

दूर-संवेदी उपग्रहों की रूपरेखा तैयार कर इन्हें खुद विकसित करना चाहिए और भारत के प्राकृतिक संसाधनों के आकलन के लिए उन्हें भारतीय जमीन से ध्रुवीय कक्षाओं में प्रक्षेपित करना चाहिए। आज उनके सपने सच हो गए। आज भारत किसी भी प्रकार की अंतरिक्ष प्रणाली के निर्माण में सक्षम है।

सपने, सपने, सपने
सपने बदल देते सोच
सोच बदलेगी सक्रियता में
और आप होंगे कामयाब
सपने, आपके सपने।[8]

बच्चों का हौसला बढ़ाएँ कि वे अपने लिए सपने देखें। जब तक वे सपने नहीं देखेंगे तब तक वे उन्हें साकार करने के लिए प्रेरित नहीं होंगे। धीरे-धीरे आप महसूस करेंगे कि उचित प्रयास से सपने सोच में बदल जाते हैं। प्रयास और परिश्रम से यह सोच सक्रियता में बदल सकती है। सफलता तभी मिलती है जब हम सक्रिय बने रहते हैं। 'सपने सोच— सक्रियता' ऐसा मूलमंत्र है जिसे मैं हर छात्र के दिल में पिरोना चाहता हूँ।[9]

"सितारों को न छू पाना, कतई शर्म की बात नहीं। किंतु सितारों का न होना, वाकई शर्म की बात है।"[10]

भारतीय युवाओं के सामने बड़े लक्ष्य हों, छोटी-छोटी आशाओं के पीछे भागना गुनाह है

ज्ञान-परिश्रम-प्रयास

इंसान सोचना और सवाल करना छोड़ सकता है किंतु समस्या के हल के लिए कार्य करने की आवश्यकता होती है। इसके लिए कठिन परिश्रम और लगन चाहिए।

एक राष्ट्रपति के रूप में और इससे पहले एक वैज्ञानिक के रूप में, मैंने जीवन में तीन महत्वपूर्ण बातें सीखीं— ज्ञान, परिश्रम और प्रयास।[11]

हमारे देश का बहुत ही सुनहरा भविष्य है। जो कल के नेता बनेंगे, खासकर बच्चों को कठिन परिश्रम करना है। ऐसा करने से विकसित भारत का लक्ष्य खुद-ब-खुद प्राप्त हो जाएगा। यह हमें कोई उपहार में न दे देगा बल्कि हमने जो अपने लिए लक्ष्य तय किया है उसे हासिल करने के लिए हमें दिन-रात मेहनत करनी होगी। अपने खून-पसीने की बदौलत ही हम भारत को विकसित देशों की कतार में खड़ा कर सकेंगे। यदि भारत को 2020 तक एक विकसित देश बनना है तो हमें यह सफर अपने युवकों के बल पर ही तय करना होगा।[12]

छात्रों की भूमिका

विकसित भारत महज एक सपना नहीं। जब यह सपना सच हो जाएगा तो इसका सबसे अधिक लाभ युवकों को होगा। इसलिए यह महत्वपूर्ण है कि इस सपने को साकार करने में आपको शुरू से ही सहयोग करना चाहिए। इसे आप अपनी शैक्षणिक और पारिवारिक सीमाओं में रहते हुए अपनी योग्यता के अनुरूप बेहद अनोखे अंदाज में निभा सकते हैं। माता-पिता और बच्चों की टोली में यह चिंता उमड़ती-घुमड़ती रहती है कि पढ़ाई पूरी करने के बाद कौन-सा रोजगार मिलेगा। छोटी-मोटी बाधाओं से घबराए बिना जिस विषय का आप अध्ययन करते हैं, यदि उसमें आपका प्रदर्शन उत्कृष्ट बना रहता है तो इसमें कोई शक नहीं कि

आपकी संभावना और भविष्य जगमगाते रहेंगे। सीमा के बाद कोई और सीमा नहीं होती। रोजगार के अवसरों की कोई कमी नहीं, किंतु जब कोई व्यक्ति बहुत ही खासम-खास चाहत रखता है और कहता है कि उसे सिर्फ सरकारी नौकरी चाहिए तो काफी दिक्कतें आती हैं। यदि आप उद्यमशीलता, डिजाइन, उद्योग, अपने नए विचारों के साथ कृषि कार्य करने, सूचना प्रौद्योगिकी उत्पाद बनाने के बारे में सोच सकते हैं तो आपके सामने अनंत संभावनाएँ हैं। भावी युवा पीढ़ी के लिए यह बहुत महत्वपूर्ण है कि वे ज्ञान और शारीरिक सहयोग के हथियार का उपयोग करते हुए सभी क्षेत्रों में सहयोग करने का मन बना लें।

एक विकसित राष्ट्र का बहुत ही महत्वपूर्ण पैमाना है उसका साक्षर स्तर। सौ करोड़ लोगों को शिक्षित करना कोई खेल नहीं। यह लक्ष्य अपने सभी युवकों के सहयोग से ही प्राप्त किया जा सकता है। आपमें से ऐसे बहुत से खुशनसीब हैं जो अच्छे स्कूल में पढ़कर स्तरीय शिक्षा ले रहे हैं। किंतु बहुत से आपके भाई-बहनों को यह नसीब नहीं, खासकर जो आपके आसपास के गाँवों में रहते हैं।

सितारों को न छू पाना कोई शर्म की बात नहीं, किंतु सितारों को छू पाने का सपना ही न होना, वाकई शर्म की बात है

एक विकसित राष्ट्र की पहचान है कि उसमें अमीर-गरीब के भेद को दृढ़तापूर्वक मिटा दिया जाता है। इसका एक तरीका यह है कि आपका स्कूल आपके पड़ोस के एक गाँव को अपना ले। आपमें से प्रत्येक छुट्टियों के दिन उस गाँव में जा सकते हैं और कम से कम दो लोगों को साक्षर बनाने में सहयोग देकर ज्ञान के दीप को जला सकते हैं।[13]

इसके साथ ही बच्चे अपने स्कूल परिसर या घर में दस

पौधे लगा सकते हैं। आज से कुछ सालों के बाद हम सभी हरे-भरे परिवेश में काम कर सकेंगे जिससे हमारे अंदर सृजनात्मक सोच और सक्रियता पनपेगी।

छात्र बुजुर्गों, बीमारों और विकलांग लोगों की देखभाल कर सकते हैं। ऐसे भद्र व्यवहार से विकास के लिए अनुकूल और शांतिपूर्ण माहौल तैयार होगा। आप जो भी काम करते हैं उसे शत-प्रतिशत निष्ठापूर्वक पूरा करें। अनुशासन, दृढ़निश्चय और लगन से सफलता मिलती है। इस बात को संत तिरुवल्लुवर ने एक तिरुक्कुरल में बड़ी सुंदरता से कहा है

ஆக்கம் அதர்வினாய்ச் செல்லும் அசைவிலா
ஊக்க முடையா னுழை.

इसका अर्थ है कि सफलता और धन अपना मार्ग ढूँढ़ लेते हैं और उस व्यक्ति तक पहुँच जाते हैं जिसमें दृढ़ इच्छाशक्ति और योजनाबद्ध लगन होती है। नसीब उस इंसान तक खुद चलकर आ जाता है जिसमें अदम्य उत्साह और कभी न पस्त होने वाली हिम्मत होती है।[14]

छात्रों के लिए छः-सूत्री शपथ

- मैं अपनी पढ़ाई लगनपूर्वक करूँगा और इसमें उत्कृष्ट प्रदर्शन करूँगा।
- मैं कम से कम पाँच पौधे लगाऊँगा और उनके विकास के लिए देख-रेख करता रहूँगा।
- मैं अपने दुःखी भाई-बहनों के दुःख को दूर करने के लिए लगातार प्रयास करता रहूँगा।
- मैं एक तेजस्वी नागरिक बनने की दिशा में कार्य करूँगा और अपने परिवार को सच्ची राह पर ले चलूँगा।
- मैं मानसिक और शारीरिक विकलांग व्यक्तियों का दोस्त बना रहूँगा और उन्हें आम लोगों जैसे सहज महसूस करने के लिए प्रयास करता रहूँगा।
- मैं प्रतिज्ञा करता हूँ कि मैं अपने देश को एक विकसित राष्ट्र बनाने के लिए ईमानदारी से परिश्रम करूँगा।[15]

देश की गौरवगाथा कब गाऊँ?

जब मैं देश के एक कोने से दूसरे कोने तक जाता हूँ, जब मैं देश के तटों पर तीन समुद्रों की गर्जना सुनता हूँ, जब मैं महान हिमालय की चोटी से आने वाली हवाओं में साँसें भरता हूँ, जब मैं उत्तर-पूर्व और द्वीपों की जैव विविधता के दर्शन करता हूँ और जब मैं पश्चिम की तपती मरुभूमि को महसूस करता हूँ तो मैं युवकों के कंठों के कंपन में यह सुनता हूँ कि भारत की गौरवगाथा कब गाऊँगा? आखिर, इसका उत्तर क्या होगा? यदि युवकों को भारत की गौरवगाथा गानी है तो भारत को गरीबी, निरक्षरता और बेरोजगारी से मुक्त एक विकसित राष्ट्र बनना चाहिए और यह राष्ट्र आर्थिक खुशहाली, राष्ट्रीय सुरक्षा तथा स्थायी शांति से भरा-पूरा हो।[16]

सीमा के पार कोई अन्य सरहदें नहीं रहतीं

विगत चार वर्षों के दौरान मैंने हज़ारों स्कूली बच्चों से बातचीत की है। मेरे कुछ मित्रों ने मेरे नाम से एक वेबसाइट शुरू कर दी है जिसके माध्यम से खासकर देश और विदेश के युवाओं से विचारों का आदान प्रदान करता हूँ। मैंने युवाओं से विचार विनिमय करने के लिए अपनी वेबसाइट में दो बिंदु रख छोड़े हैं। प्रथम बिंदु है विगत पचास वर्षों से अधिक समय से भारत एक विकासशील देश रहा है, आप इसे एक विकसित देश बनाने के लिए क्या करेंगे? दूसरा बिंदु है हम अपने देश की गौरवगाथा कब गाएँ?

मैंने इस संबंध में कुछ महत्वपूर्ण सुझाव पाये हैं। मेघालय के एक छात्र ने कहा– मैं एक शिक्षक बनूँगा (इंजीनियरिंग का प्रोफेसर बनने के बजाय), चूँकि मैं इसमें होशियार हूँ और मेरा इस काम में मन भी लगता

है। मैं मानता हूँ कि देशसेवा का सबसे अच्छा रास्ता, अन्य कारोबार अपनाने की तुलना में, एक शिक्षक या एक सैनिक बनना है। कैसा महान विचार है! इतनी सुंदर भावना मेघालय जैसी सुंदर जगह में ही पनप सकती है।

युवक चुनौतियों और अपने आदर्श नेताओं की प्रतीक्षा में हैं जो उनका मार्गदर्शन करें

इसी संदर्भ में केरल की एक बालिका का कहना है— "एक अकेले फूल से माला नहीं गूँथी जा सकती। मैं अपने देशवासियों को इस राष्ट्र से प्रेम करना सिखाऊँगी और विकसित भारत के लिए माला गूँथने के काम में आगे बढ़ूँगी।" गोवा के एक बीस वर्षीय युवक ने कहा —"मैं एक इलेक्ट्रॉन बन जाऊँगा और जिस प्रकार इलेक्ट्रॉन अपनी कक्षा पर चक्कर काटता है उसी प्रकार आज से मैं अपने देश के लिए काम करूँगा।"

दूसरे बिंदु के संदर्भ में अटलांटा के एक नौजवान का विचार रखना चाहता हूँ— "जब भारत इस स्थिति में होगा कि आवश्यकता पड़ने पर किसी देश के विरुद्ध प्रतिबंध लगा सकता हो तब मैं भारत की गौरवगाथा गाऊँगा।" इस युवक के कहने का भाव है कि आर्थिक और राष्ट्रीय शक्ति से खुशहाली आ सकती है।

विभिन्न वर्गों के युवाओं का मन देश को महान् बनाने की भावना से प्रेरित है। यह महत्वपूर्ण है कि भारत में 54 करोड़ युवक रहते हैं। यह एक विशाल जनशक्ति है। राष्ट्र के लिए एक सशक्त ध्येय होने से युवकों के बल पर ऊर्जा को सक्रिय किया जा सकेगा।[17]

युवा-गान

भारत का मैं एक युवा नागरिक
मेरे तूणीर में प्रौद्योगिकी
मेरे दिल में देशप्रेम और ज्ञान,
मैं महसूस कर रहा
छोटी-छोटी आशा रखना है गुनाह,
मैं दिन-रात करूँगा एक, बहाऊँगा खून-पसीना
एक महान सपने को सच करने में,
ये सपने हैं अपने भारत को
कर दूँ तब्दील एक विकसित देश में
जिसमें गुण के संग अर्थतंत्र की शक्ति हो।
मेरे सपने ही कर देंगे
करोड़ों मन को तेजस्वी।
ये मेरे अंदर रच-बस-से यूँ गए
जैसे मैं तेजस्वी बन गया।
एक तेजस्वी मन इस जहान में
जमीन और आसमान में है सबसे सशक्त साधन।
मैं ज्ञान का प्रकाश फैलाता रहूँगा
भारत को एक विकसित राष्ट्र बनाने के
सपने को सच करने में,
मैं भारत का एक युवा नागरिक।

यदि हम तेजस्वी मन के साथ महान सपने को साकार करने के लिए खून-पसीना एक करेंगे तो उससे होने वाले बदलाव से भारत एक सशक्त विकसित राष्ट्र बनेगा। यह गीत जब हमारी अपनी सुंदर भाषा में गाया जाएगा तो लोग दिल से एकता के सूत्र में बँधकर कर्तव्य मार्ग पर बढ़ जाएंगे।[18]

सशक्त नारी

नारी के सशक्त होने से समाज में आत्म-विश्वास के साथ-साथ संतुलन कायम होता है। अब वे दिन चले गए जब नारी को पुरुष की तुलना में जीवन की सभी गतिविधियों में दूसरे दर्जे का माना जाता था। अब यह बात साबित हो चुकी है कि नारी कोई भी काम उसी कुशलता से कर सकती है जैसे एक पुरुष[1]

सशक्त नारी

नारी और राष्ट्र निर्माण

हमारे देश में महिलाओं की संख्या, कुल जनसंख्या का 48 प्रतिशत है। यदि राष्ट्रीय विकास में जनसंख्या का यह 48 प्रतिशत भाग सहयोग करता है तो सन् 2020 तक भारत को विकसित राष्ट्र बनाने का राष्ट्रीय लक्ष्य शीघ्र ही प्राप्त हो जाएगा। महिलाएँ चिकित्सक, अभियंता, वकील, शिक्षक, राजनेता, प्रशासक, पुलिस अधिकारी और प्रोफेशनल बनने के साथ-साथ सेना में भी भर्ती हो रही हैं। प्रबुद्ध नारी राष्ट्र निर्माण के लिए बहुत ही महत्वपूर्ण हैं क्योंकि उनकी सोच, काम करने के तरीके और जीवन मूल्य से अच्छे परिवार, अच्छे समाज और अच्छे राष्ट्र के निर्माण की दिशा में प्रगति होगी।[2]

नारी के सशक्त होने से समाज में आत्म-विश्वास पैदा होने के साथ-साथ संतुलन कायम होता है। इसलिए नारी शिक्षा को सर्वोच्च प्राथमिकता दी जानी चाहिए। बालिकाओं की सेकेण्डरी स्कूल और यूनिवर्सिटी तक शिक्षा सुनिश्चित की जाने की आवश्यकता है। ग्रामीण महिलाओं के लिए दूरवर्ती क्षेत्रों में शिक्षा की व्यवस्था की जानी चाहिए।[3]

सामान्य शिक्षा के प्राथमिक चरण को पूरा करने के बाद बालिकाओं के पास व्यावसायिक शिक्षा का विकल्प मौजूद होना चाहिए। इससे उन्हें किसी प्रतिष्ठान में रोजगार पाने या फिर खुद का कारोबार शुरू करने में मदद मिलेगी। इसमें बालिका-विशेष की प्रवृत्ति और किसी खास पेशे में हुनर की आवश्यकता को ध्यान में रखना होगा। सभी महिलाओं को जितनी जल्द हो सके शिक्षित और आर्थिक रूप से आत्मनिर्भर बनाने पर बल दिया जाना चाहिए।[4]

भारत में जीवन के सभी क्षेत्रों में महिलाओं को आगे बढ़ने के लिए समान अवसर दिए जाने की लम्बी परंपरा है

विशिष्ट क्षेत्रों में महिलाओं की पहल

भारत में सभी क्षेत्रों में आगे बढ़ने के लिए महिलाओं को समान अवसर दिए जाने की लम्बी परंपरा रही है। अधिकांश विकसित देशों की तुलना में भारतीय महिलाओं को मतदान का अधिकार काफी पहले से प्राप्त है। पहले भी हम झाँसी की रानी और रानी मंगाम्मा जैसी वीरांगनाओं और शासिकाओं का युग देख चुके हैं। प्राचीन भारत में विज्ञान के क्षेत्र में व्यापक योगदान देने वाले वैज्ञानिकों और दार्शनिकों में गार्गी का नाम प्रमुख है। वह आज से करीब तीन हजार वर्ष पहले पैदा हुई थीं। इसी परंपरा में मैत्रेयी और बारहवीं सदी की लीलावती के नाम लिये जाते हैं। विदेशी शासन के दौरान भारतीय महिलाओं की भूमिका कमजोर पड़ गई थी, किंतु आजादी के बाद

देश में नारी सशक्तीकरण का दौर शुरू हो गया है।[5] मैं अपनी यात्राओं के दौरान कई ऐसी महिलाओं से मिला हूँ जिन्होंने विशिष्ट क्षेत्रों में पहल की है। ऐसी ही महिलाओं में उत्तरांचल की प्रथम महिला पुलिस महानिदेशक कंचन चौधरी भट्टाचार्य हैं। वायुसेना और नौसेना की क्रमशः दो वरिष्ठ महिला अधिकारी एयर मार्शल पी. बंदोपाध्याय, महानिदेशक, चिकित्सा सेवा (वायु.) और सर्जन तथा वाइस एडमिरल पुनीता अरोड़ा, महानिदेशक, चिकित्सा सेवा (नौसेना), चिकित्सा के क्षेत्र में नवीन कार्य कर रही हैं। माउंट एवरेस्ट पर उत्तर की ओर से चढ़ने वाली प्रथम महिला पर्वतारोही हैं—कैप्टन सिप्रा मजूमदार और कैप्टन अश्विनी ए.एस. पवार। मैंने कारगिल में शून्य से नीचे के तापमान में महिला सेना अधिकारियों से बात की । अपने मिशन में कामयाब होने के लिए उनके उत्साह और लगन की मैं सराहना करता हूँ। डॉ. शांता को हाल ही में रमन मैगासेसे पुरस्कार से सम्मानित किया गया। उन्हें कैंसर संस्थान में रेडिएशन ऑन्कोलॉजी विभाग स्थापित करने का श्रेय दिया जाता है और उन्होंने भारत में प्रथम ट्यूमर पंजीकरण अस्पताल प्रारंभ किया। उन्होंने प्रथम शिशु-चिकित्सा ऑन्कोलॉजी इकाई स्थापित की। इस सब में मानव सेवा की प्रतीक मदर टेरेसा का स्थान सबसे ऊपर है। इन महिलाओं को सभी भारतीय महिला अपना आदर्श मानें।[6]

आज महिलाएँ जीवन के सभी क्षेत्रों में प्रगति कर रही हैं

रोहिणी देवी रक्षा अनुसंधान और विकास संगठन में काम करने वाली वरिष्ठ वैज्ञानिक हैं। उन्होंने लाइट कम्बैट एयरक्राफ्ट (एल.सी.ए.) के लिए कार्बन ब्रेक डिस्क जैसे आकर्षक उत्पाद का विकास किया है। परियोजना दल के सदस्यों के सामने यह समस्या थी कि ब्रेक पैड के आयात का विकल्प खुला रखें या फिर

समय की सख्त हिदायत के साथ देश में इसके निर्माण की प्रक्रिया जारी रखें। इस उत्पाद के पश्चिमी देशों के एक अग्रणी निर्माता ने चुनौती दी कि इसे भारत में बनाना असंभव है और इस समस्या के हल के लिए उसने काफी अधिक मूल्य पर अपने उत्पाद खरीदने का एकमात्र उपाय बताया। किंतु परियोजना दल ने हिम्मत से काम लिया और रोहिणी देवी के नेतृत्व में देश में ही इस उत्पाद के निर्माण पर बल दिया। जैसा कि ऐसे बहुत से मिशनों में होता है, शुरू में इस उत्पाद की प्रदर्शन-क्षमता अनुकूल नहीं थी, किंतु इससे आवश्यक ब्रेक-कार्य पूरा हो जाता था। इस प्रकार रोहिणी देवी के नेतृत्व में दल ने कठिन परिश्रम किया और अपने निरंतर वैज्ञानिक प्रयास से अवरोधों को दूर किया। अंततः उन्होंने परियोजना में निर्धारित प्रदर्शन-क्षमता के लक्ष्य को प्राप्त कर लिया। पूरी तरह देश में विकसित इस प्रौद्योगिकी के कई उपयोग हैं और इसका उपयोग ग़ैर सैन्य कार्यों में भी होता है। अब यही दल कार्बन नैनो ट्यूब और फंक्शनली ग्रेडेड सामग्री के विकास के लिए कार्य कर रहा है। इससे वायुक्षेत्र और रक्षा क्षेत्र में उपयोग की जाने वाली सामग्री के क्षेत्र में क्रांति हो जाएगी। इससे 'असंभव को संभव कर दिखाने वाली' एक महिला वैज्ञानिक की हिम्मत, कुछ नया कर गुजरने के उत्साह और प्रतिबद्धता का पता चलता है।

'आकाश' प्रक्षेपास्त्र प्रणाली को फेज्ड एरे रडार 'राजेन्द्र' से नियंत्रित किया जाता है। यह रडार एक साथ कई विमानों को ढूँढ सकता है और इन लक्ष्यों की ओर बहुत-से प्रक्षेपास्त्रों को भेजने में दिशा नियंत्रित कर सकता है। इस क्षमता को प्राप्त करने में महत्वपूर्ण प्रौद्योगिकी है —'फेज शिफ्टर'। राजेन्द्र रडार में 4500 फेज शिफ्टर हैं। विकसित देशों की ओर से पाबंदी के कारण ये 'फेज

शिफ्टर' व्यावसायिक रूप से उपलब्ध नहीं थे। प्रो. भारती भट्ट ने अपनी टीम के सहयोग से इस 'फेज शिफ्टर' का डिजाइन तैयार किया तथा इसे विकसित किया। प्रो. भट्ट आई.आई.टी., दिल्ली में कार्यरत एक प्रसिद्ध और सम्मानित वैज्ञानिक हैं। आज भारत के पास विकसित देशों के समान क्षमता वाली फेज्ड एरे रडार प्रौद्योगिकी है।

मानव के धैर्य की सबसे कठिन परीक्षा अंतरिक्ष यात्रा के दौरान होती है। यह प्रशंसा का विषय है कि हरियाणा के एक छोटे से कस्बे में जन्म लेने वाली एक बालिका ने एयरोनॉटिकल इंजीनियरिंग की पढ़ाई की और 'अंतरिक्ष पुत्री' कहलाने के सपने देखने लगी। उसने कठिन परिश्रम किया और किसी अंतरिक्ष यान में यात्रा करने वाली प्रथम भारतीय महिला का कीर्तिमान बनाया। उसने अंतरिक्ष यान में 760 घंटे तक विस्मयकारी उड़ान भरी और इस दौरान अंतरिक्ष में उन्नत वैज्ञानिक प्रयोग किए। कल्पना चावला नाम की उस 'अंतरिक्ष की बेटी' ने सिद्ध कर दिया कि किस प्रकार अनन्य निष्ठा से बचपन में देखे गए सपने को साकार किया जा सकता है, चाहे वह सपना कितना ही जटिल और कठिन क्यों न हो।[7]

राष्ट्रीय विकास में महिलाओं की समान भागीदारी है

जब भारतीय अंतरिक्ष अनुसंधान संगठन (इसरो) के संस्थापक डॉ. विक्रम साराभाई का निधन हो गया तो अंतरिक्ष कार्यक्रमों के प्रबंधन का संकट उत्पन्न हो गया। तब इसरो के तत्कालीन अध्यक्ष प्रो. एम.जी.के. मेनन ने भारतीय प्रबंधन संस्थान, अहमदाबाद की प्रबंधन विशेषज्ञा प्रो. कमला चौधरी को चुना। उन्हें बदले हुए माहौल में मिशन को फिर से व्यवस्थित करने की जिम्मेदारी सौंपी गई। उन्होंने वैज्ञानिकों, तकनीशियनों और कर्मचारियों के विभिन्न वर्गों के इंटरव्यू लिए और इसके बाद सब कुछ को फिर से व्यवस्थित करने के लिए एक प्रबंधन योजना

बनाई जो अद्वितीय थी। यह योजना आज भी चल रही है। इसके दो महत्वपूर्ण पक्ष हैं– वैज्ञानिकों को अधिक अधिकार देना और लोगों के हित को ध्यान में रखकर मिशन तैयार करना जिसमें संगठन के लक्ष्य और लोगों के सपनों-आकांक्षाओं को ध्यान में रखा जाए। ऐसी सशक्त संगठन योजना के कारण इसरो में उत्साह की लहर दौड़ गई और उसके सहारे कई मुकामों को हासिल किया जा सका और यह एक सफल संगठन बन सका। इस संगठन के प्रमुख कई प्रसिद्ध वैज्ञानिक रहे हैं।[8]

समान भागीदार

हिमाचल प्रदेश की एक यात्रा के दौरान, राजकीय कन्या महाविद्यालय की विजय शर्मा ने मुझसे पूछा कि स्वतंत्र भारत में बालिकाओं की क्या भूमिका होनी चाहिए। मैंने उत्तर दिया कि पुरुषों और स्त्रियों की भूमिका में वस्तुतः कोई अंतर नहीं है क्योंकि देश के विकास में वे समान रूप से भागीदार हैं।[9]

यह महिला सशक्तीकरण का दौर है। अब वे दिन नहीं रहे, जब जीवन के सभी क्षेत्रों में पुरुषों की तुलना में

महिलाओं को दोयम दर्जे का माना जाता था। अब यह बात कायदे से साबित हो चुकी है कि महिला कोई भी काम उसी कुशलता से कर सकती है जैसे कोई पुरुष करता है।

भेदभाव मिटाने के लिए प्रशिक्षण

अब लिंग-भेद की दृष्टि से संवेदनशील मुद्दों के संबंध में प्रशिक्षण कार्यक्रम आयोजित किए जाने की आवश्यकता है। इसमें व्यक्तिशः महिलाओं और पुरुषों के मजबूत पक्षों पर प्रकाश डाला जाय तथा बताया जाय कि परस्पर प्रभावी सहयोग और योगदान से किसी संगठन के सामूहिक लक्ष्य को कैसे प्राप्त किया जा सकता है। इस प्रशिक्षण में महिलाओं की विशेष आवश्यकताओं को ध्यान में रखना चाहिए और देखना चाहिए कि हमारी व्यवस्था समाज में कैसे समरसता कायम रख सकेगी। इससे कर्मचारियों की कई गलत धारणाओं एवं गलत सोच को दूर किया जा सकेगा। महिलाओं और पुरुषों को सौंपी गई जिम्मेदारियों की योजना बनाने, उनकी कार्य-अवधि तय करने, जिम्मेदारी और काम को साथ मिलकर निबटाने पर ध्यान देने से किसी संगठन में महिला और पुरुष एक दूसरे के योगदान को ठीक ढंग से समझ सकेंगे।

प्रत्येक संगठन में यह जागरूकता पैदा करनी होगी कि पुरुषों और महिलाओं में कोई फर्क नहीं है। कार्यों की सूची के आधार पर बिना किसी पूर्व

योजना के महिलाओं और पुरुषों को जिम्मेदारियाँ दी जानी चाहिए जैसे कि उच्च न्यायालय और सर्वोच्च न्यायालय में होता है। इससे महिला के साथ समान व्यवहार न किए जाने संबंधी मान्यता का खंडन होगा। प्रबंधन से जुड़े व्यक्तियों की माह में एक बार बैठक होनी चाहिए ताकि प्रत्येक अधिकारी की शिकायतों की सुनवाई अलग-अलग की जा सके। यदि शिकायत में दम हो तो उसे दूर करने के लिए तुरंत कार्रवाई की जानी चाहिए। इस प्रकार की पारदर्शी व्यवस्था में यकीनन कार्मिकों के मन में, खासकर महिलाओं के मन में आत्म-विश्वास पैदा होगा। समय-समय पर वरिष्ठ अधिकारियों द्वारा विभिन्न इकाइयों का निरीक्षण दौरा किए जाने के दौरान इस बात पर जोर दिया जाना चाहिए कि महिलाएं एवं पुरुष एक टीम के रूप में परस्पर सहयोग करते हुए कार्य करें। किसी काम के लिए योजना बनाते समय हमेशा ध्यान रखना चाहिए कि पुरुषों और महिलाओं की मिली-जुली टीमें हों। कुछ कार्यों में महिलाओं का नेतृत्व हो, तो कुछ अन्य कामों में पुरुषों का नेतृत्व हो।[10]

यह महिला सशक्तीकरण का दौर है

जागृत नारी

जब हम भविष्य की कारोबारी और राष्ट्रीय आंदोलन में भाग लेने की इच्छा रखने वाली महिलाओं के बारे में सोचते हैं तो मुझे महाकवि सुब्रह्मण्यम भारती की याद आती है। भारतीय नारी के विषय में अपने सपनों को उन्होंने

सन् 1910 में रची गयी इस कविता में इस रूप में संजोया है :

अपनी भुजाएँ उठाए
लक्ष्य की ओर बढ़ रही नारियाँ,
अपनी आस्था पर दृढ़
निर्भय होकर पथ पर बढ़ रही नारियाँ!
उनमें है आकाश छूती
ज्ञान की गरिमा।
ऐसी सुसंस्कृत नारियाँ
आरोपित मर्यादा के आगे न डिगने वाली नारियाँ
अज्ञान के अंधकार को भगा रहीं
मुक्ति के मार्ग को अपना रहीं ये नारियाँ
ज्ञान के प्रकाश से भरपूर।
यही है धर्म उनका
जानती हैं जागृत नारियाँ !

मुझे विश्वास है कि कवि का यह सपना हमारे देश की नारियों के जीवन में सच हो जाएगा।[11]

ज्ञानसंपन्न समाज की ओर

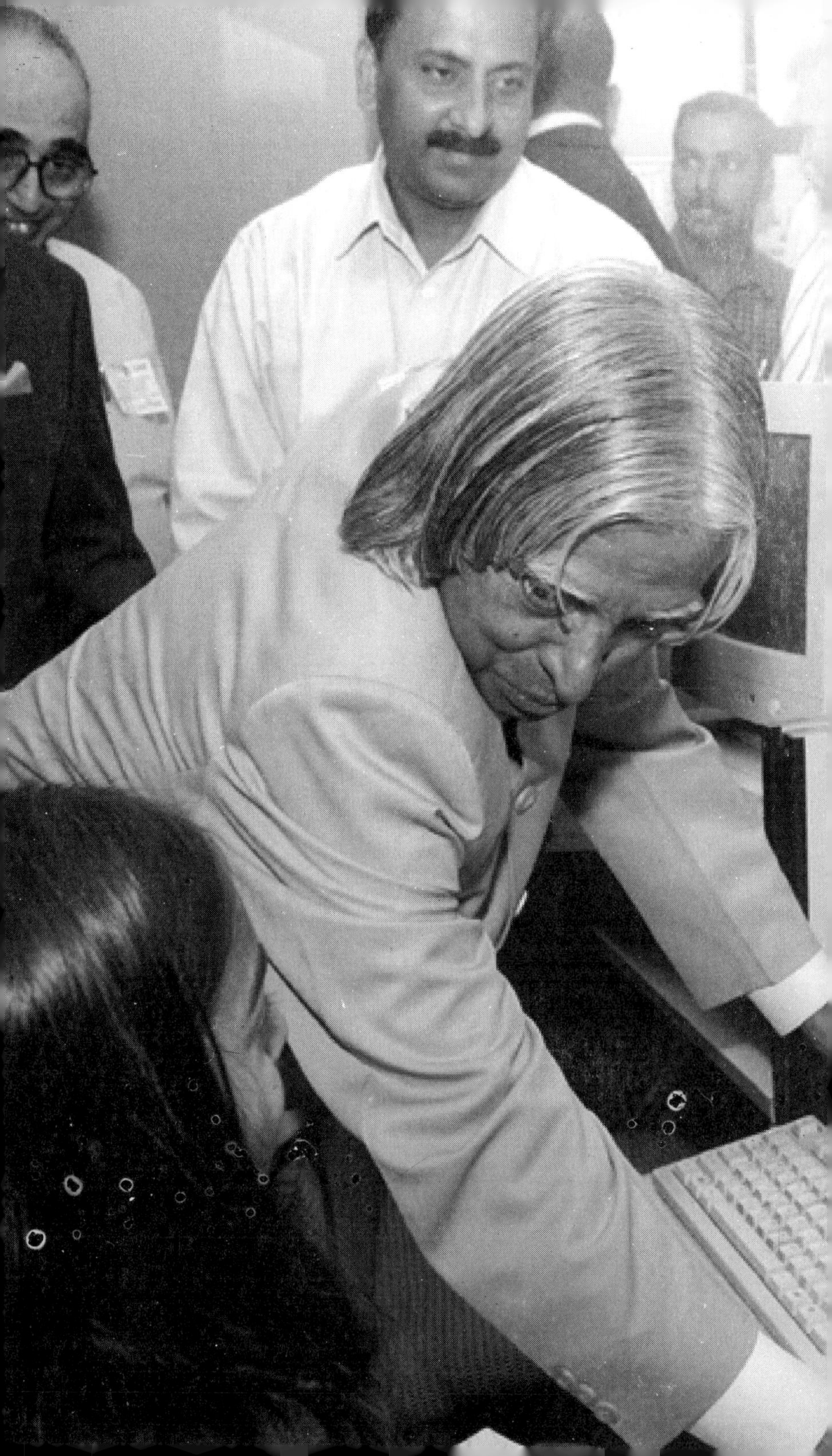

समृद्धि और सत्ता के लिए ज्ञान प्रमुख प्रेरक तत्व रहा है, इसलिए पूरी दुनिया में ज्ञान-प्राप्ति को प्राथमिकता दी जाती है। हमारे देश में ज्ञान के आदान-प्रदान की संस्कृति बड़ी ही पुरातन और बेजोड़ है।

ज्ञानसंपन्न समाज की ओर

ज्ञानसंपन्न समाज का उदय

विगत सदी के दौरान विश्व में काफी परिवर्तन हुआ। श्रम आधारित कृषिप्रधान समाज के स्थान पर प्रौद्योगिकी, पूँजी और श्रम के प्रबंधन पर टिका औद्योगिक समाज महत्वपूर्ण हो गया। इस प्रकार के प्रबंधन से प्रतियोगिता आधारित लाभ ही मिला। सदी के अंतिम दशक में उस सूचना युग का आगमन हुआ जिसमें संबद्धता (connectivity) और सॉफ्टवेयर उत्पाद किसी देश की अर्थव्यवस्था के मुख्य स्रोत होते हैं।

21वीं सदी में एक नए समाज का उदय हो रहा है जहाँ पूँजी और श्रम के स्थान पर ज्ञान उत्पादन का प्रमुख स्रोत है। ज्ञान के बेहतर इस्तेमाल से कोई राष्ट्र खूब धन-संपत्ति

अर्जित कर सकता है। इससे स्वास्थ्य, शिक्षा, आधारभूत संरचना और सामाजिक संकेतक जैसी जीवन स्तर से जुड़ी सेवाओं में भी सुधार होता है।

ज्ञान प्राप्ति की आधारभूत संरचना का निर्माण और उसका रख-रखाव, ज्ञान फैलाने वाले प्रचारकों को तैयार करना और सृजन, विकास तथा नए ज्ञान के दोहन से उनकी उत्पादकता में बढ़ोत्तरी करना ज्ञानसंपन्न समाज की खुशहाली निर्धारित करने के प्रमुख कारक हैं। कोई राष्ट्र ज्ञानसंपन्न समाज की अवस्था तक पहुँचा है अथवा नहीं, इसका निर्णय इस बात से होता है कि वह अर्थव्यवस्था के सभी क्षेत्रों में ज्ञान का सृजन और उपयोग कितने प्रभावी ढंग से करता है।[2]

प्राचीन ज्ञान हमारे देश का अनमोल संसाधन है। यह राष्ट्रीय प्रगति के साथ-साथ विश्व स्तर पर अपनी पहचान बनाने के लिए अनिवार्य है

ज्ञानसंपन्न समाज के आयाम

ज्ञान-आधारित अर्थप्रणाली में समाज का उद्देश्य बदल जाता है। इसमें समग्र विकास की मौलिक आवश्यकताएँ पूरी करने के स्थान पर सशक्तीकरण उद्देश्य बन जाता है।

> शिक्षा प्रणाली में पाठ्य-पुस्तकों के शिक्षण के स्थान पर जीवन-मूल्य, प्रतिभा और गुणवत्ता पर जोर देते हुए सृजनशीलता और विचार-विनिमय द्वारा स्वयं सीखने की विधि अपनायी जाएगी।
>
> इसमें काम करने वाले, कुशल या कम कुशल श्रमिकों के स्थान पर, सुविज्ञ, स्वयं समर्थ और लचीली कुशलता वाले लोग होंगे।
>
> इस समाज में काम का स्वरूप संगठित और मशीन

आधारित होने के स्थान पर अपेक्षाकृत कम संगठित और सॉफ्टवेयर संचालित होगा।

प्रबंधन की रूपरेखा प्रतिनिधित्व करने वाली होगी न कि आदेश देने वाली।

औद्योगिक अर्थव्यवस्था की तुलना में इसमें पर्यावरण और पारिस्थितिकी पर दुष्प्रभाव कम पड़ेंगे।

अंत में यह कि, अर्थव्यवस्था ज्ञान आधारित होगी, न कि उद्योग आधारित।[3]

21वीं सदी में एक नए समाज का उदय हो रहा है जिसमें पूँजी और श्रम की तुलना में ज्ञान को मुख्य उत्पाद माना जा रहा है

ज्ञानसंपन्न समाज के अंग

ज्ञानसंपन्न समाज के दो बहुत महत्वपूर्ण अंग हैं   सामाजिक रूपांतरण और धन-संपत्ति अर्जन।

ज्ञानसंपन्न समाज के लक्ष्य की दिशा में बढ़ने के लिए एक राष्ट्रीय कार्यदल ने केंद्रिक (core) क्षेत्रों की पहचान की है। ये हैं   सूचना प्रौद्योगिकी, जैव-प्रौद्योगिकी, अंतरिक्ष प्रौद्योगिकी, मौसम-पूर्वानुमान, आपदा-प्रबंधन, दूर-चिकित्सा (टेली मेडिसिन), दूर-शिक्षा, स्वदेशी ज्ञान उत्पाद को बनाने वाली प्रौद्योगिकी, सेवा-क्षेत्र और इनफोंटेनमेंट। इन क्षेत्रों में तेजी से अपनी क्षमता बढ़ाने की आवश्यकता है ताकि प्रचुर विकास और प्रगति हो, जिससे समाज की काया पलट जाय।

ज्ञानसंपन्न समाज के निर्माण का दूसरा पक्ष है   धन पैदा करना। इसका ताना-बाना पहचान किए गए देश के

केंद्रिक क्षेत्रों के इर्द-गिर्द ही खड़ा किया जाएगा। इन क्षेत्रों में धन पैदा करने के विधि तंत्र (methodology) को इस प्रकार विकसित करना होगा कि वर्ष 2008 तक 50 अरब डालर प्रतिवर्ष निर्यात का लक्ष्य पूरा किया जा सके। विशेष रूप से सूचना प्रौद्योगिकी सेक्टर के माध्यम से ही यह लक्ष्य हासिल करना होगा। साथ ही सामाजिक रूपांतरण के लिए, घरेलू आपूर्ति के उद्देश्य से, 30 अरब डॉलर मूल्य के सूचना प्रौद्योगिकी उत्पाद तैयार करने की क्षमता भी विकसित करनी होगी।

नीतिगत और प्रशासनिक प्रक्रियाओं का विकास, नियंत्रणकारी पद्धतियों में परिवर्तन, पेटेंटों की पहचान और सबसे बढ़कर युवा तथा ऊर्जावान नेतृत्व-वर्ग का सृजन ज्ञानसंपन्न समाज के वे अंग हैं, जिनका उचित स्थान सुनिश्चित करना होगा। धन-संपत्ति पैदा करने के लिए, साथ में यह भी ज़रूरी होगा कि व्यापार नीति में नागरिकों के हितों का ध्यान रखा जाय, उपयोग करने वालों के अनुकूल प्रौद्योगिकी का निर्माण किया जाय और तीव्रगति वाली उद्योग-अनुसंधान-अकादमी सहयोगिताएँ कायम की जाएँ।[4]

जहाँ ज्ञानसंपन्न समाज के दो आयामी उद्देश्य हैं—समाज का रूपांतरण और धन-संपत्ति पैदा करना, वहीं एक तीसरा आयाम भारत को एक ज्ञानसंपन्न शक्ति के रूप में बदलना भी है। कठिन परिश्रम से अर्जित धन और परिवर्तित समाज— ये दो स्तंभ हैं ज्ञानसंपन्न समाज के। अतः उसके अस्तित्व को सुरक्षित रखने के लिए इन स्तंभों की सुरक्षा करनी होगी। इस तरह तीसरा आयाम हुआ ज्ञान का संरक्षण।

डिजिटल पुस्तकालय की शुरुआत

डिजिटल पुस्तकालय से आशय मौजूदा पारम्परिक पुस्तकालयों को डिजिटल प्रविधि से जोड़ देना नहीं है। इसमें ज्ञान के बाह्य स्रोत किताब, पाण्डुलिपि और पत्रिका के साथ-साथ ज्ञान के आंतरिक स्रोत भाषण, लोक संगीत, चित्रकला और भित्ति चित्र के रूप में सूचना और हमारी परंपरा संरक्षित रहेगी। यह महत्वपूर्ण है कि हम अपने डिजिटल पुस्तकालय में ज्ञान और संस्कृति के विविध रूपों को एकीकृत करने का मिशन अपना लें।[5]

डिजिटल पुस्तकालय में सभी के लिए समान रूप से ज्ञान उपलब्ध रहता है चाहे उसका निवास-स्थान, जाति, मज़हब, रंग या आर्थिक स्थिति कुछ भी हो

हमारा मिशन है कि सृजनशीलता और सभी प्रकार के मानव ज्ञान तक पहुँच होने के लिए भारतीय विज्ञान संस्थान और कार्नेगी मेलन विश्वविद्यालय के सहयोग से सूचना प्रौद्योगिकी मंत्रालय द्वारा संचालित भारतीय डिजिटल पुस्तकालय के लिए पोर्टल (प्रवेश द्वार) का निर्माण किया जाय। इस पुस्तकालय का उद्घाटन सन् 2003 में किया गया था और संपूर्ण देश में इसके 20 केंद्र कार्यशील हैं। इनमें 50,000 से अधिक पुस्तकों का डिजिटलीकरण किया जा चुका है जिनमें करीब 30,000 पुस्तकें नौ विभिन्न भारतीय भाषाओं में हैं।

डिजिटल पुस्तकालय का लाभ यह है कि इस तक सभी लोगों की समान रूप से पहुँच होगी, चाहे वे कहीं के रहने वाले हों, किसी जाति, मजहब और वर्ण के हों या फिर उनकी आर्थिक स्थिति कैसी भी क्यों न हो। डिजिटल पुस्तकालय लोगों को जोड़ता है, न कि उनके बीच फूट डालता है। यह अतीत और वर्तमान का संगम है तथा इससे भविष्य साकार होता है। डिजिटल पुस्तकालय भारत में मौजूद डिजिटल असमानता को दूर करेगा। यह असमानता हमारे लिए चिंता का विषय है।[6]

परंपरागत ज्ञान का संरक्षण

हमारे गाँवों में ज्ञान का विशाल भंडार है। यह भंडार ग्रामीण समाज के इतिहास, लोक संगीत, सांस्कृतिक परंपरा, कला, पारंपरिक औषधिज्ञान, विपणन सूचना और अन्य तौर-तरीकों के रूप में उपलब्ध है। इन सूचनाओं के मौखिक आदान-प्रदान की परंपरा अब तक चली आ रही है। इसे एक पीढ़ी के लोग दूसरी पीढ़ी को देते आए हैं, किंतु यह परंपरा धीरे-धीरे नष्ट हो रही है। ज्ञान के इस भंडार का संरक्षण आवश्यक है ताकि इससे भावी पीढ़ी को लाभ मिल सके।

विभिन्न स्रोतों से प्राप्त ज्ञान को अधिक संपन्न ज्ञान माना जाता है

भारत में साहित्य, संगीत तथा ताड़पत्रों पर अंकित पारंपरिक चिकित्सा प्रणाली एवं विज्ञान का विशाल भंडार है। इस महत्वपूर्ण ज्ञान का संरक्षण आवश्यक है। ताड़पत्रों का स्कैन करना ही पर्याप्त नहीं होगा क्योंकि इसे पढ़ने वाले और पढ़कर इसमें दर्ज पेड़-पौधों और रत्नों को पहचानने वाले बहुत कम लोग बचे हैं। जो थोड़े-से लोग इसे पढ़ सकते हैं, उनमें से बहुत कम लोग इसे लिख सकते हैं। जो लोग इसे लिख सकते हैं उनमें से गिने-चुने लोग इसे कंप्यूटर के डिजिटल रूप में अंकित कर सकते हैं। प्राचीन लिपियों को पहचानने में दृष्टिभ्रम एक जटिल समस्या है। तकनीकी रूप से इसका हल प्रायः उपलब्ध नहीं है। मेरा सुझाव है कि जिस ताड़पत्र को स्कैन किया जाना है उसे विशेषज्ञों से पढ़वा कर उनकी आवाज को रेकार्ड कर लिया जाय। फिर इसे वेब पर डालकर विशेषज्ञों की निष्पक्ष राय माँगी जाय। इसमें प्रत्येक ताड़पत्र में दर्ज आँकड़ों की जाँच की जाय। इन आँकड़ों का उपयोग ताड़पत्र पढ़ने वाले विशेषज्ञों की भावी पीढ़ी तैयार करने में की जा सकती है। अब ताड़पत्र पढ़ने वाले बहुत कम लोग बचे हैं।[7]

संबद्धता से सशक्तीकरण

संबद्धता ही शक्ति है। संबद्धता ही संपत्ति है। संबद्धता ही प्रगति है।

सौ करोड़ की आबादी वाले देश में खुशहाली लाने के लिए सशक्तीकरण के मूलमंत्र हैं -- जनता और सरकार के बीच सहयोग तथा सार्वजनिक और निजी क्षेत्र की विभिन्न संस्थाओं के बीच सहभागिता। सहयोग-आधारित प्रगति और आर्थिक खुशहाली के लिए इस सहभागिता को तेजी से और निरंतर सूचना-प्रवाह के माध्यम से आधार प्रदान किया जाता है। यह सूचना और जानकारी के विस्तार का युग है। इसका लाभ अर्थव्यवस्था के तीन क्षेत्रों— कृषि, उद्योग और जन-सेवाओं को होगा।

बैंडविड्थ असंतुलन को मिटाकर ज्ञानसंपन्न समाज में समरसता कायम करता है

प्रस्तावित विकास मॉडल में अर्थव्यवस्था के तीन क्षेत्रों के बीच संपर्क के लिए चार ग्रिड (संपर्क केन्द्र) हैं -- ज्ञान ग्रिड, स्वास्थ्य ग्रिड, ई-गवर्नेन्स ग्रिड और ग्रामीण ग्रिड। इस ग्रिड व्यवस्था से ग्रामीण क्षेत्र के 70 करोड़ लोगों तथा शहरी क्षेत्र के 30 करोड़ लोगों के जीवन में खुशहाली आएगी। इस प्रक्रिया से गरीबी-रेखा के नीचे जीवनयापन कर रहे 26 करोड़ लोगों के जीवन में परिवर्तन आएगा।

ज्ञान-ग्रिड

भारत में मौजूदा समय में ऐसे आभासी (virtual) विश्वविद्यालयों और शिक्षा संस्थानों को साकार करने की प्रक्रिया चल रही है, जिनके द्वारा ज्ञान की भागीदारी, ज्ञान का प्रसार और ज्ञान का पुनरोपयोग संभव हो सके। आभासी विश्वविद्यालय भविष्य की प्रौद्योगिकी और अत्यंत

कम लागत में उच्च-स्तरीय शिक्षा देश में मुहैया कराते हैं। फिर भी ये आभासी विश्वविद्यालय, परिसर आधारित असली विश्वविद्यालय की जगह नहीं ले पाए हैं। आभासी विश्वविद्यालयों के सामने दोनों प्रकार के शिक्षा संस्थानों की खूबियाँ सुलभ कराने की चुनौती है।

शिक्षा के तीन उपकरण हैं   व्याख्यान, पुस्तकालय और प्रयोगशाला। वास्तविक दुनिया में समान पहुँच कमोबेश लोकतांत्रिक रूप से होती है, किंतु आभासी विश्वविद्यालय में समान पहुँच का मतलब है नेटवर्क में उपलब्ध सर्वोत्तम संसाधन, चाहे वह शिक्षक, पुस्तकालय या प्रयोगशाला कुछ भी हों। परिणामस्वरूप नेटवर्क ही अपने प्रत्येक प्रयोक्ता

के लिए सर्वोत्तम संसाधन सुलभ करता है।

नेटवर्क के लिए बैंडविड्थ की क्षमता बढ़ाने की आवश्यकता होती है। व्याख्यानों के लिए उपयुक्त कुछ सौ किलोबाइट की जगह औपचारिक डिजिटल पुस्तकालय के लिए कुछ मेगावाट क्षमता और इंटरनेट वाली अनौपचारिक ज्ञान की दुनिया की जगह विज्ञान और अभियंत्रण के ज्ञान से संपन्न विश्व की सुदूर प्रयोगशालाओं के बीच गिगाबाइट क्षमता वाले संपर्क चाहिए। बैंडविड्थ के सस्ते होने और आसानीपूर्वक काफी संख्या में उपलब्ध होने से यह विश्वविद्यालय दूरस्थ उपकरणों और जटिल सुविधाओं के उपयोग में सक्षम हो सकेंगे। इन सुविधाओं के उपयोग से उच्च शिक्षा के क्षेत्र में अध्यापन, पढ़ाई और शोध के तौर-तरीकों में परिवर्तन हो सकता है और अंततः पूरी शिक्षा प्रणाली में सभी लोगों तक इसकी समान पहुँच हो सकेगी।

बैंडविड्थ असंतुलन को दूर कर ज्ञानसंपन्न समाज में समरसता लाता है। हमारे पास ज्ञानसंपन्न संस्थाएँ हैं, किंतु देश के विभिन्न क्षेत्रों तक ज्ञान की समान रूप से पहुँच के लिए हमें पूरे देश में संबद्धता कायम करनी होगी ताकि राष्ट्रीय ज्ञान ग्रिड की स्थापना संभव हो सके।

स्वास्थ्य-ग्रिड

उच्च विशेषज्ञता प्राप्त और सामान्य चिकित्सा से संबंधित विभिन्न स्वास्थ्य सेवा केंद्रों को परस्पर जोड़ कर राष्ट्रीय स्वास्थ्य ग्रिड की स्थापना करने की आवश्यकता है। स्वास्थ्य सेवा प्रशिक्षण संस्थानों और चिकित्सा अनुसंधान

संस्थानों के बीच संपर्क से कायम नेटवर्क के माध्यम से विलक्षण रोगों के अध्ययन और अनुभवों को लेकर उच्च विशेषज्ञता प्राप्त संस्थानों के बीच विचारों का आदान-प्रदान संभव हो सकेगा। इसकी मदद से विभिन्न संस्थानों के विशेषज्ञ चिकित्सक जटिल बीमारियों के संबंध में आपस में चर्चा कर सकेंगे तथा उपचार के लिए सुझाव दे सकेंगे।

ई-प्रशासन-ग्रिड

आज दुनिया के अधिकांश देश उत्तम शासन को एक महत्वपूर्ण लक्ष्य मान कर चल रहे हैं और पारदर्शी प्रशासन के लिए कई विशिष्ट उपाय किए गए हैं। इंटरनेट क्रांति इस दिशा में पहल करने वाला एक महत्वपूर्ण माध्यम साबित हुआ है, क्योंकि इससे किसी भी प्रकार की सूचना, कहीं भी प्राप्त की जा सकती है। जनता को सेवा उपलब्ध कराना सरकार की प्रमुख जिम्मेदारी है। खासकर भारत जैसे एक सौ करोड़ की जनसंख्या वाले लोकतांत्रिक देश में ई-प्रशासन को चाहिए कि वह तेजी से लोगों को सूचना उपलब्ध करवाए। इसके साथ ही, केंद्र तथा राज्य सरकारों के बीच सूचना का प्रवाह तेजी से हो।

विचित्र परिदृश्य : मैं कल्पना करता हूँ एक चुनावी परिदृश्य का, जिसमें कोई उम्मीदवार किसी समय मतदान क्षेत्र से नामांकन भरेगा। तुरंत चुनाव अधिकारी राष्ट्रीय नागरिक पहचान डाटाबेस के आधार पर उस उम्मीदवार की उम्मीदवारी का सत्यापन कर लेगा। उसके संबंध में शैक्षणिक जानकारी विश्वविद्यालय के रेकार्ड से मिल जाएगी। जिन लोगों के यहाँ उसने काम किया है उन नियोक्ताओं से उसकी रोजगार संबंधी जानकारी

मिल जाएगी। उसके आय और धन के स्रोत संबंधी जानकारी आयकर विभाग से मिल जाएगी। उसकी भूमि संबंधी जानकारी देश के विभिन्न भागों में फैले भूमि प्राधिकरण के पंजीकरण से मिल जाएगी। पुलिस के पास मौजूद अपराध रेकार्ड और न्यायिक प्रणाली से उसके विचार और व्यवहार की जानकारी मिल जाएगी।

आवश्यक सूचनाएँ संगृहीत करने और उचित समय पर बिना पूर्वाग्रह के प्रस्तुत करने वाली देश भर में राज्य और केंद्र सरकार की वेब सेवा डायरेक्टरी (वेब सर्विसेज डायरेक्टरीज) की मदद से चुनाव अधिकारी कंप्यूटर टर्मिनल से कुछ ही सेकंड में सारे विवरण प्राप्त कर लेगा। कृत्रिम बुद्धियुक्त सॉफ्टवेयर उम्मीदवार की

विश्वसनीयता का विश्लेषण करता है और यह बताता है कि वह कितना सफल राजनीतिज्ञ होगा। देश के सुदूर भाग में बैठा वह चुनाव अधिकारी उम्मीदवार की पात्रता के संबंध में निर्णय ले लेता है और चुनाव प्रक्रिया शुरू हो जाती है। आभासी मतदान केंद्र के माध्यम से सभी मतदाता घर-बैठे मतदान करते हैं।

डिजिटल पुस्तकालय में भूत और वर्तमान का संगम होता है तथा इससे भविष्य छलकने लगता है

क्या यह एक सपना है? क्या ऐसा करना संभव है? यदि ऐसा संभव है, तो हमारे पास ऐसी सुविधा कब होगी? क्या हम अपने सौ करोड़ नागरिकों को सु-शासन दे सकते हैं? क्या ऐसा शासन तेजी से सुविधा उपलब्ध करवा सकेगा? क्या प्रशासन वास्तविक लेन-देन और कल्पित लेन-देन के भेद को समझ सकेगा? क्या किसी विशेष सेवा जाँच सूची के आधार पर हेरा-फेरी के मामले में सरकार तत्काल कार्रवाई कर सकती है? क्या यह ई-प्रशासन वैसी लागत पर चल सकता है जिसे हमारा देश वहन कर सके? यदि यह प्रणाली लागू होती है तो इसे सही अर्थों में ई-प्रशासन माना जाएगा।

ऐसी प्रणाली स्थापित करने के लिए राज्य और जिला प्रशासन, चुनाव आयोग, विश्वविद्यालय, बैंक, गृह/पुलिस विभाग, बीमा कंपनी जैसे विभिन्न सरकारी विभागों को जोड़नेवाले उच्च-स्तरीय बैंडविड्थ संस्थानों में उदग्र एवं क्षैतिज ग्रिडों की स्थापना की आवश्यकता है ताकि तेजी से इन ग्रिडों से सूचना ली जा सके और इनमें सूचना उपलब्ध करवायी जा सके जिससे सु-शासन के लक्ष्य को प्राप्त किया जा सके।

ग्रामीण-ग्रिड

मेरे मन में ग्राम पंचायतों में ग्राम ज्ञान केंद्र की स्थापना का परिदृश्य है। ग्रामीणों को ज्ञानसंपन्न बनाने के साथ-साथ यह उनके लिए ज्ञान से जोड़ने वाले स्थानीय केंद्र के रूप में कार्य करेगा। यह कार्य ग्रामीण क्षेत्र में शहरी सुविधा प्रदान कराने [प्रोवाइडिंग अरबन एमेनिटीज़ टु रूरल एरियाज़ (पुरा)] के समग्र ढाँचे के अंतर्गत होगा।

ग्राम ज्ञान केंद्रों को किसान, मछुआरे, दस्तकार, व्यापारी, व्यवसायी, उद्यमी, बेरोजगार युवकों और छात्रों की आवश्यकता के अनुरूप अनिवार्य सूचना उपलब्ध करवानी होगी। उपलब्ध करवायी गई सूचना की स्थानीय प्रासंगिकता अत्यंत महत्वपूर्ण है। लोगों को सरल सूचना चाहिए, किंतु सूचना प्रणाली के संयोजकों के लिए अक्सर ऐसा करना कठिन होता है क्योंकि उन्हें आँकड़ों के स्तर को उठाने की आवश्यकता होती है।

प्रशिक्षित अनुभवी लोगों को सूचना तैयार करने के लिए तैनात करना होगा, जो लोगों को मौसम का पूर्वानुमान, मौसम संबंधी जानकारी, मछली व्यापार संबंधी आँकड़े, कृषि और अन्य ग्रामीण उत्पादों से संबंधित जानकारी सरल भाषा में बता सकें। ये आँकड़े आपस में जुड़े विभिन्न संस्थानों से प्राप्त होंगे और उनसे लोगों को उचित समय पर सेवा मिलेगी। किंतु सूचना के उपयोग करने वालों के अनुकूल नियमित रूप से दुरुस्त सूचना उपलब्ध करवाना सचमुच एक चुनौती होगी।

ग्राम ज्ञान केंद्र को जिन अन्य बातों पर ध्यान देना चाहिए वे हैं– गाँव में विकास कार्य को लागू करने के लिए युवकों

को अधिकार संपन्न बनाना और ग्रामीण उद्योगों की स्थापना करना जिनसे व्यापक पैमाने पर रोजगार उपलब्ध करवाया जा सके। अतएव यह अनिवार्य है कि ये केंद्र उद्योग, बैंकिंग और विपणन संस्थाओं के बीच संपर्क स्थापित करते हुए लोगों को कौशल और ज्ञान प्रदान करने में सक्षम हों। विभिन्न स्रोतों पर आधारित ज्ञान को अधिक संपन्न ज्ञान माना जाता है।

विकसित राष्ट्र के लक्ष्य को साकार करना

भारत का कुल भौगोलिक क्षेत्रफल लगभग 33 लाख वर्ग किलोमीटर है जिसमें सात हजार कि.मी. लंबी तटीय रेखा है। भारतीय भू-भाग कहीं समुद्रतल के बराबर है तो कहीं समुद्रतल से 8600 मीटर ऊँचा है। भारत में कहीं समुद्र, पहाड़ी, पर्वत, मरुभूमि, द्वीप और घाटी हैं तो कहीं मैदानी इलाके हैं। देश की सौ करोड़ से अधिक जनसंख्या का 70 प्रतिशत भाग छह लाख गाँवों में निवास करता है। भारत में प्राकृतिक संसाधन भरपूर हैं। विभिन्न क्षेत्रों में दुनिया के कई देशों से टक्कर लेते हुए यह अपना वर्चस्व बनाए हुए है। किंतु ये सारी उपलब्धियाँ छितरायी हुई हैं। इनके विषय में लोगों को जानकारी बहुत कम है।
हमें प्रगति के लिए सामाजिक परिवर्तन और स्थायी विकास चाहिए। ये दोनों पहलू समय पर प्राप्त किए जा सकते हैं सिर्फ ज्ञानसंपन्न समाज के निर्माण से, जो पूरे राष्ट्र को सशक्त बनाएगा।

एक ज्ञानसंपन्न समाज के रूप में विकसित होने की क्षमता भारत के पास है। इस लक्ष्य को हासिल करने की चाभी है इलेक्ट्रॉनिकी और ज्ञान की संयोजिता। लगभग

एक अरब लोगों को परस्पर जोड़ने के मार्ग में बहुत सी चुनौतियाँ हमारे सामने हैं। भारत को एक विकसित राष्ट्र के रूप में देखने के लिए हमें उन चुनौतियों का सामना करने के लिए तैयार रहना होगा।[8]

विकसित भारत का निर्माण

हम सब मिलकर एक ऐसे देश का निर्माण करें जो रहने के लिए सबसे खुशहाल जगहों में से एक हो और जो अपने करोड़ों लोगों के चेहरे पर मुस्कान बिखेरता रहे[1]

विकसित भारत का निर्माण

राष्ट्र व्यक्ति से बड़ा होता है

स्वतंत्रता आंदोलन ने हमारे अंदर यह भाव भर दिया कि राष्ट्र किसी व्यक्ति या संस्था से बड़ा होता है। किंतु विगत कुछ दशकों से यह राष्ट्रीय भाव लुप्त होता जा रहा है। आज आवश्यकता है कि सभी राजनीतिक दल आपस में सहयोग करते हुए इस ज्वलंत प्रश्न का उत्तर दें— "भारत कब एक विकसित राष्ट्र बनेगा?"[2]

आवश्यकता है कि लोगों की सोच में समरसता हो। हमें यह सोचने और महसूस करने की ज़रूरत है कि राष्ट्र किसी व्यक्ति या संस्था से बड़ा होता है। हम लोगों के दिमाग में यह बात घर कर गई है कि 'हम यह नहीं कर सकते।' फिर भी देश के विभिन्न संस्थानों में काम करने

और मिशन के रूप में चलने वाली परियोजनाओं में कई परिणामों को नज़दीक से देखने के बाद मेरा अनुभव यह है कि स्पष्ट उद्देश्य से जब भी हमने कोई लक्ष्य पाने का निर्णय लिया तब हमने उसे प्राप्त किया। सार्वजनिक और निजी क्षेत्र दोनों का अनुभव रहा है कि जब भी हम मिशन के रूप में कोई काम करने का संकल्प लेते हैं तो हमें हमेशा कामयाबी मिलती है।[3]

राष्ट्रीय सम्मान का भाव

जब भी आप मीडिया और अन्य माध्यमों से सांस्कृतिक हमले को महसूस कर बेचैन होते हैं तब आप महसूस करें कि आप एक शाश्वत सभ्यता की संतान हैं। हमने कई हमलों को झेला है। हमारे ऊपर कई वंशों का शासन रहा है, किंतु आज हमारे देश पर ऐसे किसी हमले का खतरा नहीं है और यह आजाद है। जितने भी विदेशी आक्रमण हुए, उनके साथ आने वाली सांस्कृतिक विशेषताओं को हमने अपनाया। आज हमने विविधतापूर्ण सौ करोड़ की आबादी की देखरेख के लिए अपने नेतृत्व में महान गुण पैदा कर लिया है।[4] अब हमें अपने देश को खतरा पहुँचाने वाले किसी धर्म या किसी व्यक्ति की सनक का समर्थन नहीं करना चाहिए।

हम अपने परिश्रम से विकासशील भारत को विकसित भारत में बदलेंगे

धर्म-निरपेक्षता के सिद्धांत के प्रति अटूट निष्ठा होनी चाहिए। धर्म-निरपेक्षता हमारी राष्ट्रीयता का आधार है और हमारी सभ्यता का एक सबल पक्ष है। सभी धर्मों के नेताओं को एक ही तरह का संदेश देना चाहिए जिससे लोगों के दिलो-दिमाग में एकता का भाव पैदा हो। शीघ्र ही हमारा देश अपने स्वर्णिम युग में प्रवेश करेगा।[5]

जब आपके मन में पराजय का भाव उभरे तो आप घबराएं नहीं और महसूस करें कि आप एक महान देश के नागरिक हैं। हम खाद्यान्न उत्पादन में आत्मनिर्भर हैं। हम अपना संचार उपग्रह खुद बनाते हैं और अपना दूर संवेदी उपग्रह खुद छोड़ते हैं। जब भारत एक परमाणु और प्रक्षेपास्त्र संपन्न देश बन गया तब विकसित देशों ने हमारे ऊपर आर्थिक और प्रौद्योगिकीय प्रतिबंध लगा दिया। हमने अपनी कृषि, प्रौद्योगिकीय और औद्योगिक ताकत के साथ-साथ जनता के उत्साह की बदौलत इस प्रतिबंध को झेल लिया। इस उत्साह को बनाए रखें और इसे गतिशील बनाकर निखारते रहें।

जब आप दुनिया की ओर नज़र डालते होंगे तो कई बार अपने देश को सौ विकासशील देशों के साथ देखकर निराश हो जाते होंगे और सोचते होंगे कि हमारा देश तथाकथित 'जी-8' की सूची में नहीं है। उस समय आप देश के सौ करोड़ तेजस्वी मनों को याद करें। तेजस्वी मन इस जहान में, जमीन पर और आसमान में सबसे सशक्त संसाधन हैं। हम अपनी मेहनत से विकासशील भारत को विकसित राष्ट्र बना देंगे। यही है सहस्राब्दी मिशन 2020 एक विकसित भारत।'[6]

पहला सपना

हमने स्वतंत्रता के लिए पहला सपना सन् 1857 में देखा, जिसके परिणामस्वरूप राष्ट्रीयता के प्रबल भाव का उदय हुआ। लोग मन और उद्देश्य के स्तर पर एक होकर बलिदान के लिए तैयार हो गए।

बहुत से भारतीयों के मन में जीवन के प्रत्येक क्षेत्र में विदेशियों से आगे बढ़ने की ख्वाहिश थी। यह महत्वपूर्ण विचार आत्म अभिव्यक्ति की आवश्यकता में परिणत हो गया और यही भाव राष्ट्रीय आंदोलन के दौरान भारतीय नौजवानों के दिलो-दिमाग पर छा गया। यह बात राष्ट्रीय आंदोलन का हिस्सा बन गई कि हम अपनी क्षमता को व्यक्त करें और पश्चिमी देशों को दिखा दें कि हम किसी मायने में उनसे कम नहीं। इस पहले सपने से राजनीतिक, सार्वजनिक जीवन, संगीत, काव्य, साहित्य और विज्ञान सहित सभी क्षेत्रों में स्वतंत्रता आंदोलन ने उच्च-स्तरीय नेता दिये।

कोई देश वैसा ही होता है जैसे उसके नागरिक होते हैं। जनता की नैतिकता, जीवन-मूल्य और चरित्र राष्ट्र की बुनावट में बड़ी बारीकी से गुंथे रहते हैं

दूसरा सपना

स्वतंत्रता के लगभग छह दशक के बाद भारत को एक विकसित देश बनाने की आकांक्षा लोगों के दिल में उमड़ने लगी है। देश के लिए यह दूसरा सपना है। इस चुनौती के लिए हम अपने आपको कैसे तैयार करेंगे?[7]

सपनों को साकार बनाएँ

हमारा देश गरीबी रेखा से नीचे जीवन गुजारने वाले अपने 26 करोड़ नागरिकों की ज़िंदगी को सँवारने की चुनौती का सामना कर रहा है। उन्हें आवास, भोजन, स्वास्थ्य सेवा और रोजगार की आवश्यकता है। जहाँ राष्ट्रीय सकल घरेलू उत्पाद में प्रतिवर्ष 6 प्रतिशत की वृद्धि हो रही है, वहीं अर्थशास्त्रियों का मानना है कि अगले एक दशक से अधिक समय तक अर्थव्यवस्था में 10 प्रतिशत वार्षिक वृद्धि होने से गरीबी रेखा से नीचे जीवनयापन

करने वालों के जीवन स्तर में सुधार होगा।

सामूहिक प्रयास : पाँच ऐसे क्षेत्र हैं जिनमें भारत में प्रतियोगी संभावना है। इनके बीच तालमेल करते हुए प्रयास करने की आवश्यकता है। ये हैं—कृषि और खाद्यान्न प्रसंस्करण, भरोसेमंद और स्तरीय विद्युत क्षमता, भू-तल परिवहन और आधारभूत संरचना; शिक्षा और स्वास्थ्य सेवा, सूचना और संचार प्रौद्योगिकी; तथा सामरिक क्षेत्र। इन पाँच क्षेत्रों के बीच निकट संबंध हैं। इनमें तेजी से विकास होने से राष्ट्रीय, खाद्यान्न और आर्थिक सुरक्षा होगी।[8]

अपनी विशाल जनसंख्या का एक बड़ा हिस्सा युवकों का होना हमारे देश की अद्वितीय शक्ति है

विकास के साधन : बढ़ती जनसंख्या की आवश्यकताओं को पूरा करने के लिए देश के प्राकृतिक और मानव संसाधन के पूर्ण दोहन पर बल देना चाहिए। हमें इस बात का भी ध्यान रखना चाहिए कि देश की आधी आबादी युवकों की है और उनमें बेहतर जीवन स्तर की आकांक्षा है। कृषि, औद्योगिक उत्पादन, सेवा क्षेत्र, राष्ट्रीय मौलिक क्षमता का निर्माण और प्रौद्योगिकी में गुणवत्ता लाकर हम उच्च आय वाले रोजगार की अतिरिक्त संभावना पैदा कर सकते हैं। हम पाँच राष्ट्रीय मिशन शुरू कर विकास के रथ को आगे बढ़ा सकते हैं। ये हैं— जल, ऊर्जा, शिक्षा, कला-कौशल, आधारभूत संरचना और रोजगार-सृजन। इससे सकल घरेलू उत्पाद की 10 प्रतिशत वार्षिक वृद्धि दर को प्राप्त किया जा सकता है।[9]

विकसित भारत का स्वरूप

मेरे मन में प्रतियोगिताशील विकसित भारत का स्वरूप इस प्रकार है :

- एक ऐसा देश जहाँ शहर और गाँव के बीच की विभाजन रेखा पतली हो गई हो।
- एक ऐसा देश जहाँ ऊर्जा और शुद्ध जल का समान वितरण हो।
- एक ऐसा देश जहाँ उद्योग, कृषि और सेवा क्षेत्र के बीच तालमेल हो। प्रौद्योगिकी के इस्तेमाल से स्थायी तौर पर धन का सृजन होता हो। इसके फलस्वरूप अधिक रोजगार का सृजन हो।
- एक ऐसा देश जहाँ सामाजिक या आर्थिक विभेद के कारण किसी प्रतिभाशाली को शिक्षा से वंचित न किया जाता हो।
- एक ऐसा देश जो प्रतिभाशाली विद्वानों और वैज्ञानिकों के लिए सबसे उपयुक्त जगह हो।
- एक ऐसा देश जिसके करोड़ों लोगों को उत्तम स्वास्थ्य सेवा उपलब्ध हो। जहाँ एड्स/टी.बी. जैसी संक्रमणशील बीमारी, जल और जीवाणुओं से होने वाले रोग, हृदय रोग और कैंसर का नामोनिशान न हो।
- एक ऐसा देश जिसकी शासन व्यवस्था जनता की समस्याओं को दूर करने के लिए उत्तम प्रौद्योगिकी का उपयोग करती हो। वह पारदर्शी हो, जहाँ जनता की पहुँच आसानी से हो। शासन व्यवस्था में सरल कायदे कानून हों और वह भ्रष्टाचार मुक्त हो।
- एक ऐसा देश जहाँ गरीबी का कोई निशान न हो। जहाँ निरक्षरता और महिलाओं पर अत्याचार की कोई जगह न हो। जहाँ के लोगों के जीवन में अलगाव की भावना न हो।
- एक ऐसा देश जहाँ खुशहाली, स्वास्थ्य, सुरक्षा, अमन और चैन का माहौल हो।
- एक ऐसा देश जो इंसान के रहने के लिए सबसे

मौलिकता, कल्पनाशीलता और कौशल किसी देश या संस्थान की अनमोल संपदा होती हैं

खूबसूरत जगहों में से एक हो। ऐसा देश जो अपने करोड़ों लोगों के चेहरे पर मुस्कान बिखेरता रहे।[10]

लोकतंत्र के साथ विकास

विकसित भारत के सपने को संसदीय लोकतंत्र के माध्यम से साकार किया जा सकता है। संसदीय लोकतंत्र हमारी शासन व्यवस्था का आधार है। हमारे संविधान की मूलभूत संरचना समय की कसौटी पर खरी उतरी है। हमारे सामने सबसे प्रमुख कार्य है अपने संवैधानिक प्रावधानों का सम्मान करना और उन्हें कायम रखना।

जिस पद्धति से दशकों से काम करते आ रहे हैं, अब भी उसी पद्धति से काम करने से प्रगति नहीं कर सकेंगे

भारत राज्यों का एक संघ है जो सहयोग पर आधारित संघीय ढाँचे पर टिका हुआ है। संघीय व्यवस्था के तहत भी राज्यों में प्रतिस्पर्द्धात्मक क्षमता विकसित करने की ज़रूरत है ताकि राष्ट्रीय एवं वैश्विक स्तर पर वह बढ़िया प्रदर्शन कर सके। प्रतियोगिता से आर्थिक और प्रबंधन क्षमता में वृद्धि के साथ-साथ सृजनशीलता में भी वृद्धि होती है ताकि तेजी से बदल रहे आज के विश्व में बने रहने और विकास करने की दिशा में आने वाली नई चुनौतियों का सामना किया जा सके। जीवनयापन की स्वतंत्रता के अंतर्गत एक स्थान से दूसरे स्थान तक यात्रा करने की स्वतंत्रता, विचार की स्वतंत्रता और अभिव्यक्ति की स्वतंत्रता निहित है। इस संबंध में हमारे संविधान में भी प्रावधान है। एक राज्य से दूसरे राज्य में जाने या एक क्षेत्र से दूसरे क्षेत्र में जाने पर कोई पाबंदी नहीं हो सकती क्योंकि इससे देश को एकता के सूत्र में पिरोने वाला धागा टूट जाएगा। हम सभी को विकास कार्य को निरंतर आगे बढ़ाने के लिए अनुकूल माहौल बनाने की दिशा में प्रयास करना होगा।

गरीबी और बेरोजगारी दूर करने के लिए तेजी से विकास को ध्यान में रखते हुए प्रत्येक भारतीय को राष्ट्रीय सुरक्षा की राष्ट्रीय प्राथमिकता समझनी चाहिए। सचमुच भारत को आर्थिक, सामाजिक और सामरिक दृष्टि से एक मजबूत राष्ट्र बनाने की अपनी मातृभूमि, स्वयं और भावी पीढ़ी के प्रति हमारी सबसे बड़ी जिम्मेदारी है।[11]

पूरे देश में जीवन-मूल्य आधारित स्तरीय शिक्षा हो अथवा भ्रष्टाचार-मुक्त समाज हो। जैसी चुनौतियाँ हमारे सामने खड़ी हैं, जो भी निदान हैं वे अपर्याप्त लगते हैं। न्याय प्रणाली तक सबकी पहुँच हो और न्याय-व्यवस्था स्वच्छ हो, यह समाज और प्रौद्योगिकी में होने वाले परिवर्तनों की दृष्टि से महत्वपूर्ण है। शहरी क्षेत्र में प्रदूषण मुक्त और ऊर्जा की बचत करने वाली परिवहन व्यवस्था की राष्ट्रीय स्तर पर माँग को पूरा करने की चुनौती है। इन चुनौतियों का हल ढूँढने के लिए नीति-निर्धारण और उचित प्रयास ऐसे महत्वपूर्ण तथा अनिवार्य आधार हैं जिन पर वर्ष 2020 तक विकसित भारत का भवन खड़ा होगा।[12]

प्राकृतिक संसाधनों का उपयोग

राष्ट्र की शक्ति मुख्य रूप से उसके प्राकृतिक और मानव संसाधनों में निहित होती है। प्राकृतिक संसाधन के मामले में भारत के पास विशाल समुद्र तट है जिसमें तेल और सामुद्रिक संसाधनों का भंडार है। जहाँ तक खनिज संपदा का सवाल है वह परंपरागत संसाधन से भिन्न है। यह तो स्पष्ट है कि भारत के पास बहुमूल्य धातु, अयस्क और कोयले का विशाल भंडार है। जैव विविधता के मामले में भारत का स्थान कुछ गिने-चुने अग्रणी राष्ट्रों में है।

इन संसाधनों में ज्ञान-आधारित गुणवत्ता बढ़ाने का अर्थ यह है कि देश को समृद्ध बनाने के साथ-साथ स्तरीय उत्पादों का निर्यात करना, न कि सिर्फ अयस्क का दोहन करना। दूर उपचार (टेली मेडिसिन) के व्यावसायिक विकास में प्रौद्योगिकी का उपयोग करने के साथ-साथ इसका इस्तेमाल ई-प्रशासन और विपणन के क्षेत्र में करने से हमारी गतिविधि में प्रगति और तेजी आएगी।

परंपरा से प्राप्त प्राचीन ज्ञान हमारे देश का एक अनुपम स्रोत है और यह हमारी राष्ट्रीय प्रगति तथा अंतर्राष्ट्रीय उपस्थिति के लिए अनिवार्य है।

जन-विकास

हमारी विशाल जनसंख्या में युवकों की काफी संख्या हमारे देश की अद्वितीय शक्ति है। शिक्षा और प्रशिक्षण के माध्यम से बिना हुनर के लोगों को हुनरवाला बनाकर खासकर सेवा और कृषि क्षेत्र में धन का सृजन किया जा सकता है। उच्चस्तरीय सॉफ्टवेयर और हार्डवेयर से जुड़े लोगों की माँग बढ़ाकर वर्तमान उद्योगों से ज्ञान-आधारित उद्योगों का निर्माण किया जा सकता है। इससे गुणवत्ता में काफी सुधार होगा। ऐसा कहा जाता है कि 'किसी कंपनी या देश की बहुमूल्य संपदा उसके हुनर, लोगों की मौलिकता और कल्पना होती है।' वैश्वीकरण के दौर में यह अधिक महत्वपूर्ण हो जाता है, क्योंकि प्रत्येक व्यक्ति की विश्वस्तरीय प्रौद्योगिकी तक पहुँच हो जाएगी और ऐसे में उत्तम प्रौद्योगिकी का उपयोग करने में लोगों की कल्पनाशीलता महत्वपूर्ण पहलू हो जाएगी। वस्तुतः मिशन आधारित परियोजना और पारदर्शी प्रबंधन संरचना के साथ विकास और विविध प्रौद्योगिकी के नए ढंग से

उपयोग करने से भारत एक 'विकसित राष्ट्र' बन जाएगा।[13]

ग्रामीण भारत की कायापलट

भारत के छह लाख गाँवों में लगभग 70 करोड़ लोग निवास करते हैं। ग्रामीण-शहरी भेद को मिटाने, रोजगार के अवसर बढ़ाने तथा ग्रामीण जीवन में खुशहाली लाने के लिए समाज के विभिन्न वर्गों को आर्थिक अवसर उपलब्ध कराने के उद्देश्य से गाँवों में संयोजिता स्थापित करनी होगी। जिस प्रकार हमने कई दशकों तक कार्य किया है, उसी प्रकार आगे भी करते रहने से काम नहीं चलेगा। गाँवों में संयोजिता बढ़ाने के लिए नए उपाय ढूँढने की आवश्यकता है। कुछ गाँवों का समूह बनाया जाय, किंतु उनके मूल स्वरूप से छेड़छाड़ न की जाय।

सामूहिक स्तर पर यह सकारात्मक भाव जगाना होगा कि हम अपने देश के लिए क्या कर सकते हैं, जिससे हम सभी लाभान्वित हो सकें

जिन संयुक्त विधियों से ग्रामीण भारत को खुशहाल बनाया जा सकता है, वे हैं—अच्छी सड़क और परिवहन व्यवस्था के माध्यम से गाँवों में संपर्क व्यवस्था, उच्च बैंडविड्थ फाइबर ऑप्टिक केबिल के साथ दूरसंचार माध्यम से इलेक्ट्रॉनिक संयोजिता, जो इंटरनेट कियॉस्क के माध्यम से शहर से गाँव तक पहुँचेगी, शिक्षा के माध्यम से ज्ञान-संयोजिता, किसान, कारीगर तथा दस्तकारों को शिल्प का प्रशिक्षण और उद्यमशीलता बढ़ाने वाले कार्यक्रम। इन तीन प्रकार की संयोजिताओं से, बैंक, लघु ऋण और सामान की बिक्री से उद्यम शुरू करने में मदद मिलने पर आर्थिक संपर्क बढ़ेगा। इस संयुक्त विधि से प्रबंधन संरचना में अद्‌भुत क्षमता आ जाएगी। फलस्वरूप स्थानीय स्तर पर योजना को लागू करने की क्षमता विकसित होगी और शासन-व्यवस्था के सरलीकरण से विनिमय खर्च में कटौती होगी।[14]

जीवन-मूल्य और प्रवृत्ति

सभी नागरिकों से अनुशासित आचरण की अपेक्षा करना आज समय की माँग है। इससे तेजस्वी नागरिकों का निर्माण होगा। किसी देश के लोग जितने अच्छे होते हैं वह देश उतना ही अच्छा होता है। किसी देश की संरचना में वहाँ की जनता के जीवन-मूल्य, नैतिकता और आचरण प्रकट होते हैं। ये बहुत महत्वपूर्ण कारक होते हैं। ये निर्धारित करते हैं कि देश प्रगति के पथ पर चलेगा या फिर ठहराव के दौर से गुजरेगा। अतएव प्रत्येक नागरिक में शाश्वत जीवन-मूल्यों का भाव भरने की आवश्यकता है। उनमें अनुशासन के भाव भरने की आवश्यकता है। प्राथमिक स्तर से ही शिक्षा प्रणाली में इस पहलू पर ध्यान केंद्रित करना होगा। नागरिकों में अनुशासन का भाव जगाने के लिए सरकारी और निजी, सभी शिक्षण संस्थानों में उच्चतर माध्यमिक या स्नातक स्तर पर सभी युवकों के लिए कम से कम अठारह माह का एन.सी.सी. प्रशिक्षण अनिवार्य कर दिया जाए।

हम सभी को यह सोचने और समझने की ज़रूरत है कि राष्ट्र किसी भी व्यक्ति या संस्था से बड़ा होता है

हमें अपने दैनिक जीवन में ईमानदारी, निष्ठा और सहनशीलता जैसे मूल्यों का अभ्यास करना है। इससे हमारी राजनीति राष्ट्रनीति में बदल जाएगी। हमें सामाजिक स्तर पर यह सकारात्मक दृष्टिकोण अपनाना होगा कि हम अपने देश के लिए क्या कर सकते हैं। देश के विषय में सोचने से हम सबका भला होगा। यह हमारा अधिकार और दायित्व है कि हम अपनी भावी पीढ़ी के लिए एक सकारात्मक परंपरा स्थापित करें जिसके कारण वह हमें याद रखेगी।[15]

सामूहिक प्रयास

एक बार मैंने स्कूली बच्चों से मुलाकात के दौरान उनसे

पूछा कि विकसित भारत के मिशन के विषय में वे क्या समझते हैं। इसके उत्तर में एक छोटे लड़के ने जो कहानी कही, वह इस प्रकार है– एक बार किसी जंगल में आग लगी। सभी जीव-जंतु आग से बचने के लिए जी-तोड़ प्रयास करने लगे। इसी बीच एक पंछी ने अपनी चोंच में पास के गड्ढे से पानी लाकर आग पर उड़ेल दिया। पंछी की इस हरकत से आग को हँसी आ गई। आग ने पंछी से कहा 'क्या बेवकूफी करते हो। तुम्हें खुद बचने का प्रयास करना चाहिए।' पंछी ने कहा– 'यदि मेरी तरह जंगल के सभी पशु-पंछी तुम्हारे ऊपर पानी उड़ेलने लगेंगे तो यह स्थान महासागर बन जाएगा और फिर तुम्हें बुझने में देर नहीं लगेगी।'

इस कहानी से हमें सीख मिलती है कि भारत को एक खुशहाल और विकसित राष्ट्र बनाने में प्रत्येक व्यक्ति का अपने स्तर से प्रयास करना महत्वपूर्ण है। मैं उस बच्चे की भावना की कद्र करता हूँ और मुझे विश्वास है कि हमारे देश के 54 करोड़ नौजवान यदि कंधे से कंधा मिलाकर काम करेंगे तो सन् 2020 से काफी पहले भारत एक विकसित राष्ट्र बन जाएगा।[16]

हे सर्वशक्तिमान प्रभु! इस देश के जन-मन में
ऐसी भावना, ऐसे कर्म का संचार करो
जिससे जन-जन के दिल के तार जुड़ जाएँ।

हे सर्वशक्तिमान प्रभु! जन-जन को आशीष दो
जिससे वे जीवन की सच्ची राहों पर आगे बढ़ें,
सच्चाई से ही उनका चरित्र सशक्त बनेगा!

हे प्रभु! सभी पंथ के नेताओं को
ऐसी शक्ति प्रदान करो
जिससे वे विखण्डनकारी शक्तियों को नष्ट करें।

हे सर्वशक्तिमान प्रभु! जन-जन में ऐसा रुझान भरो
जिससे वे सभी पंथों की मुक्तकंठ प्रशंसा करें
लोगों के वैर-भाव को दोस्ती में,
संस्थाओं और संस्कृतियों में भेद-भाव को
सदा के लिए शांति में बदल सकें।

हे मेरे प्रभु! जन-जन के मन में ऐसा भाव भरो
जिससे वे राष्ट्रहित को निज हित से ऊपर मानें।

हे प्रभु! जन-जन को ऐसा वरदान दो
जिससे वे दिन-रात काम करें,
इस देश को अमन की बगिया
और खुशहाली का चमन बनाने के साथ-साथ
विश्व शांति के लिए प्रयास करें।[17]

प्रबुद्ध नागरिकता

प्रबुद्ध नागरिकता के तीन घटक
हैं : मूल्य-आधारित शिक्षा,
आध्यात्मिक शक्ति में रूपांतरित
होता धर्म
और विकास के माध्यम से
आर्थिक खुशहाली[1]

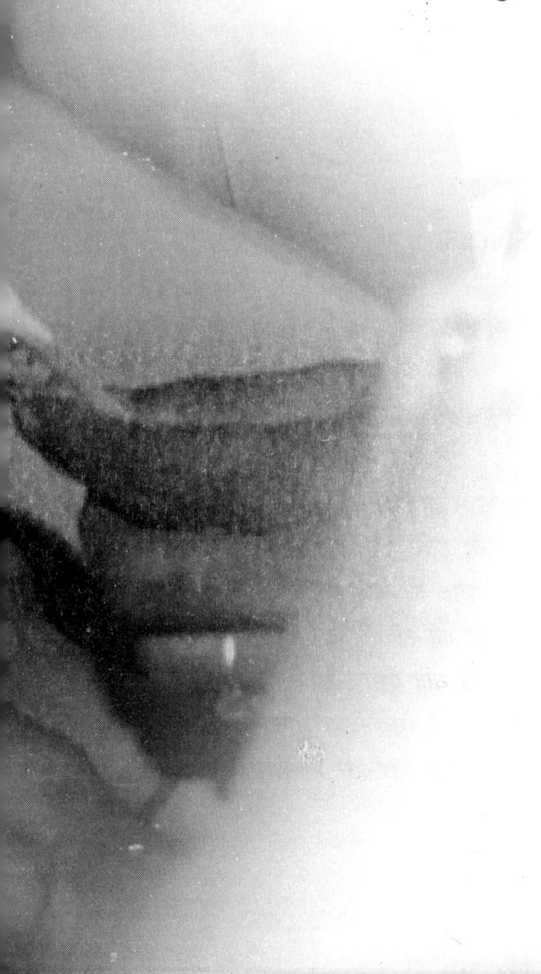

प्रबुद्ध नागरिकता

ईश्वर की रचना

दुर्लभ है मानव प्राणी के रूप में जन्म लेना
उससे भी दुर्लभ है
बिना किसी शारीरिक दोष के जन्म लेना,
यदि ऐसा संभव हो भी जाए
तो दुर्लभ है ज्ञान और शिक्षा से समृद्ध हो पाना,
यदि कोई हासिल भी कर ले ज्ञान और शिक्षा
तो दुर्लभ है मानव की सेवा हेतु स्वयं को प्रस्तुत कर पाना
और स्वयं की उच्चतर अवस्था में मन लगाना।
कोई यदि ऐसा निस्पृह दिव्य जीवन
जी लेता है, तो ऐसी दिव्य आत्मा के आगमन पर
स्वागत में स्वर्ग-द्वार भी खुल जाता है।

तमिल कवि अवैयार ने इस कविता में मानव जीवन की दिव्य प्रकृति बड़े ही मनोरम ढंग से अभिव्यक्त की है। मानव ही ईश्वर की सबसे महत्वपूर्ण रचना है।[2] खुशहाल, संपन्न और शांतिप्रिय समाज के निर्माण के लिए आवश्यकता है युद्ध से मुक्ति की, उस युद्ध से जो हमारे अपने भीतर चलता है और उस युद्ध से भी जिसका सामना हम अपने अस्तित्व से बाहर करते हैं। इस सबसे भी बढ़कर यह कि इंसान के दिल में औरों को कुछ देने और उन्हें समर्थ बनाने की ख्वाहिश हो। एक प्रबुद्ध नागरिक की स्नातकीय उपाधि अर्जित करने के लिए तीन बातों का होना आवश्यक है मूल्य आधारित शिक्षा, आध्यात्मिकता की ओर अभिमुख धर्म और भारत को विकसित राष्ट्र बनाने वाली कल्पनाशील नीतियाँ।[3]

जीवन के प्रति सम्मान का भाव निश्चय ही सम्भव है यदि समाज के विभिन्न अंगों को सशक्त बनाकर इस दार्शनिक विचार को कर्म में रूपांतरित किया जा सके

मूल्य आधारित शिक्षा

चरित्र निर्माण की दृष्टि से स्कूल का परिवेश सबसे महत्वपूर्ण माना गया है। बच्चों की पाँच से सत्रह वर्ष तक की उम्र सीखने की मुख्य अवधि होती है और एक छात्र करीब 25,000 घंटे स्कूल परिसर में बिताता है। इस प्रकार स्कूल में बिताया गया समय बच्चों के सीखने का सबसे बढ़िया समय है और इस दौरान उन्हें बहुत अच्छे परिवेश और वातावरण की ज़रूरत होती है, जिसमें लक्ष्योन्मुख, सोद्देश्य और मूल्य आधारित शिक्षा दी जा सके।

स्कूलों को चाहिए कि वे बच्चों में सृजनशीलता को प्रोत्साहित करें, जैसे यह कि बच्चे खुद अपने आपको और दूसरे बच्चों को भी शिक्षित करने की कला सीखें। दूसरों को कुछ देने की नैतिकता स्वयं से ऐसे सवाल करने से

विकसित होती है कि हमारी शिक्षा से दूसरों को किस तरह लाभ मिल सकता है? ऐसे प्रश्न जब मन में उठने लगते हैं तो दिल में परोपकार की भावना बलवती होती है, अर्थात् अपने साथ-साथ किस तरह औरों का भला तथा देश का विकास कर सकता हूँ? नैतिक विकास को आत्मसात करने हेतु टीम के रूप में काम करने का भाव, निश्छल व्यवहार, सहयोगिता, ठीक ढंग से काम करना और ठीक काम करना, कड़ी मेहनत और अपनी निजता से बड़े किसी उद्देश्य जैसे मूल्यों पर जोर देना होता है, साथ ही साथ हमारी अपनी सांस्कृतिक संरचना और मूल्य-पद्धति को दिमाग में रखना होता है।[4]

धर्म का आध्यात्मिकता में रूपांतरण

क्राइस्ट कॉलेज के उद्घाटन के लिए राजकोट के बिशप रेवरेंड फादर ग्रेगरी कैरोटेम्प्रेल सी.एम.आई. ने मुझे आमंत्रित किया। उद्घाटन से पहले बिशप ने मुझे अपने घर पधारने का न्योता दिया। उनके घर में प्रवेश करते हुए मुझे लगा कि मैं किसी पवित्र स्थान में प्रवेश कर रहा हूँ। वहाँ एक अनुपम प्रार्थनाकक्ष था, जो सभी धार्मिक भावनाओं का आदर करते हुए सभी धर्मों से जुड़ा था। जब मुझे बिशप उस प्रार्थनाकक्ष का महत्व बता रहे थे तो उसी समय पास के स्वामीनारायण मंदिर से भी वहाँ जाने का मुझे न्योता मिला। यह बात जब मैंने रेव. फादर ग्रेगरी से कही तो उन्होंने कहा कि वे भी मेरे साथ चलेंगे।

जब मैं स्वामीनारायण मंदिर पहुँचा तो दोपहर का समय था। सामान्यतौर पर उस समय मंदिर बंद रहता है, किंतु उस दिन खासतौर से हमारे लिए खुला रखा गया था। मंदिर के गर्भगृह में प्रवेश करने पर वहाँ हमने भगवान कृष्ण की, मनोरम छटा बिखेरने वाली, प्रतिमा के दर्शन किए। वहाँ हमारे माथे पर तिलक लगाए गए। यह एक अद्भुत दृश्य था। रेव. फादर

ग्रेगरी, अब्दुल कलाम और वाई.एस. राजन, सभी के माथे पर तिलक शोभायमान था। यह घटना हमारे देश में विभिन्न धर्मों के बीच संपर्क की शक्ति को दर्शाती है और एक अनुपम आध्यात्मिक अनुभूति से हमारे मन भर देती है।[5]

प्रत्येक धर्म के दो पक्ष होते हैं— धार्मिक उपदेश और आध्यात्मिक अंतर्दृष्टि। दया और प्रेम से प्रेरित आध्यात्मिक क्रियाकलाप को एक समन्वित लक्ष्य के बतौर परस्पर मिला दिया जाना चाहिए।[6]

धर्म को आध्यात्मिकता की ओर ले जाने में अरबिन्दो आश्रम की श्रीमाँ के वचन बड़े ही प्रेरक हैं— "मेरा संबंध किसी राष्ट्र, किसी सभ्यता, किसी समाज और किसी नस्ल से नहीं, बल्कि उसी एक दिव्यात्मा से है। मैं किसी मालिक, किसी शासक, किसी कानून या सामाजिक परम्परा का अनुसरण नहीं करती, बल्कि उसी दिव्यात्मा का अनुगमन करती हूँ।"[7]

आर्थिक खुशहाली

इसी बात को आगे बढ़ाते हुए मैं कहना चाहता हूँ कि एक राष्ट्र के रूप में भारत को 2020 तक एक विकसित राष्ट्र बनाने के लिए हम वचनबद्ध हैं। इस लक्ष्य को पाने के लिए सामाजिक परिवर्तन में सहायक उचित नीतियों और कानूनों को लागू करना होगा। विकास के लिए प्रमुख क्षेत्रों एवं कार्यक्रमों की पहचान कर ली गई है, जहाँ एकीकृत कार्रवाई से विकास होगा। इन कार्यक्रमों के एकीकृत रूप में समयबद्ध और किफायती लागत के साथ क्रियान्वयन की चुनौती हमें स्वीकार करनी होगी। ध्यान यह भी रखना होगा कि क्रियान्वयन के दौरान नागरिकों को सुलभ कराई जाने वाली अनिवार्य सेवाएँ किसी भी हालत में बाधित न हों।[8]

विश्व बंधुत्व का वैश्विक दृष्टिकोण

इस धरती पर हर एक इंसान को सम्मान के साथ जीने और कुछ विशेष करने का हौसला रखने का हक है। प्रजातंत्र का

मतलब ही है सम्मान के साथ जीने और कुछ अलग कर दिखाने के लिए न्यायपूर्ण और उचित साधनों के माध्यम से काफी संख्या में संभावनाओं की उपलब्धता। हमारा संविधान भी यही कहता है और यही जीवन को संपूर्णता देता है तथा सच्चे और मजबूत प्रजातंत्र में जीने का आनंद सुलभ कराता है। यहाँ हमारे लिए ध्यान देने की बात यह है कि सामाजिक स्तर पर वैचारिक सामंजस्य का होना अनिवार्य है। किसी भी रूप में दूसरों के विचारों के प्रति असहिष्णुता, दूसरों के मत या धर्म के प्रति घृणा या इन भेदभावों को तेज करने के लिए लोगों के विरुद्ध गैरकानूनी ढंग से हिंसा का सहारा लेने जैसे कामों को न्यायोचित नहीं ठहराया जा सकता। प्रत्येक मानव के अधिकारों की रक्षा के लिए हमें अपने व्यवहार को सभ्य बनाने के लिए कठिन परिश्रम और हर संभव प्रयास करना होगा। लोकतांत्रिक मूल्यों का यही मूलाधार है।[9]

युद्धों का दौर

यह लगभग स्पष्ट है कि इंसान की ज़िंदगी युद्धों से जुड़ी है।

पिछली सदी के दौरान तीन तरह के युद्धों से हमारा सामना हुआ है। सन् 1920 तक एक तरह के युद्ध, 1920 से 1990 तक दूसरी तरह के युद्ध और 1990 के बाद एक और तरह के युद्ध। इनमें से सबसे पहले वाले युद्ध आदमी लड़ते थे। इंसानी ताकत की यह जंग ज़्यादातर विभिन्न देशों और क्षेत्रों पर कब्ज़े के प्रलोभन, दौलत की चाह या धर्म का दबदबा कायम रखने के लिए लड़े जाते थे। इन सभी कारणों के एक साथ मिलने से 1914 में प्रथम विश्वयुद्ध हुआ।

दूसरा; 1920 से 1990 के बीच का मशीनीकृत युद्ध का दौर है। इस दौर में दुनिया ने इतनी तरक्की की कि नए मशीनी हथियार, जंगी टैंक, लड़ाकू हवाई जहाज़ और पनडुब्बियाँ युद्धों में इस्तेमाल की जाने लगीं। इन युद्धों के पीछे थे दो तरह के समाजों के बीच विचारधारात्मक टकराव। एक तरफ था पूर्व सोवियत संघ और दूसरी तरफ अमरीका और उसके संगी-साथी देश। दूसरा विश्वयुद्ध जापान के दो शहरों पर नाभिकीय बमों के प्रयोग से हुई तबाही का गवाह भी बना। इसी का नतीजा हुआ कि दोनों ओर से दस-दस हज़ार नाभिकीय हथियार जुटा लिए गए।

प्रत्येक व्यक्ति के अधिकारों की रक्षा के लिए हम सभी को कठिन परिश्रम और अपने व्यवहार को सभ्य बनाने का हर संभव प्रयास करना होगा

1990 के बाद का तीसरा दौर, भूमंडलीकरण की ओर अभिमुख आर्थिक युद्ध है। प्रौद्योगिकी वर्चस्व के इस दौर में प्रौद्योगिकी पर नियंत्रण और मुहैया कराने से इंकार आदि के द्वारा वर्चस्वशाली शक्तियाँ राष्ट्रों का वर्गीकरण 'विकसित', 'विकासशील' और 'अविकसित' के रूप में कर रही हैं। फलतः आज की दुनिया एक अलग तरह के युद्ध का सामना कर रही है। यह युद्ध धार्मिक टकरावों, विचारधारात्मक मतभेदों और आर्थिक-व्यापारिक वर्चस्व का मिला-जुला एक संश्लिष्ट रूप है। पारंपरिक युद्धों के

खतरे, देशों की सीमाओं के आर-पार फैले आतंकवाद, आंतरिक विद्रोही गतिविधियों और नाभिकीय आक्रमण के खतरों वाले इस जटिल एकीकृत संकट का मुकाबला हम आखिरकार कैसे करने जा रहे हैं?

आतंकवाद के कारण

आतंकवाद विचारधारात्मक मतभेदों, धर्मांधता, विभिन्न किस्म के भेदभावों, संगठनों और देशों के बीच दुश्मनी जैसी अनेक वजहों का परिणाम होता है। लगातार अभावों का सामना करने से हताशा पैदा होती है और हताशा उकसावे से जुड़कर अलगाववाद को जन्म देती है। अलगाववाद की अभिव्यक्ति दो रूपों में हो सकती है 1. सक्रिय, 2. निष्क्रिय। सक्रिय सकारात्मक भी हो सकती है और नकारात्मक भी। सकारात्मक सक्रियता विकास की ओर ले जाती है और नकारात्मक किस्म की सक्रियता से आतंकवाद, हिंसा और आक्रामकता पैदा होती है। कुछेक देश अपनी सीमाओं के पार बुरी तरह आतंकवाद फैलाने में लगे हैं। हमें, मिल-जुलकर, राष्ट्रीय विकास की नीतियाँ तय करके और उन लक्ष्य-आधारित परियोजनाओं पर कड़ी मेहनत से पसीना बहाकर गड़बड़ी फैलाने वाली ताकतों से निपटने की ज़रूरत है।

इस बिंदु पर पहुँच कर पूरनमासी की रात में लिखी गई एक कविता मैं याद करना चाहूँगा। उस रात मेरे दिल में मुझे अपने सृष्टा परमात्मा की दिव्य अनुगूँज सुनाई दी थी। मैं रोमांचित और चकित हो उठा। उस अनुगूँज ने मुझे और मेरी जाति को अपने आगोश में ले लिया :

ओ मानवजाति, तुम हो मेरी श्रेष्ठतम रचना
तुम जीते रहोगे, जीते रहोगे,
तुम देते रहो, देते रहो,

जब तक कि मानव-मात्र के सुख-दुःख के साथ
एकाकार न हो जाओ।
तुम्हारे अंदर उत्पन्न होगा, मेरा परम आनंद।
प्रेम शाश्वत है
वही है मानवता का लक्ष्य।[10]

प्रबुद्ध नागरिकों का समाज

द्वितीय विश्वयुद्ध के बाद सन् 1945 में संयुक्त राष्ट्र की स्थापना की गई थी। इसका उद्देश्य था कि दुनिया के देशों के बीच शांति कायम हो और मतभेदों को इस प्रकार दूर किया जाय ताकि दो देशों के बीच युद्ध न हो। आज दुनिया ने जो देखा वह यह है कि संयुक्त राष्ट्र के होते हुए भी दो बड़े एकतरफा युद्ध हुए। अतएव हम अब एक ऐसी विश्वसंस्था चाहते हैं जो, किसी खास देश की आर्थिक हैसियत की परवाह किये बिना, सभी देशों में शांति, खुशहाली और ज्ञान फैला सके। नई विश्वसंस्था का यह सपना ही इस धरती पर प्रबुद्ध नागरिकों के प्रसार का पथ प्रशस्त करेगा।

धरती पर हमारी चुनौतियाँ

छह सौ करोड़ की आबादी वाली इस धरती पर हमारे सामने कई चुनौतियाँ हैं। जल की कमी, वायुमंडलीय प्रदूषण से होने वाली बीमारियाँ, ईंधन की कमी, अन्य प्राकृतिक संसाधनों की किल्लत, कृषिभूमि में लगातार हो रही कमी तथा नागरिकों को समान अवसरों की उपलब्धता में कमी जैसी अनगिनत चुनौतियाँ हैं। कई देश प्रायोजित आतंकवाद की समस्या झेल रहे हैं। युवा पीढ़ी एक ऐसी दुनिया का सपना देख रही है जिसमें प्रगति के पर्याप्त अवसर और खुशहाली हो। हमने यह भी देखा कि महज कुछ देशों की आर्थिक खुशहाली से ही दुनिया में स्थायी तौर पर शांति कायम नहीं हो सकी। किसी एक देश में अकेले दम पर इन हालात पर काबू पाने

की कूबत नहीं है। मानव समाज को व्यापक स्तर पर सौर ऊर्जा प्राप्त करने, खारापन दूर करने की विधि से समुद्री जल को पेयजल में बदलने और अन्य ग्रहों से खनिज पदार्थ लाने के अभियान चलाने होंगे। वैसी स्थिति में दुनिया के देशों के बीच जो मौजूदा संघर्ष है वह समाप्त हो जाएगा, उसका कोई वजूद नहीं रहेगा। भारत प्रबुद्ध नागरिकों की बहुतायत वाले समाज का नया मॉडल विकसित करने में अहम् भूमिका अदा कर सकता है, जिससे दुनिया के सभी देशों में खुशहाली, शांति और खुशी कायम होगी।[11]

जब प्रत्येक नागरिक सम्मानपूर्वक खुशहाल ज़िंदगी जीने के लायक हो जाएगा, तभी देश और दुनिया में खुशहाली आएगी

इस धरती पर अभावों की ज़िंदगी जीनेवाले लोगों के लिए मेरे मन में जो सपना है उसके चार प्रमुख स्तर हैं :

- प्रौद्योगिकी और शिक्षा पर आधारित एक सामाजिक-आर्थिक आंदोलन, जिससे एक सुरक्षित और विकसित राष्ट्र का निर्माण हो।
- विकासशील देशों के अधिकांश लोगों को गरीब बनाये रखने वाली अन्यायपूर्ण अर्थव्यवस्था से लोगों को मुक्ति और पुनर्जीवन मिले।
- आधुनिक ज्ञान के प्रकाश में, परंपराओं का पुनर्जागरण हो, ताकि समग्र मानव जीवन बेहतर खुशहाल और अधिक सभ्य बन सके।
- बीसवीं सदी में मानव को विचलित करने वाली समस्याओं के निदान के लिए मनों के मिलन की दिशा में प्रयास हो।[12]

एक खोई हुई भेड़ की कहानी

बाइबिल में आयी खोई हुई भेड़ की कहानी में यीशु पूछते हैं "यदि तुम्हारे पास सौ भेड़ें हों और उनमें से एक कहीं खो जाए तो तुम क्या करोगे? क्या अपनी 99 भेड़ों को मैदान में चरती हुई छोड़कर उस एक खोई हुई भेड़ को

खोजने निकल नहीं पड़ोगे? जब तुम्हें वह मिलेगी तो तुम बेहद खुश होगे और उसे अपने कंधे पर उठाकर लाओगे। उसके बाद दोस्तों और पड़ोसियों को बुलाओगे और कहोगे कि चलो एक जश्न मनाएँ, मैंने अपनी खोई हुई भेड़ को ढूँढ लिया।''

नई विश्व संस्था का सपना ही इस धरती पर प्रबुद्ध नागरिकों का पथ प्रशस्त करेगा

जैसे किसी गड़रिये के लिए उसकी खोई हुई भेड़ का मिलना बहुत महत्वपूर्ण हो जाता है, वैसे ही इस कहानी में हमारे देश के हर एक नागरिक के लिए यह संदेश है कि आपके पड़ोस में एक ऐसा भी घर हो सकता है जिसमें चिराग न जल रहा हो तो उस घर तक रोशनी फैलाने का काम करें। इसी तरह कक्षा में शिक्षकों को सैकड़ों मेधावी छात्र मिलेंगे, किंतु उनके बीच कुछ ऐसे भी छात्र होंगे जिन्हें बड़ी सहानुभूतिपूर्वक पढ़ाने की ज़रूरत है। सभी शिक्षक ऐसे छात्रों को ढूँढें और उन्हें ज्ञान प्रदान करें। हमारे देश के नेताओं से बहुत से लोग मिलते हैं और वे उनकी मदद भी करते हैं, किंतु उन्हें ऐसे लोगों को ढूँढना चाहिए जिन्हें मदद की सबसे अधिक ज़रूरत है और उन्हें समाज की मुख्यधारा में लाना चाहिए। लोक प्रशासन से जुड़े लोगों को उस अंतिम व्यक्ति की तलाश करनी चाहिए, जिसे सेवा की सख्त ज़रूरत है, ताकि उसे भी सहानुभूतिपूर्वक सेवा प्रदान किए जाने का अहसास हो। ऐसे ही न्याय और विधि व्यवस्था से जुड़े लोगों को ऐसे उपेक्षित लोगों की तलाश करनी चाहिए जो एक नागरिक और न्याय व्यवस्था के बीच खड़े अनेक बड़े और भारी-भरकम दरवाज़ों को लाँघने में असमर्थ हैं। राष्ट्रीय विकास में सहभागी होने के नाते मीडिया को चाहिए कि देशवासियों की सफलता को प्रमुखता से उभारे   चाहे वह मछलीपालन से जुड़ी हो, कृषि से जुड़ी हो, दस्तकारी से जुड़ी हो या फिर ग्रामीण क्षेत्र की कोई उपलब्धि हो। विश्व स्तर पर जो भारत प्रशंसित रहा है उसके सूक्ष्म यथार्थ में कहीं न कहीं ग्रामीण सच्चाइयों का सूक्ष्म संसार निहित है। मीडिया को चाहिए कि वह इस सच्चाई को सामने लाए। जब सभी नागरिक सम्मानपूर्वक खुशहाल ज़िंदगी जीने के लायक हो जाएँगे, सिर्फ तभी देश में और दुनिया में शांति और खुशहाली आएगी।[13]

प्रबुद्ध नागरिकों के लिए दस-सूत्री शपथ

- मैं जिस पेशे को अपनाऊँगा उससे प्रेम करूँगा और उसमें उत्कृष्टता प्राप्त करने का प्रयास करूँगा।
- आज से मैं कम से कम दस लोगों को पढ़ाऊँगा ताकि वे लिखने-पढ़ने लायक बन सकें।
- मैं दस पौधे या वृक्ष लगाऊँगा और उनका विकास सुनिश्चित करूँगा।
- मैं ग्रामीण और शहरी क्षेत्रों में जाकर कम से कम पाँच लोगों को नशा और जुए की लत से मुक्ति दिलाऊँगा।
- मैं दुःखी लोगों के दर्द को दूर करने की ज़िम्मेदारी लूँगा।
- मैं मूल्य आधारित शिक्षा और धर्म को आध्यात्मिक शक्ति बनाते हुए भारत को एक आर्थिक शक्ति बनाने के लक्ष्य को साकार करने में भाग लूँगा।
- समुदाय या भाषा के आधार पर किसी भेदभाव का मैं समर्थन नहीं करूँगा।
- मैं सभी प्रकार के भ्रष्टाचारों से मुक्त एक ईमानदार ज़िंदगी जिऊँगा और पारदर्शी जीवन जीने का दूसरों के लिए उदाहरण प्रस्तुत करूँगा।
- मैं शारीरिक और मानसिक रूप से विकलांग व्यक्तियों का सदैव मित्र रहूँगा तथा उत्कट प्रयास करूँगा कि वे अपने आपको आम लोगों जैसा महसूस कर सकें।
- मैं अपने देश और देशवासियों की उपलब्धियों पर खुशी का अनुभव करूँगा।[15]

सशक्तीकरण

जीवन के प्रति आदर का भाव सचमुच हकीकत में बदल सकता है, यदि इस दार्शनिक विचार को अमली जामा पहनाया जाए। ऐसा समाज के विभिन्न घटकों को सशक्त करके किया जा सकता है। जब माता-पिता बच्चे को उसके जीवन के विभिन्न चरणों में सशक्त बनाते हैं तभी वह बच्चा एक ज़िम्मेदार नागरिक बनता है। जब एक शिक्षक ज्ञान और अनुभव से समृद्ध होता है तो जीवन-मूल्यों में विश्वास करने वाले युवकों का उद्‌भव होता है। जब किसी व्यक्ति या टीम को प्रौद्योगिकी का सहारा मिलता है तो उसमें उच्चतर उपलब्धि की संभावना प्रबल हो जाती है। जब किसी गाँव का नेता ग्रामीण जनता को सबल बनाता है तो राष्ट्रीय विकास के विभिन्न क्षेत्रों को दिशा देने वाले नेता सामने आते हैं। जब धर्म सशक्त होकर आध्यात्मिक शक्ति के रूप में उभरता है तो लोगों के दिल में शांति और खुशहाली के फूल खिलने लगते हैं। विकसित राष्ट्र के रूप में भारत के रूपांतरण का माध्यम, विभिन्न स्तरों पर, प्रबुद्ध नागरिकों का, ज्ञान की शक्ति से सशक्तीकरण ही है।[14]

रचनात्मक नेतृत्व

रचनात्मक नेतृत्व अपनी परंपरागत भूमिका से हटकर कमांडर के स्थान पर कोच, प्रबंधक के स्थान पर पथप्रदर्शक, निदेशक के स्थान पर प्रतिनिधि तथा सम्मान की अपेक्षा रखने वाले व्यक्ति के स्थान पर आत्म-सम्मान की भावना वाले व्यक्ति को लाने का मुश्किल काम कर रहा है[1]

रचनात्मक नेतृत्व

आवश्यकता है नेतृत्व की

विकसित भारत के निर्माण के लिए कौन-सी बातें आवश्यक हैं? हमारा देश प्राकृतिक संसाधनों एवं मानव-शक्ति से संपन्न है। देश की सौ करोड़ (एक अरब) जनसंख्या में से सत्तर करोड़ लोग पैंतीस वर्ष से कम उम्र के हैं। भारत राष्ट्र को दरअसल युवा नेतृत्व की आवश्यकता है, जो भारत को एक विकसित राष्ट्र में रूपांतरित करने के लिए आवश्यक परिवर्तन को सही दिशा दे सके।

नेता नए ढंग के श्रेष्ठ संगठनों का निर्माण करते हैं। कुशल नेता किसी संगठन के लिए टीम बनाने में श्रेष्ठ व्यक्तियों को चुम्बक की तरह अपनी ओर आकर्षित करते

हैं। वे असफलताओं के दौर में भी प्रेरणादायी नेतृत्व प्रदान करते हैं, क्योंकि वे खतरों से डरते नहीं। नेता वस्तुतः वह है, जो दूसरों से यह अपेक्षा रखने के बजाय कि वे उसके लिए क्या कर सकते हैं, यह सोचता है कि वह दूसरों के लिए क्या कर सकता है।[2]

नेता के आवश्यक गुण

जून, 1983 में जब मैं डिफेंस रिसर्च डिजाइन लेबोरेटरी (डी.आर.डी.एल.) में कार्यरत था तो इंटीग्रेटेड गाइडेड मिसाइल डेवलपमेंट प्रोग्राम को मंजूरी मिलने वाली थी। 'पृथ्वी', 'अग्नि', 'आकाश', 'त्रिशूल' एवं 'नाग' जैसी मिसाइलों के लिए अलग-अलग परियोजना निदेशक का चयन किया जाना था। इस प्रतिष्ठित पद के लिए कई अनुभवी वैज्ञानिक दौड़ में थे। इनमें से कई काफी वरिष्ठ थे और उनकी उम्र पचास वर्ष से अधिक थी।

कुशल नेता लोगों को चुम्बक की भांति अपनी ओर आकर्षित करते हैं

इन परियोजनाओं की अगुआई करने में सक्षम सबसे उपयुक्त व्यक्ति के चयन हेतु हमने एक नई प्रक्रिया अपनायी। परियोजना निदेशकों के चयन के लिए अपेक्षित आवश्यक मानदंडों को अंतिम रूप देने के उद्देश्य से मैंने डी.आर.डी.एल. की प्रबंधक परिषद की एक बैठक बुलायी और प्रत्येक सदस्य से कहा कि वहाँ रखे ब्लैक बोर्ड पर वह अपनी समझ से एक गुण लिख दे जिसे वह परियोजना निदेशक के पद के लिए सबसे अनिवार्य मानता हो। प्रत्येक सदस्य ने एक-एक गुण लिखा। उसके बाद जो सूची बनी वह इस प्रकार थी :

- रॉकेट प्रौद्योगिकी या सिस्टम इंजीनियरिंग में स्नातकोत्तर अथवा शोध उपाधि

- किसी एक मिसाइल प्रौद्योगिकी अथवा प्रबंधन में महारत
- मिसाइल प्रणाली की रूपरेखा तैयार करने में निपुणता
- टीम के साथ घुल-मिलकर काम करने का गुण
- टीम एवं कार्यक्रम को सहयोग देने वाली अन्य एजेंसियों के बीच तालमेल बनाए रखने की निपुणता
- उस व्यक्ति की कम-से-कम दस वर्ष की सेवा-अवधि शेष हो, ताकि परियोजना निदेशक के रूप में वह मिसाइल के विकास तथा इन्हें निर्माण के चरण तक पहुँचाने में सफल नेतृत्व प्रदान कर सके
- उसकी निष्ठा किसी भी प्रकार के संदेह या विवाद से परे हो

इन सभी के संदर्भ में सामूहिक-चर्चा के दौरान जिस एक गुण के विषय में सदस्यों के बीच सबसे अधिक सहमति देखी गई, वह यह था कि परियोजना निदेशक को संबंधित प्रौद्योगिकी अथवा प्रबंधन में महारत हासिल हो। दूसरा सबसे महत्वपूर्ण गुण यह माना गया कि परियोजना निदेशक कम-से-कम इतना युवा अवश्य हो कि मिसाइलों की रूपरेखा तैयार कर उनके निर्माण एवं विकास को नेतृत्व प्रदान कर सके। तीसरा महत्वपूर्ण गुण यह माना गया कि चुने गए व्यक्ति की निष्ठा संदेह से परे हो। इन्हीं तीन मानदंडों के आधार पर परियोजना निदेशक के चयन हेतु चयनपूल में उन्हीं वैज्ञानिकों को रखा गया जिनकी उम्र चालीस वर्ष से कम थी तथा जिनमें अन्य दो गुण भी विद्यमान थे।[3]

नेतृत्व के संबंध में सुश्री दर्शना प्रकाशम् से हुई बातचीत भी बहुत दिलचस्प है। मैं उनसे राष्ट्रपति भवन में मिला।

वे अमरीका में पढ़ रही एक छात्रा हैं। अमरीका में रहते और पढ़ते हुए भी वे अपनी मातृभाषा तमिल में धाराप्रवाह बोलती हैं। वे भारतीय ग्रामीण बच्चों को स्तरीय शिक्षा देने के लिए एक परियोजना शुरू करने की इच्छुक हैं। वे अपने इस मिशन से जुड़ने के लिए अन्य बच्चों को प्रेरित करने तथा परियोजना के लिए आवश्यक धनराशि जुटाने के बारे में भी आश्वस्त हैं। उनके अनुसार एक नेता में ईमानदारी, आशावाद, दृढ़-निश्चय, दूरदर्शिता, निर्णय लेने की क्षमता, समस्या के समाधान की क्षमता, साहस, मितभाषिता, सहयोगिता, प्रेरणा-प्रोत्साहन, सहायता का भाव, आवेग, लोगों के बीच भाषण देने का कौशल एवं संगठनात्मक क्षमता जैसे चौदह गुण होने चाहिए।

दर्शना बाल शिक्षा कार्यक्रम की समन्वयक बनना चाहती है। वह कहती है कि क्या पढ़ाया जाये और किस तरह पढ़ाया जाये, यह वह तय करेगी। कार्यक्रम से जुड़े सभी महत्वपूर्ण निर्णयों को लागू करवाने के साथ-साथ स्वयंसेवी शिक्षकों द्वारा बच्चों को दी जाने वाली शिक्षा पर भी वह नज़र रखेगी। उसका प्रस्ताव है कि शहरी एवं ग्रामीण क्षेत्रों में बच्चों को पढ़ाने की योग्यता रखने वाले स्वयंसेवकों को तैयार किया जाय। दर्शना का प्रस्ताव यह भी है कि एक बार जिन बच्चों को शिक्षित कर दिया जाय उनका उपयोग अन्य बच्चों को शिक्षित करने के लिए किया जाना चाहिए।

नेता वस्तुतः वह है जो दूसरों से यह अपेक्षा रखने के बजाय कि वे उसके लिए क्या कर सकते हैं, यह सोचता है कि वह दूसरों के लिए क्या कर सकता है

इस कार्यक्रम का लक्ष्य मुख्य रूप से कस्बों एवं गाँवों के उन बच्चों को शिक्षित करना है जिनके निकट नेतृत्व कौशल सीखने के साधन सुलभ नहीं हैं तथा जो अपनी क्षमताओं का भरपूर उपयोग करने की स्थिति में नहीं हैं। दर्शना अंकगणित एवं साहित्य का ज्ञान प्राप्त करने की तुलना में नेतृत्व कौशल सीखने के कार्य को कठिन मानती है। दर्शना

प्रकाशम् एक उदाहरण है। बहुत-से बच्चे उससे प्रेरणा लेकर नेतृत्व का दायित्व सँभाल सकते हैं और ऐसे ही अन्य अनेक उद्यम खड़े कर सकते हैं।[4]

सच्चा नेता भविष्य में दूर तक देखता है

एक सच्चा नेता सफलता का श्रेय संबंधित काम करने वालों को देता है तथा उनकी असफलता को स्वयं आत्मसात् करता है

सन् 1962 में भारतीय अंतरिक्ष अनुसंधान संगठन (इसरो) में रॉकेट इंजीनियर के रूप में मेरी नियुक्ति हुई थी। मेरा काम विभिन्न प्रकार की ध्वनि उत्पन्न करने वाले रॉकेटों के साथ उपयोग किए जाने वाले पे-लोड पर प्रयोग करना था। मुझे जो महत्वपूर्ण परियोजनाएँ दी गईं उनमें से एक थी वायुमंडल की उच्चतर परतों के संबंध में चल रहे अध्ययन के लिए अग्रभाग और कोन (nose-cone) वहन करने वाले एक्स-रे पे-लोड की ताप-त्याजन (pyro-jettisoning) प्रणाली तैयार करना। मैंने त्याजन प्रणाली को सिद्ध करने के लिए कई भूमि-परीक्षण किए। मुझे पूरा विश्वास था कि जब मैं अपने प्रयोग का प्रदर्शन प्रो. विक्रम साराभाई के समक्ष उनके त्रैमासिक निरीक्षण आगमन के दौरान करूँगा तो वह सफल होगा। प्रो. विक्रम साराभाई के आगमन को हमेशा एक बड़ी घटना के रूप में देखा जाता था। लोग उनके समक्ष अपनी प्रतिभा को सिद्ध करने के लिए महीनों पहले से प्रयोग कर लेते थे।

मैं अपने दो पे-लोड के प्रदर्शन के लिए अपने आपको तैयार कर रहा था। प्रो. साराभाई आए और उनके समक्ष परीक्षण किये गये। मेरे लिए घोर निराशा की बात यह थी कि मेरा प्रथम परीक्षण असफल हो गया। प्रदर्शन के दौरान उपलब्ध अल्प समय में मैंने कई बार खामियों को ढूँढने का प्रयास किया, किंतु मेरा दूसरा परीक्षण भी असफल रहा। प्रो. विक्रम साराभाई बिना कुछ

कहे वहाँ से चले गए। मुझे इससे भारी सदमा पहुँचा। मैं रातभर असफलता के कारणों को ढूँढने का प्रयास करता रहा तथा इस संबंध में एक हस्तलिखित रिपोर्ट तैयार की। मैंने महसूस किया कि यह गुणवत्ता एवं विश्वसनीयता से जुड़ी समस्या थी।

अगले दिन सुबह मुझे प्रो. विक्रम साराभाई से मिलने के लिए बुलावा आया। मैं बहुत विचलित था और सोच रहा था कि मुझसे असफलता का कारण स्पष्ट करने के लिए कहा जाएगा। जैसे ही मैंने कमरे में प्रवेश किया, प्रो. साराभाई ने मुस्कुराकर मेरा स्वागत किया। उन्होंने रॉकेट समन्वयन प्रयोगशाला (Rocket Integration Laboratory) की मंजूरी से संबंधित एक कागज मुझे दिया। इस प्रकार प्रक्षेपण यान कार्यक्रम से संबंधित प्रणाली समन्वयन प्रयोगशाला (System Integration Laboratory of the Launch Vehicle Programme) की शुरुआत हुई।[5]

सच्चा नेता असफलता को आत्मसात् कर लेता है

दो दशक पूर्व जब मैं 'इसरो' में कार्यरत था, उस समय मुझे जैसी श्रेष्ठ शिक्षा मिली, वैसी किसी विश्वविद्यालय में प्राप्त करना संभव नहीं। प्रो. सतीश धवन ने मुझे रोहिणी उपग्रह को कक्षा में स्थापित करने के लिए प्रथम उपग्रह प्रक्षेपण यान एस.एल.वी.-3 विकसित करने का दायित्व सौंपा। 1973 में हाथ में लिया गया यह विशालतम उच्च प्रौद्योगिकी कार्यक्रमों में से एक था। अंतरिक्ष प्रौद्योगिकी से जुड़े सभी लोगों को इस कार्य के लिए लैस कर दिया गया। हजारों वैज्ञानिक, इंजीनियर एवं तकनीशियन

दिन-रात इस कार्य में जुटे रहे। फलतः, 10 अगस्त, 1979 को दिन के प्रथम प्रहर में प्रथम एस.एल.वी.-3 का प्रक्षेपण संभव हो सका। प्रक्षेपण का प्रथम चरण सफलतापूर्वक संपन्न हुआ, किंतु दूसरे चरण में नियंत्रण प्रणाली में खराबी आ गई और मिशन असफल हो गया।

यदि आपको जीवन में उच्च लक्ष्य प्राप्त करना है, तो उदार बनना होगा

इस घटना के बाद श्रीहरिकोटा में एक पत्रकार सम्मेलन आयोजित किया गया। प्रो. धवन मुझे उसमें ले गए। उन्होंने मिशन की असफलता के लिए अपने आपको जिम्मेदार ठहराया, जबकि परियोजना निदेशक एवं मिशन डायरेक्टर मैं था।

18 जुलाई, 1980 को जब एस.एल.वी.-3 को दुबारा प्रक्षेपित किया गया तो इस बार हम लोग रोहिणी उपग्रह को कक्षा में स्थापित करने में सफल हो गए। पुनः पत्रकार सम्मेलन आयोजित किया गया और इस बार प्रो. सतीश धवन ने मुझे सफलता का श्रेय लेने के लिए आगे बैठाया।

इस घटना से मुझे यह शिक्षा मिली कि एक सच्चा नेता सफलता का श्रेय संबंधित काम करने वालों को देता है तथा उनकी असफलता को स्वयं आत्मसात करता है। इसे ही कहते हैं सच्चा नेतृत्व। भारतीय वैज्ञानिकों का सौभाग्य है कि उन्हें ऐसे नेताओं के साथ काम करने का अवसर मिला और कई वैज्ञानिक उपलब्धियाँ हासिल की जा सकीं।[6]

सच्चा नेता दूसरों की सफलता पर जश्न मनाता है

नोबेल पुरस्कार से सम्मानित सुप्रसिद्ध वैज्ञानिक प्रो. नॉरमैन बोरलॉग को वर्ष 2005 के लिए डॉ. एम.एस.

स्वामीनाथन के साथ पुरस्कृत किया गया। इस भव्य समारोह का आयोजन नई दिल्ली स्थित विज्ञान भवन में किया गया, जहाँ उपस्थित सभी व्यक्ति मुक्त कंठ से उनकी प्रशंसा कर रहे थे।

जब उनके वक्तव्य का समय आया तो उन्होंने कृषि विज्ञान एवं कृषि उत्पादन के क्षेत्र में भारत की प्रगति का विशेष रूप से उल्लेख किया और कहा कि भारत में हरित क्रांति के जनक कल्पनाशील राजनेता सी. सुब्रह्मण्यम एवं कृषि वैज्ञानिक डॉ. एम.एस. स्वामीनाथन हैं। उन्होंने भारत में दुग्ध उत्पादन से संबंधित श्वेत क्रांति के जनक डॉ. वर्गीज़ कुरियन के नाम का उल्लेख भी बड़े गर्व से किया। इसके बाद एक आश्चर्यजनक घटना घटी। वे सभा में तीसरी, पाँचवीं और आठवीं पंक्ति में बैठे वैज्ञानिकों की

ओर मुखातिब हुए और वहाँ बैठे गेहूँ विशेषज्ञ डॉ. राजाराम, मक्का विशेषज्ञ डॉ. एस.के. वसल तथा बीज विशेषज्ञ डॉ. बी.आर. बारवाले की ओर पहचान भरी नजरों से देखा। उन्होंने कहा कि इन वैज्ञानिकों ने हरित क्रांति को सफल बनाने में योगदान दिया है। उन्होंने इन वैज्ञानिकों से खड़े होने का अनुरोध किया तथा सभा में उपस्थित लोगों का उनसे परिचय कराया। उन्होंने ऐसा सुखद माहौल बनाया कि उपस्थित लोगों ने उत्साहपूर्वक ताली बजाकर इन वैज्ञानिकों का अभिवादन किया। मैंने अपने देश में ऐसा अभूतपूर्व दृश्य किसी अन्य आयोजन में नहीं देखा था।[7]

मैं डॉ. नॉरमैन बोरलॉग के इस व्यवहार को वैज्ञानिक उदारता मानता हूँ। यही एक सच्चे नेता की पहचान है। यदि आपको जीवन में उच्च लक्ष्य प्राप्त करना है तो उदार बनना होगा।

एक नेता जब अपने देशवासियों को सशक्त बनाता है, तो ऐसे नेता सामने आते हैं, जो देश की गति-प्रगति को बदल सकते हैं

सच्चा नेता सामूहिक ज्ञान का उपयोग करता है

हाल ही में मैंने एक पुस्तक पढ़ी जिसमें बताया गया है कि समुद्र में खोई हुई एक पनडुब्बी को संबंधित संस्था के प्रबंधन ने किस प्रकार पुनः प्राप्त किया। जब संस्था के प्रबंधकों को यह महसूस हुआ कि उनकी एक पनडुब्बी कहीं खो गई है, तो चार विशेषज्ञों की एक बैठक बुलायी गई, जिसमें कई प्रकार के विचार उभर कर सामने आए। किंतु जब उन विचारों के आधार पर पनडुब्बी की खोज प्रारंभ हुई तो कोई सकारात्मक परिणाम प्राप्त नहीं हुए। इसके बाद उच्च प्रबंधकों ने समेकित खोजी प्रक्रिया अपनाने के लिए उक्त संस्था के विभिन्न विभागों में कार्यरत सभी चालीस लोगों की बैठक बुलायी। सभी

सदस्यों से कहा गया कि पनडुब्बी ढूँढने के कार्य को गति प्रदान करने के लिए प्रत्येक व्यक्ति अपना एक अलग सुझाव रखे। परिणामस्वरूप चालीस सुझावों में से पाँच विकल्प उभरकर सामने आए। इन विकल्पों के आधार पर पनडुब्बी ढूँढने के लिए पाँच समानांतर टीमें तैनात की गईं। इस प्रकार अंततः खोयी हुई पनडुब्बी वापस मिल गई।

देश में सृजनशील नेतृत्व का अनुपात जितना ऊँचा होगा, 'विकसित भारत' जैसे सपने की सफलता की संभावना उतनी ही अधिक होगी

इसरो एवं डी.आर.डी.ओ. जैसे भारतीय वैज्ञानिक संस्थानों में समस्या के निदान हेतु इसी प्रकार के तरीके अपनाए जाते हैं, जहाँ कार्यक्रम समीक्षा बैठक में विभिन्न विषयों के विशेषज्ञ भाग लेते हैं। फलस्वरूप सटीक रूप में समस्या-क्षेत्रों का निर्धारण किया जाता है तथा उनके संतोषजनक हल ढूँढे जाते हैं।[8]

नैतिक नेतृत्व

सुयोग्य नेता नैतिक नेतृत्व प्रदान करता है। नैतिक नेतृत्व के अंतर्गत दो बातें आती हैं। इसके लिए सबसे पहले मानव-मात्र की बेहतरी से जुड़े सम्मोहक एवं सशक्त सपने

देखने की क्षमता की आवश्यकता होती है; एक ऐसी स्थिति की कल्पना जिसमें मानव प्राणियों का भविष्य वर्तमान से बेहतर हो। दूसरी आवश्यकता यह है कि नैतिक नेतृत्व में स्वयं उचित कार्य करने के साथ-साथ दूसरे को उचित कार्य करने के लिए प्रेरित करने की प्रवृत्ति हो।[9]

उद्यमशील नेतृत्व

जहाँ नैतिक नेतृत्व के तहत लोगों से उचित कार्य करने की अपेक्षा रहती है, वहीं उद्यमशील नेतृत्व की अपेक्षा यह होती है कि लोगों में उचित ढंग से कार्य करने की प्रवृत्ति हो।

जब मैं 'हॉटमेल' ख्याति के उद्यमी सबीर भाटिया से मिला तो उन्होंने बड़े ही दिलचस्प आँकड़े उपलब्ध कराये। उन्होंने कहा कि संयुक्त राज्य अमरीका में 90% धन वैसे लघु प्रतिष्ठानों द्वारा आता है जिनमें पचास से कम लोग कार्यरत होते हैं। वहाँ की सरकार ऐसे प्रतिष्ठानों को बढ़ावा देती है।

मेधावी व्यक्ति और उदार स्वभाव वाले लोग सहयात्री होते हैं

उद्यमशील नेतृत्व के तीन अंग हैं। पहला है, विकास के संदर्भ में समस्या का पता लगाकर उसका निदान करना। उद्यमशीलता का प्रारंभ इस विवेक से होता है कि हमारी आवश्यकताएँ क्या हैं तथा इस बात की प्रतीति से कि मानव के रूप में हमारी सभी की आवश्यकताएँ समान हैं। अपने जैसे ही दूसरों की मदद करने की भावना से उद्यमशीलता आती है। दूसरा पहलू यह है कि उद्यमशील व्यक्ति जोखिम उठाने को तैयार रहता है। उद्यमशीलता की माँग है कि हम कुछ अलग ढंग से कार्य करें और

सोच के मामले में मुखर हों। यह कार्य हमेशा जोखिमभरा होता है। इस मामले में बड़े लाभ के लिए जोखिम को आँकने की कला सीखनी होती है। तीसरी महत्वपूर्ण बात यह है कि उद्यमशील व्यक्ति में उचित ढंग से कार्य करने की प्रवृत्ति होनी चाहिए।[10]

एक उद्यमी में तीन बुनियादी विशेषताएँ अनिवार्य हैं, और वे हैं—प्रेरणा, अनुशासन एवं दृढ़निश्चय। भावी उद्यमियों में निम्नलिखित गुण होने चाहिए और यदि नहीं हैं तो अपने भीतर उन्हें इनका विकास करना होगा :

- कल्पनाशीलता और किसी क्षेत्र में पहल करने की भावना
- जहाँ अन्य लोगों की नज़र न जाती हो, वहाँ भी संभावनाओं को देखने की क्षमता
- सदैव नए अवसरों और चुनौतियों की तलाश
- सृजनशील होना—'बंद दायरे से बाहर निकलकर सोचना'
- सदैव बेहतर ढंग से किसी काम को करने के लिए प्रयत्नशील रहना
- जोखिम उठाने का साहस
- सक्रियता एवं भविष्य पर दृष्टि
- भरपूर ज्ञान एवं किसी विशेष काम में दक्षता[11]

नेतृत्व आर्थिक विकास को दिशा देता है

विकास, आर्थिक समृद्धि, प्रौद्योगिकी, उत्पादन, उत्पादकता, कर्मचारियों की भूमिका एवं प्रबंधन की गुणवत्ता के बीच निकट संबंध हैं और ये सभी सर्जनात्मक नेतृत्व से जुड़े हैं।

- प्रतिस्पर्द्धा देश के आर्थिक विकास को सशक्त

बनाती है तथा स्वयं प्रतिस्पर्द्धा ज्ञानात्मक शक्ति से सशक्त बनती है।

प्रबुद्ध नेतृत्व का सारा संबंध सशक्तीकारण से है

- संसाधन क्षेत्र में निवेश से प्रौद्योगिकी एवं नई खोजों को शक्ति मिलती है। संसाधन-निवेश को शक्ति मिलती है राजस्व से और निवेश पर होने वाले लाभ से।
- राजस्व को शक्ति मिलती है, ग्राहक की विश्वसनीयता के चलते, बार-बार होने वाली बिक्री और बिकी वस्तु के परिणाम से, और ग्राहक की विश्वसनीयता सशक्त होती है उत्पाद की गुणवत्ता और उपयोगिता से।
- उत्पादों की गुणवत्ता और उपयोगिता सशक्त होती है कर्मचारियों की उत्पादकता और उत्पादों के नये-नये रूपों से। कर्मचारी की उत्पादकता सशक्त होती है उसकी निष्ठा, उसकी संतुष्टि और कार्यस्थल के पर्यावरण से।
- कार्यस्थल का पर्यावरण सशक्त होता है प्रबंधन से जुड़े अधिकारियों की तत्परता और तर्कसंगत परियोजना प्रबंधन से; तथा प्रबंधन अधिकारियों को शक्ति मिलती है रचनात्मक नेतृत्व से।[12]

रचनात्मक नेतृत्व

सन् 2020 तक भारत को विकसित राष्ट्र में रूपांतरित करने के विचार की सफलता में रचनात्मक नेतृत्व का विकास एक महत्वपूर्ण संघटक है।

कौन है वह रचनात्मक नेता? क्या हैं एक रचनात्मक नेता की विशेषताएँ?

रचनात्मक नेतृत्व अपनी परंपरागत भूमिका से हटकर

कमांडर के स्थान पर कोच, प्रबंधक के स्थान पर पथ-प्रदर्शक, निदेशक के स्थान पर प्रतिनिधि तथा सम्मान की अपेक्षा रखने वाले व्यक्ति के स्थान पर आत्म-सम्मान की भावना वाले व्यक्ति को लाने का मुश्किल काम अंजाम देता है।

देश में रचनात्मक नेतृत्व का अनुपात जितना अधिक होगा, 'विकसित भारत' जैसे सपने की सफलता उतनी ही अधिक सशक्त और संभाव्य होगी।[13]

सशक्तीकरण : नेतृत्व का लक्ष्य

राजनीति, प्रशासन, धर्म, व्यवसाय एवं विज्ञान सहित जीवन के सभी क्षेत्रों में प्रबुद्ध एवं कल्पनाशील नेतृत्व का

विकास आवश्यक है। इन सभी क्षेत्रों का असर राष्ट्र एवं समाज के विकास पर पड़ता है। प्रबुद्ध नेतृत्व ही सशक्तीकरण की धुरी है। अतएव समय की माँग है कि समाज के विभिन्न वर्गों में प्रबुद्ध नेतृत्व का विकास हो जिनमें शांति, प्रगति एवं विकास के प्रति कल्पनाशीलता एवं वचनबद्धता हो।

जब कोई नेता अपने संस्थान में कार्यरत लोगों को सशक्त बनाता है तो ऐसे नेताओं का जन्म होता है, जो स्वयं राष्ट्र के विकास का क्रम बदल दे सकते हैं।[14]

अदम्य साहस

हमें अपने भीतर एक प्रकार का विजय-भाव जागृत करना होगा। एक ऐसा भाव, जो इस धराधाम पर हमारा समुचित स्थान हमें दिलाए। एक ऐसा भाव, जो इस बात को मान्यता दे कि एक महान सभ्यता के उत्तराधिकारी होने के नाते, हम इस धरती पर अपना समुचित स्थान प्राप्त करने के हकदार हैं। अगर यह भाव, यह अदम्य साहस हम अपने भीतर जागृत कर सकें, तो हमें हमारा उचित स्थान हासिल करने से कोई नहीं रोक सकता[1]

अदम्य साहस

असमर्थता से लड़ने का साहस

अलग-अलग प्रकार की विकलांगता से ग्रस्त करीब एक हज़ार बच्चों को, जो एबिलिम्पिक्स में भाग लेने आए थे, राष्ट्रपति भवन में आमंत्रित किया गया। मैंने उनके सामने, इसी विशेष अवसर के लिए लिखी गई अपनी एक छोटी-सी कविता पढ़कर सुनाई :

हम हैं ईश्वर की संतान
हीरे से भी कड़ा है हमारा मन,
हम होंगे कामयाब
अपने मजबूत इरादों से हम होंगे कामयाब
प्राप्त है हमें जब ईश्वर का वरदान
फिर किसी विरोधी से हम क्यों हों परेशान!

यह सुनकर मुस्तफा नामक एक ईरानी बच्चा मेरे पास आया। उसके अपने पैर नहीं थे, वह कृत्रिम पैरों के सहारे चल रहा था। उसने मेरे हाथ में एक कागज़ थमा दिया, जिस पर फारसी में एक सुंदर कविता लिखी हुई थी। उस कविता का शीर्षक था 'साहस'। उसका हिन्दी अनुवाद कुछ इस प्रकार होगा

मेरे अपने पैर नहीं,
पर, मन कहता है, रोओ मत,
क्योंकि नहीं झुकाना चाहता मैं अपना सिर
किसी बादशाह के भी आगे।

मैं इस लड़के की सकारात्मक सोच और उम्मीद की किरण थामे जीवन से जूझने की हिम्मत को देखकर सचमुच भावुक हो उठा।[2]

अन्याय से लड़ने का साहस

इस प्रसंग में मैं अपनी दक्षिण अफ्रीका की यात्रा के संस्मरणों की चर्चा करना चाहूँगा। सन् 2004 में दक्षिण अफ्रीका की यात्रा के दौरान, महात्मा गांधी के पदचिन्ह तलाशते हुए, पीटरमेट्रिज़बर्ग जाने के लिए डरबन के नज़दीक पेनरिच रेलवे स्टेशन पर मैं ट्रेन में बैठा। इसी स्टेशन से उन्होंने अपनी भाग्यनिर्णायक यात्रा प्रारंभ की थी जिसने उनके जीवन की दिशा ही बदल दी।

उपलब्धि के उच्चतर लक्ष्यों की ओर ले जाने वाली दृष्टि अदम्य साहस का पहला क़दम है

वे प्रिटोरिया जाने के लिए 7 जून, 1893 को ट्रेन में सवार हुए, जहाँ उन्हें अपने मुवक्किल से मिलना था। उनके लिए प्रथम श्रेणी की सीट आरक्षित थी। ट्रेन पीटरमेट्रिज़बर्ग स्टेशन पर रात के करीब 9 बजे पहुँची,

जहाँ एक गोरा यात्री डिब्बे में घुसा। एक काले आदमी को प्रथम श्रेणी के डिब्बे में सफर करते देख, वह आपे से बाहर हो गया। वह तुरंत बाहर आया और दो अधिकारियों के साथ वापस लौटा। उन्होंने गांधी को वैन कम्पार्टमेंट में जाकर बैठने को कहा। जब गांधीजी ने विरोध जताते हुए डिब्बा बदलने से इन्कार कर दिया तो एक कांस्टेबल ने उन्हें धक्का देकर ट्रेन से बाहर कर दिया और उनका सामान भी बाहर फेंक दिया। गांधीजी वहीं छूट गए और ट्रेन चली गई।

अदम्य साहस का दूसरा क़दम है किसी लक्ष्य या ध्येय को पूरा करने के रास्ते में आने वाली सभी बाधाओं पर विजय पाने की क्षमता

गांधीजी को मजबूरीवश प्रतीक्षालय में रात गुजारनी पड़ी। उस रात हड्डियों तक को कँपा देने वाली ठंड पड़ रही थी। हालाँकि उनके सामान में ओवरकोट भी था, फिर भी दुबारा अपमानित न होना पड़े इस भय से उन्होंने ओवरकोट नहीं पहना। गांधीजी के मन में भारत लौटने का विचार आया, किंतु उन्होंने सोचा कि ऐसा करना कायरता होगी। उन्होंने वहीं रुककर नस्लीय भेदभाव के अभिशाप से संघर्ष करने का संकल्प लिया। इस घटना ने गांधीजी के जीवन की दिशा ही मोड़ दी। उन्होंने कहा "मैंने अपनी सक्रिय अहिंसा का आरंभ उसी दिन किया।"

गांधीजी ने जिस ट्रेन और जिस डिब्बे में यात्रा की थी, मैंने भी ठीक उसी जैसी ट्रेन और उसी जैसे डिब्बे में यात्रा की। जब मैं पीटरमेट्रिज़बर्ग स्टेशन पर उतरा तो देखा कि जिस स्थान पर गांधीजी को धक्के देकर ट्रेन के डिब्बे से बाहर फेंका गया था वहाँ एक स्मृतिपट्टिका लगी हुई है। उस पट्टिका पर ये शब्द अंकित हैं

"इस पट्टिका के स्थान पर 7 जून, 1893 की रात एम. के. गांधी को प्रथम श्रेणी डिब्बे से उतार दिया गया था। इस घटना ने गांधीजी के जीवन की दिशा ही बदल

दी। यहीं से उन्होंने नस्लीय भेदभाव के विरुद्ध संघर्ष छेड़ा और इसी दिन से उनके जीवन में सक्रिय अहिंसा की शुरुआत हुई।''[3]

अदम्य साहस

मैं अपनी दक्षिण अफ्रीका यात्रा के दौरान डॉ. नेल्सन मंडेला से मिला। दक्षिण अफ्रीका को स्वतंत्रता दिलाने में डॉ. नेल्सन मंडेला की अहम् भूमिका रही है। उनमें दो प्रेरणादायक गुण हैं अदम्य साहस और क्षमाशीलता।

दक्षिण अफ्रीका का केपटाउन शहर अपने टेबल पर्वत शिखर के लिए मशहूर है। उसकी तीन चोटियाँ हैं : टेबल पीक, डेविल पीक और फेक पीक। दिन में इन चोटियों के बीच का नज़ारा बड़ा ही सुहावना होता है। कभी काले बादल तो कभी उजले बादल इन चोटियों को चूमते रहते हैं। टेबल माउंटेन अटलांटिक महासागर के बहुत ही करीब है। केपटाउन से रोबेन आइलैंड की यात्रा हमने हेलीकॉप्टर से की। जब हम रोबेन आइलैंड पहुँचे तो महासागर के गर्जन को छोड़ कर पूरा द्वीप खामोशी की चादर से लिपटा हुआ था। उस खामोशी को महसूस कर एक विचार मन में कौंध उठा : यह वही जगह है जहाँ एक व्यक्ति की स्वतंत्रता को बेड़ियों में जकड़ दिया गया था!

आत्मबल से शक्ति मिलती है

उस द्वीप पर हमारा स्वागत श्री अहमद कैथ्राडा ने किया। श्री कैथ्राडा दक्षिण अफ्रीका के ही हैं और डॉ. नेल्सन मंडेला के साथ जेल में रह चुके हैं। वहाँ हमें वह कमरा दिखाया गया जिसमें डॉ. नेल्सन मंडेला को छब्बीस वर्षों तक कैद रखा गया था। मुझे इस बात से हैरानी हुई कि इतने छोटे-से कमरे में सोने के साथ-साथ दूसरे ज़रूरी

काम कोई इंसान कैसे कर पाता होगा! हमें याद रखना चाहिए कि छह फुट लम्बे डॉ. नेल्सन मंडेला को इसी छोटे-से कमरे में छब्बीस वर्षों तक, रंगभेद के विरुद्ध संघर्ष के दौरान, कैद रखा गया। उनके जीवन का एक बड़ा हिस्सा इस द्वीप के इसी छोटे-से कमरे में बीता था। उन्हें तपती धूप में कुछ घंटों के लिए पहाड़ के नज़दीक खदान में काम करने के लिए ले जाया जाता था। उसी दरमियान उनकी आँखों की रोशनी को क्षति पहुँची और उनकी देखने की क्षमता कम हो गई। शारीरिक यंत्रणाएँ झेलते हुए भी उन्होंने दुनिया को दिखा दिया कि उनमें अदम्य साहस कूट-कूट कर भरा है। कैद के दौरान ही उन्होंने बड़े ही बारीक अक्षरों में आज़ादी के बारे में एक किताब लिखी। रात में जब जेल के वार्डन सोने चले जाया करते थे तो वे यह किताब लिखते थे। अंत में, बारीक अक्षरों में लिखी गई वह किताब 'ए लाँग वाक टु फ्रीडम' के नाम से प्रकाशित हुई और दुनिया भर में प्रसिद्ध हुई।

डॉ. नेल्सन मंडेला से उनके जोहंसबर्ग स्थित घर में मिलना भी मेरे लिए एक बहुत बड़ी घटना थी। जब मैंने उनके कमरे में प्रवेश किया तो देखा कि उनके तीन आगामी व्यक्तित्व से खुशी का फव्वारा फूट रहा है। मैंने उनमें उस फौलादी शख़्सियत को देखा जिसकी बदौलत दक्षिण अफ्रीका को रंगभेद के अभिशाप से मुक्ति मिली। मैंने उनमें उस शख़्सियत के भी दर्शन किए जिसने

दक्षिण अफ्रीका के राष्ट्रपति का दायित्व सँभालने पर उन लोगों को भी समान नागरिक के रूप में अपनाया जिन्होंने उनके साथ बुरा बर्ताव किया था रंगभेद की नीति लागू की और उन्हें जेल में रखा। जब मैंने उनसे हाथ मिलाया तो महसूस किया कि मैं किसी महामानव से हाथ मिला रहा हूँ। मैंने डॉ. नेल्सन मंडेला से जो एक बहुत बड़ी शिक्षा ली वह कोई बाईस सौ साल पहले रची गई एक तिरुक्कुरल में वर्णित है, जिसका अर्थ है "जो आपके साथ बुरा बर्ताव करे उसके लिए सबसे बड़ा दंड यह है कि आप उसके साथ अच्छा बर्ताव करें।"[4]

अदम्य साहस क्या है?

इसी संदर्भ में देखें तो अदम्य साहस के दो पहलू हैं। एक है वह दृष्टि जो उपलब्धि के उच्चतर लक्ष्यों की ओर ले जाती है। मुझे संत कवि तिरुवल्लुवर के 'तिरुक्कुरल' की 2200 साल पहले लिखी गई दो पंक्तियाँ याद आती हैं,

வெள்ளத் தனைய மலர்நீட்டம் மாந்தர்தம்
உள்ளத் தனையது உயர்வ

इनका अर्थ है : "नदी या झील या तालाब की गहराई कितनी ही क्यों न हो और उसका पानी कैसा भी क्यों न हो, कमलिनी खिले बिना नहीं रह सकती। इसी तरह, अगर किसी लक्ष्य तक पहुँचने का पक्का इरादा कर लिया जाय, तो चाहे वह कितना ही असंभव क्यों न हो, इंसान उसे हासिल कर ही लेता है।"

दूसरा पहलू है, किसी लक्ष्य या ध्येय को पूरा करने के रास्ते में आने वाली सभी बाधाओं पर पार पाने की क्षमता। हममें से कई लोगों को बड़े कार्यक्रमों और परियोजनाओं से जुड़ने का अनुभव है। कई जगह हमने पाया होगा कि सफलता दूर तक कहीं नज़र

नहीं आ रही, और रास्ते में कई रुकावटें हैं। ऐसे मौके पर भी ,उसी महाकवि की दो पंक्तियाँ हमें याद आती हैं,

> இடும்பைக்கு இடும்பை படுப்பர் இடும்பைக்கு
> இடும்பை படாஅ தவர்

इनका मतलब है कि सफल नेतृत्व करने वाले समस्याओं के आगे कभी हार नहीं मानते। वह सभी परिस्थितियों पर काबू पा लेते हैं और समस्याओं पर विजय पाते हैं। मैं समझता हूँ कि इन दोनों कुरलों में अदम्य साहस की परिभाषा समाहित है।[5]

आत्मबल

मैं अपनी बुल्गारिया यात्रा के दौरान वहाँ की राष्ट्रीय कला दीर्घा भी गया, जहाँ मैंने अधिकांशतया बुल्गारियाई कलाकारों की बनाई कलाकृतियों की एक प्रदर्शनी देखी। उसमें बुल्गारियाई कलाकार ज्लात्जू बोजादिजेव के जन्मदिवस के उपलक्ष्य में उनकी कलाकृतियाँ भी प्रदर्शित की गई थीं। उनका दायाँ हाथ लकवाग्रस्त हो जाने के बाद बायें हाथ से बनाई गई उनकी कलाकृतियों सहित सैकड़ों अन्य कलाकृतियाँ देखकर मैं बेहद प्रभावित और प्रेरित हुआ। अपने अंदर छिपे अदम्य साहस के कारण वे बायें हाथ से भी कलाकृतियाँ बना सके। इससे मुझे आभास हुआ कि शारीरिक अक्षमता के कारण रचनात्मक प्रतिभा दब नहीं सकती, क्योंकि इंसान को शक्ति तो उसके आत्मबल से मिलती है। इसी प्रेरणा से इंसान अपनी ज़िंदगी का लक्ष्य पूरा करने के लिए आगे बढ़ता है।[6]

विकलांगता का भाव तो इंसान के दिमाग में होता है। निर्मल और तेजस्वी दिमाग वाला व्यक्ति एक मूल्यवान नागरिक होता है, भले वह शारीरिक रूप से विकलांग हो। विकलांग व्यक्ति के जीवन में अदम्य साहस भरकर उसे खुशहाल बनाया जा सकता है।[7]

दुनिया आपको किस बात के लिए याद करेगी

मैं अपने मिलने आने वालों के सामने अक्सर दो प्रश्न रखता हूँ :

आपने ज़िंदगी में अभी तक क्या सीखा?
आप किस बात के लिए याद रखे जाएँगे?

एच.आई.वी./एड्स प्रभावित लोगों के भारतीय नेटवर्क के लिए राष्ट्रीय अधिवक्तृता अधिकारी के रूप में काम करने वाली एच.आई.वी./एड्स से ग्रस्त श्रीमती आशा रमैया ने इन दोनों प्रश्नों का बड़ा ही मार्मिक उत्तर दिया

> ''मेरे जीवन में सीखने का असली दौर तब शुरू हुआ जब मुझे पता चला कि मैं एच.आई.वी.
>
> एड्स रोग से ग्रस्त हूँ और मुझे ज़िंदगी की सच्चाइयों से रू-ब-रू होना पड़ा। मेरे पति के परिवार ने मुझे अपने घर से निकाल दिया और यहाँ तक कि मेरे पिता ने भी अपने घर से मुझे निकल जाने के लिए कहा। मेरी दशा किसी ऐसी परित्यक्ता औरत की तरह थी जिसे अकेले ज़िंदगी का सामना करने के लिए छोड़ दिया गया हो। पेड़ से गिरे किसी ऐसे पत्ते की तरह जो हवा के झोंकों के साथ उड़ते रहने को अभिशप्त होता है। सबसे पहले तो मेरे सामने अपने अस्तित्व को बचाने की चुनौती थी। इसका श्रेय मेरे अंदर के नारीत्व को जाता है जिसके सहारे मैं इस सदमे को पचा सकी और घर से बाहर निकाले जाने के आघात से उबर सकी। मैंने महसूस किया कि भारत में एच.आई.वी./एड्स से प्रभावित दूसरे इंसानों की ज़िंदगी में बदलाव लाने का प्रयास करना मेरी ज़िम्मेदारी है।
>
> ''आज अपनी लगातार की कोशिशों और साथ रहने वाले एच.आई.वी. पीड़ित लोगों के सहयोग से

राष्ट्र के इतिहास में अपने एक पृष्ठ की रचना के लिए आप याद किए जाएँगे

न सिर्फ मुझे समाज ने स्वीकार कर लिया है, बल्कि उच्चपदों पर कार्यरत लोग भी विभिन्न मुद्दों पर मेरे पास विचार, मार्गदर्शन और सलाह के लिए आते हैं। मेरे माता-पिता को गर्व है कि मैं बहुत-से लोगों के लिए प्रेरणा का स्रोत बन गयी हूँ। परिवार और साथियों की मदद से मैंने एक एच.आई.वी. प्रभावित व्यक्ति से शादी की। मेरे पति ने मेरा हौसला बढ़ाया कि अन्य एच.आई.वी. पीड़ित लोगों की ज़िंदगी में खुशहाली लाने के लिए मैं काम कर रही हूँ।

आपको खुद अपना निर्माण करना है और ज़िंदगी को सँवारना है

"जब हमने एक बच्चा पैदा करने का निर्णय लिया तो मुझे अहसास हुआ कि अनिश्चितता के भँवर में फैसला करना कितना कठिन होता है। यह बिल्कुल अनजान राहों पर कदम बढ़ाने जैसा था। मन में आशंका रहती कि क्या पता बच्चा भी एच.आई.वी. प्रभावित हो जाए! बच्चे को एच.आई.वी. न हो इसके लिए हमने सभी प्रकार के चिकित्सा निर्देशों का पालन किया। आखिरकार हमें सफलता मिली। कई सालों तक इंतज़ार करने के बाद यह साबित हो गया कि हमारा बच्चा एच.आई.वी. संक्रमित नहीं है। अब आगामी बीस साल के लिए अपने बच्चे के भविष्य की योजना बनाने की ज़िम्मेदारी हमारे ऊपर है। बच्चे की शिक्षा, सुरक्षा और भविष्य सुनिश्चित कर अपने माता-पिता होने के दायित्व का पालन करते हुए हम अपनी ज़िंदगी के अनमोल क्षण का उपयोग कर सकते हैं। हमने जाना कि सपने वैसे ही सच नहीं हो जाते, बल्कि सपनों के अनुसार हमें खुद को ढालना पड़ता है और भावी खतरों को जानते हुए भी ज़िम्मेदारी निभानी पड़ती है, तभी सपने सच होते हैं।

> "मैंने ज़िंदगी का सामना करने के लिए जिस हिम्मत से काम लिया और संघर्ष के दौरान मुझे जो आशा की किरण दिखाई दी उसे लोगों में फैलाने के कारण मैं देशभर के एच.आई.वी./एड्स पीड़ित लोगों, अपने परिवार और सगे-संबंधियों के बीच याद की जाऊँगी।"

आशा ने न सिर्फ हिम्मत से रोग का मुकाबला किया बल्कि माता-पिता, पति और समाज ने उसके चेहरे पर जो कालिख पोत दी थी, उसे भी उसने बहादुरी से धो डाला। इसे ही मैं कहता हूँ अदम्य साहस।[8]

विकलांगता का भाव इंसान के दिमाग़ में होता है

किस बात के लिए दुनिया में याद किए जाने की तमन्ना आपके दिल में है? क्या आपकी कामना है कि लोग आपकी पी-एच.डी. की थीसिस के लिए आपको याद रखें? या फिर आपकी ख्वाहिश है कि अपनी नई सोच के लिए लोगों की स्मृति में आपकी जगह बनी रहे? आपको खुद अपना निर्माण करना है और ज़िंदगी को सँवारना है। आपको अपनी ख्वाहिश एक पृष्ठ पर दर्ज़ कर देनी चाहिए। हो सकता है वह पृष्ठ मानव इतिहास का बहुत महत्वपूर्ण पृष्ठ बन जाए और राष्ट्र के इतिहास में उसी एक पृष्ठ की रचना के लिए आप याद किए जाएं चाहे उस पृष्ठ पर कोई आविष्कार अंकित हो, या कोई नई सोच या खोज! या फिर वह अन्याय के विरुद्ध संघर्ष का घोषणापत्र हो।[9]

अदम्य साहस जगाइए!

"मैं युवाओं और युवतियों से कहना चाहूँगा कि आप निराश न हों और हिम्मत न हारें। सफलता सिर्फ सामने आए काम को हिम्मत के साथ पूरा करने से ही मिल सकती है। बिना किसी विवाद में पड़े हुए मैं दृढ़तापूर्वक

यह कह सकता हूँ कि भारतीयों की मेधा किसी ट्यूटॉनिक, नॉर्डिक या एंग्लो-सैक्सन व्यक्ति से कम प्रखर नहीं। हममें सिर्फ हिम्मत की कमी है, हममें वह जज़्बा नहीं जिसके सहारे इंसान कहाँ से कहाँ पहुँच जाता है। जैसा मैं महसूस करता हूँ, हम भारतीयों में हीनभावना घर कर गई है। मेरी नज़र में आज भारत की सबसे बड़ी आवश्यकता हौसलापस्त करने वाले इस भाव को ही मिटा देने की है।'' ये शब्द नोबेल पुरस्कार प्राप्त भारतीय वैज्ञानिक सर सी. वी. रमन के हैं, जो उन्होंने सन् 1969 में बयासी वर्ष की उम्र में युवा स्नातकों के सम्मेलन में कहे थे।[10]

किस प्रकार अदम्य साहस से सफलता पाने और इस दुनिया को खुशहाली तथा शांति के स्वर्ग में बदल देने की ताकत मिलती है, इस बात को गुरुदेव रवीन्द्रनाथ टैगोर की इस कविता में बड़े ही मार्मिक रूप में प्रस्तुत किया गया है

मेरे प्रभु, तेरे चरणों में पहुँचे मेरी यह प्रार्थना
दूर कर दो, प्रभु, मेरे हृदय की क्षुद्रता,
दो मुझे शक्ति सहज भाव से
अपने आनंद और विषाद सहने की।
दो मुझे शक्ति
जिससे मेरा अनुराग तेरी सेवा में सुफल हो।
प्रभु, ऐसी शक्ति दो मुझे
कि दीनजन से कभी विमुख न होऊँ मैं
ऐसी शक्ति मुझे दो, प्रभु,
कि उद्धत-उन्मत्त किसी शक्ति के आगे घुटने न टेकूँ कभी।
प्रभु ऐसी शक्ति दो मुझे
कि दिनानुदिन की क्षुद्रताओं के सम्मुख
सिर सदा मेरा ऊँचा रहे।
मेरे प्रभु, शक्ति दो मुझे
कि सादर-सप्रेम अपनी शक्ति-सामर्थ्य सारी
अर्पित कर पाऊँ मैं तुम्हारे श्रीचरणों में![11]

सन्दर्भ

प्रेरक व्यक्तित्व

1. 57वें गणतंत्र दिवस की पूर्वसंध्या पर राष्ट्र को संबोधन : 25-01-2006
2. राष्ट्रीय महिला आयोग, नई दिल्ली में अभिभाषण : 17-01-2005
3. इंडियन इंस्टीट्यूट ऑफ साइंस, बंगलोर में अभिभाषण : 14-10-2004
4. बाल दिवस की पूर्वसंध्या पर आकाशवाणी से प्रसारित अभिभाषण : 13-11-2004
5. आर्मी पब्लिक स्कूल, उधमपुर में अभिभाषण : 03-05-2004

मेरे शिक्षक

1. श्रीनगर में शिक्षकों के साथ विचार-विनिमय के दौरान अभिभाषण : 19-08-2004
2. पी.जी.आई. सभागार, चंडीगढ़ में शिक्षकों को संबोधन : 04-09-2003
3. 'शिक्षकों को राष्ट्रीय सम्मान' की प्रस्तुति के अवसर पर संबोधन, नई दिल्ली : 05-09-2004
4. बोधगया में शिक्षकों के साथ विचार-विनिमय : 31-05-2003
5. 'शिक्षकों को राष्ट्रीय सम्मान' की प्रस्तुति के अवसर पर संबोधन, नई दिल्ली : 05-09-2004
6. 'शिक्षकों को राष्ट्रीय सम्मान' की प्रस्तुति के अवसर पर संबोधन, नई दिल्ली : 05-09-2004
7. विश्व भारती विश्वविद्यालय, कोलकाता में अभिभाषण एवं विचार-विनिमय के दौरान एक प्रश्न का उत्तर देते हुए : 01-10-2004
8. शिक्षक दिवस, 2003 की पूर्व संध्या पर आकाशवाणी से प्रसारण, 04-09-2003
9. श्रीनगर में शिक्षकों के साथ विचार-विनिमय के दौरान अभिभाषण : 19-08-2004
10. शिक्षक दिवस, 2003 की पूर्व संध्या पर आकाशवाणी से प्रसारण : 04-09-2003
11. प्रथम कंप्यूटर लिटरेसी एक्सेलेन्स अवार्ड फॉर स्कूल के अवसर पर अभिभाषण, नई दिल्ली : 29-08-2002
12. विश्वभारती विश्वविद्यालय, कोलकाता में अभिभाषण : 01-10-2004
13. स्कूल शिक्षकों के साथ मुलाकात, भुवनेश्वर : 14-05-2003
14. शिक्षक दिवस के अवसर पर राष्ट्र को संबोधन, नई दिल्ली : 05-09-2005
15. शिक्षक दिवस के अवसर पर राष्ट्र को संबोधन, नई दिल्ली : 05-09-2005
16. शिक्षक दिवस की पूर्व संध्या पर आकाशवाणी से प्रसारण : 04-09-2003
17. 'शिक्षकों को राष्ट्रीय सम्मान' की प्रस्तुति के अवसर पर संबोधन, नई दिल्ली : 05-09-2004
18. कम्प्यूटर लिटरेसी एक्सेलेन्स अवार्ड फॉर स्कूल के अवसर पर अभिभाषण, नई दिल्ली : 07-12-2005

19. कम्प्यूटर लिटरेसी एक्सेलेन्स अवार्ड फॉर स्कूल के अवसर पर अभिभाषण, नई दिल्ली : 29-08-2002
20. 'प्रेजेन्टेशन ऑफ अवार्ड्स टु आउटस्टैंडिंग टीचर्स' के अवसर पर अभिभाषण, नई दिल्ली : 05-09-2005
21. 'प्रेजेन्टेशन ऑफ अवार्ड्स टु आउटस्टैंडिंग टीचर्स' के अवसर पर अभिभाषण, नई दिल्ली : 05-09-2005
22. 'प्रेजेन्टेशन ऑफ अवार्ड्स टु आउटस्टैंडिंग टीचर्स' के अवसर पर अभिभाषण, नई दिल्ली : 05-09-2005

शिक्षा का उद्देश्य

1. राष्ट्रीय युवा सम्मेलन, उद्घाटन सत्र, सूतूर, मैसूर : 15-10-2004
2. तीसरे वार्षिक कंप्यूटर लिटरेसी एक्सिलेन्स अवार्ड्स में अभिभाषण, नई दिल्ली : 07-12-2005
3. राज्यपालों के सम्मेलन में अभिभाषण, नई दिल्ली : 14-06-2005
4. पहले वार्षिक कंप्यूटर लिटरेसी एक्सिलेन्स अवार्ड्स में अभिभाषण, नई दिल्ली : 25-08-2002
5. पांडिचेरी में छात्रों के साथ बातचीत : 01-11-2004
6. पद्म शेषाद्रि बाल भवन सीनियर सेकंडरी स्कूल, चेन्नै में अभिभाषण : 01-12-2005
7. सी.बी.एस.सी. के प्लैटिनम जुबिली में अभिभाषण, नई दिल्ली : 28-07-2004
8. दूसरे वार्षिक कंप्यूटर लिटरेसी एक्सिलेन्स अवार्ड्स फॉर स्कूल, 2003, नई दिल्ली : 04-08-2004
9. श्रीनगर में शिक्षकों के साथ बातचीत : 19-08-2004
10. शिक्षक दिवस के अवसर पर अभिभाषण, नई दिल्ली : 05-09-2003
11. श्रीनगर में शिक्षकों के साथ बातचीत : 19-08-2004
12. चण्डीगढ़ में शिक्षक दिवस के अवसर पर : 04-09-2003
13. जैन विश्व भारती संस्थान में दीक्षांत अभिभाषण, नई दिल्ली : 20-10-2005
14. परमपावन आचार्य महाप्राण अध्यात्म साधना केंद्र, महरौली में सम्मेलन के दौरान अभिभाषण : 14-10-2005
15. 'करीयर 2004' मुंबई में अभिभाषण : 08-02-2004
16. शिक्षक दिवस 2005 के अवसर पर अभिभाषण, नई दिल्ली : 05-09-2005
17. राष्ट्रपति भवन, नई दिल्ली में इचर स्कूल, फरीदाबाद के छात्रों के साथ बातचीत : 31-08-2004

सृजनशीलता और नवीनता

1. वेदव्यास विद्यालय, मालापुरम्बा, कोझिकोड में अभिभाषण : 25-09-2003
2. बाल विज्ञान काँग्रेस, चंडीगढ़ में अभिभाषण : 05-01-2004
3. शंकर अंतर्राष्ट्रीय बाल प्रतियोगिता के पुरस्कार समारोह में अभिभाषण, नई दिल्ली : 22-03-2004

4. पीटर हॉफ, हिमाचल प्रदेश में कॉलेज/यूनिवर्सिटी छात्रों के साथ बातचीत : 23-12-2004
5. शंकर अंतर्राष्ट्रीय बाल प्रतियोगिता के पुरस्कार समारोह में अभिभाषण, नई दिल्ली : 22-03-2004
6. जे.एन.आर.एम. ऑडिटोरियम, पोर्ट ब्लेयर में अभिभाषण : 05-05-2005
7. बाल योग मित्र मंडल, मुंगेर में अभिभाषण : 14-02-2004
8. जे.एन.आर.एम. ऑडिटोरियम, पोर्ट ब्लेयर में अभिभाषण : 05-05-2005
9. राष्ट्रपति भवन, नई दिल्ली में वर्ष 2002-2003 के लिए राष्ट्रीय बालश्री पुरस्कार समारोह में अभिभाषण : 10-02-2004
10. दि इंडियन स्कूल, दुबई में अभिभाषण : 19-10-2003
11. नेशनल इनोवेशन फाउंडेशन, अहमदाबाद के तृतीय वार्षिक पुरस्कार वितरण समारोह में अभिभाषण : 05-01-2005
12. सौराष्ट्र विश्वविद्यालय, राजकोट, गुजरात में वार्षिक व्याख्यान : 12-01-2006
13. नेशनल इन्नोवेशन फाउंडेशन, अहमदाबाद के तृतीय वार्षिक पुरस्कार वितरण समारोह में अभिभाषण : 05-01-2005
14. विश्व भारती विश्वविद्यालय, कोलकाता में अभिभाषण : 01-10-2004

कला और साहित्य

1. शंकर अंतर्राष्ट्रीय बाल प्रतियोगिता के पुरस्कार वितरण समारोह में अभिभाषण, नई दिल्ली : 17-01-2003
2. वर्ष 2002 के लिए 38वें ज्ञानपीठ पुरस्कार समारोह में अभिभाषण, नई दिल्ली : 27-09-2005
3. 11वें दिल्ली पुस्तक मेला, प्रगति मैदान, नई दिल्ली में अभिभाषण : 27-08-2005
4. अन्ना विश्वविद्यालय, चेन्नै के कुलपति के कार्यालय में अग्नि सिरागुरल के 1,00,000वें प्रति की प्रस्तुति : 19-06-2003
5. 11वें दिल्ली पुस्तक मेला, प्रगति मैदान, नई दिल्ली में अभिभाषण : 27-08-2005
6. वर्ष 2002 के लिए 38वें ज्ञानपीठ पुरस्कार समारोह में अभिभाषण, नई दिल्ली : 27-09-2005
7. 11वें दिल्ली पुस्तक मेला, प्रगति मैदान, नई दिल्ली में अभिभाषण : 27-08-2005
8. संगीत नाटक अकादेमी पुरस्कार के दौरान अभिभाषण, नई दिल्ली : 26-08-2005
9. बंगलोर गायन समाज के शताब्दी समारोह में अभिभाषण, बंगलोर : 20-08-2005
10. रामकृष्ण विवेकानंद मिशन, कोलकाता में अभिभाषण : 21-01-2003
11. बंगलोर गायन समाज के शताब्दी समारोह में अभिभाषण, बंगलोर : 20-08-2005
12. श्री राजराज्येश्वरी भारत नाट्य मंदिर, मुंबई के हीरक जयंती समारोह में अभिभाषण : 12-09-2005

13. 52वें राष्ट्रीय फिल्म पुरस्कार समारोह में अभिभाषण, नई दिल्ली : 02-10-2005
14. आर. के. लक्ष्मण के कार्टून की प्रदर्शनी, जयपुर : 17-11-2005
15. रवीन्द्र भारतीय विश्वविद्यालय, कोलकाता में अभिभाषण : 01-10-2004
16. शंकर अंतर्राष्ट्रीय बाल प्रतियोगिता के पुरस्कार वितरण समारोह में अभिभाषण, नई दिल्ली : 17-01-2003

शाश्वत जीवन-मूल्य

1. जवाहरलाल नेहरू विश्वविद्यालय में अभिभाषण, नई दिल्ली : 12-01-2005
2. श्री सत्य साईं अंतर्राष्ट्रीय केंद्र और विद्यालय में अभिभाषण, नई दिल्ली : 08-02-2003
3. भारतीय उच्च विद्यालय, दुबई में अभिभाषण : 20-10-2003
4. ट्रांसपेरेन्सी इंटरनेशनल इंडिया, के दक्षिण एशिया चैप्टर के क्षेत्रीय सम्मेलन में अभिभाषण, नई दिल्ली : 25-11-2005
5. भारत स्काउट्स एंड गाइड्स के 15वें राष्ट्रीय जम्बूरी में अभिभाषण, हरिद्वार : 16-10-2005
6. ट्रांसपेरेन्सी इंटरनेशनल इंडिया, के दक्षिण एशिया चैप्टर के क्षेत्रीय सम्मेलन में अभिभाषण, नई दिल्ली : 25-11-2005
7. 57वें गणतंत्र दिवस की पूर्व संध्या पर राष्ट्र को संबोधन, नई दिल्ली : 25-01-2006
8. ट्रांसपेरेन्सी इंटरनेशनल इंडिया, के दक्षिण एशिया चैप्टर के क्षेत्रीय सम्मेलन में अभिभाषण, नई दिल्ली : 25-11-2005
9. 57वें गणतंत्र दिवस की पूर्व संध्या पर राष्ट्र को संबोधन, नई दिल्ली : 25-01-2006
10. महान जन्मदिवस पर विचार, नई दिल्ली : 04-07-2005 (घटना)
11. कन्वेंशन ऑन इवाल्यूशन ऑफ ए गुड ह्यूमन बीइंग के उद्घाटन सत्र में अभिभाषण, गुड़गाँव : 19-04-2003
12. भारतीय उच्च विद्यालय, दुबई में अभिभाषण : 20-10-2003
13. अंतर्राष्ट्रीय बाल प्रसारण दिवस पर आकाशवाणी रेकार्डिंग : 11-12-2005
14. राष्ट्रीय युवा सम्मेलन के उद्घाटन अवसर पर अभिभाषण, सुत्तूर, मैसूर : 15-10-2004
15. 57वें गणतंत्र दिवस की पूर्व संध्या पर राष्ट्र को संबोधन, नई दिल्ली : 25-01-2006

विज्ञान और अध्यात्म

1. जैन विश्व भारती संस्थान के चौथे दीक्षांत समारोह में अभिभाषण : 20-10-2005
2. जैन विश्व भारती संस्थान के चौथे दीक्षांत समारोह में अभिभाषण : 20-10-2005

3. 12वें राष्ट्रीय बाल विज्ञान कांग्रेस में अभिभाषण, गुवाहाटी : 31-12-2004
4. शिक्षक दिवस, 2005 के उपलक्ष्य में राष्ट्र को संबोधन, नई दिल्ली : 05-09-2005
5. बंगाल इंजीनियरिंग और विज्ञान विश्वविद्यालय, शिवपुर, हावड़ा, कोलकाता में अभिभाषण : 13-07-2005
6. जादवपुर विश्वविद्यालय, कोलकाता के स्वर्ण जयंती समारोह में अभिभाषण : 13-07-2005
7. भारतीय भौतिक परिसंघ में अभिभाषण, आई.आई.टी., नई दिल्ली : 31-03-2005
8. प्रथम कंप्यूटर लिटरेसी एक्सिलेन्स अवार्ड्स फॉर स्कूल्स में अभिभाषण, नई दिल्ली : 29-08-2002
9. बंगाल इंजीनियरिंग और विज्ञान विश्वविद्यालय, शिवपुर, हावड़ा, कोलकाता में अभिभाषण : 13-07-2005
10. विवेकानंद इंस्टीट्यूट ऑफ वैल्यू एजूकेशन एंड कल्चर, पोरबंदर में उद्‌घाटन अभिभाषण, पोरबंदर : 12-01-2006
11. जवाहरलाल नेहरू विश्वविद्यालय में अभिभाषण, नई दिल्ली : 12-01-2005
12. गुवाहाटी के विभिन्न स्कूल के छात्रों के बीच अभिभाषण : 16-01-2003
13. आध्यात्मिक उद्यान के उद्‌घाटन पर अभिभाषण, राष्ट्रपति भवन, नई दिल्ली : 26-06-2004
14. राष्ट्रीय प्रौद्योगिकी संस्थान, श्रीनगर के छात्रों के साथ बातचीत : 19-08-2004
15. दयावती मोदी अकादेमी स्कूल के छात्रों को संदेश : 20-07-2004
16. श्री अरविन्द भवन, कोलकाता, श्रीमाँ के 125वें जन्मदिवस के उपलक्ष्य में अभिभाषण : 27-02-2005

भावी नागरिक

1. जे.एस.एस. स्कूल सेतूर में अभिभाषण, मैसूर : 27-12-2002
2. भारत स्काउट्स एंड गाइड्स के 15वें राष्ट्रीय जंबूरी में अभिभाषण, हरिद्वार : 16-10-2005
3. राज्यपालों के सम्मेलन में अभिभाषण, राष्ट्रपति भवन, नई दिल्ली : 14-06-2005
4. राष्ट्रीय युवा सम्मेलन, सेतूर, मैसूर में अभिभाषण : 15-10-2004
5. पीटर हाफ, हिमाचल प्रदेश में कॉलेज और विश्वविद्यालय के छात्रों से संवाद : 23-12-2005
6. नंदगाँव, महाराष्ट्र में अभिभाषण : 15-10-2004
7. राष्ट्रीय युवा सम्मेलन, सेतूर, मैसूर में अभिभाषण : 15-10-2004
8. प्रथम बाल शिक्षा सम्मेलन-2002 में अभिभाषण, नई दिल्ली : 14-11-2002
9. जे.एस.एस. स्कूल, सेतूर, मैसूर में अभिभाषण : 15-10-2004
10. एयर स्कूल, फरीदाबाद के छात्रों के साथ बातचीत, राष्ट्रपति भवन, नई दिल्ली : 31-08-2005

11. 12वें राष्ट्रीय विज्ञान कांग्रेस में अभिभाषण : 27-12-2002
12. जे.एस.एस. स्कूल, सेतूर, मैसूर में अभिभाषण : 27-12-2002
13. तिरुचिरापल्ली में छात्रों के साथ बातचीत और अभिभाषण : 27-12-2002
14. वेद व्यास विश्वविद्यालय, कोझिकोड में अभिभाषण : 25-09-2003
15. पद्म शेषाद्रि बाल भवन सीनियर सेकंडरी स्कूल, चेन्नै के विद्यार्थियों के बीच अभिभाषण : 01-12-2005
16. राष्ट्रपति के पदभार ग्रहण के अवसर पर अभिभाषण : 25-07-2002
17. तिरुचिरापल्ली में विद्यार्थियों से संवाद : 20-12-2003
18. राष्ट्रपति के पदभार ग्रहण के अवसर पर अभिभाषण : 25-07-2002

सशक्त नारी

1. महिला पुलिसकर्मियों के दूसरे राष्ट्रीय सम्मेलन में अभिभाषण, मसूरी : 27-07-2005
2. महिला पुलिसकर्मियों के दूसरे राष्ट्रीय सम्मेलन में अभिभाषण, मसूरी : 27-07-2005
3. बिशप कॉटन बालिका विद्यालय, बंगलोर में अभिभाषण : 05-11-2004
4. प्रीत मंदिर (निर्धन और अनाथ बच्चों के लिए बाल गृह) में अभिभाषण, पुणे : 01-02-2005
5. तीसरे विश्व महिला विज्ञान संगठन की महासभा और नई सहस्राब्दी में महिलाओं के अनुसंधान का विज्ञान और प्रौद्योगिकी पर प्रभाव विषय पर सम्मेलन में अभिभाषण, बंगलोर : 21-11-2005
6. आर.बी.वी.आर.आर. महिला महाविद्यालय, हैदराबाद में अभिभाषण : 05-08-2005
7. तीसरे विश्व महिला विज्ञान संगठन की महासभा और नई सहस्राब्दी में महिलाओं के अनुसंधान का विज्ञान और प्रौद्योगिकी पर प्रभाव विषय पर सम्मेलन में अभिभाषण, बंगलोर : 21-11-2005
8. महिला पुलिसकर्मियों के दूसरे राष्ट्रीय सम्मेलन में अभिभाषण, मसूरी : 27-07-2005
9. भारतीय महिला प्रेस कोर के वार्षिक समारोह में अभिभाषण, नई दिल्ली : 19-10-2005
10. महिला पुलिसकर्मियों के दूसरे राष्ट्रीय सम्मेलन में अभिभाषण, मसूरी : 27-07-2005
11. आर.बी.वी.आर.आर. महिला महाविद्यालय, हैदराबाद में अभिभाषण : 05-08-2005

ज्ञानसंपन्न समाज की ओर

1. दून स्कूल, देहरादून में अभिभाषण : 19-10-2002
2. भारतीय प्रबंधन संस्थान, कोझिकोड में अभिभाषण : 25-09-2003
3. इंटरनेशनल कांफ्रेंस ऑन डिजिटल लाइब्रेरीज़ का उद्घाटन अभिभाषण, 2004, नई दिल्ली : 24-02-2004

4. दून स्कूल, देहरादून में अभिभाषण : 19-10-2002
5. इंटरनेशनल कांफ्रेंस ऑन डिजिटल लाइब्रेरीज़ का उद्‌घाटन अभिभाषण, 2004, नई दिल्ली : 24-02-2004
6. इंडिया पोर्टल के डिजिटल पुस्तकालय के उद्‌घाटन अवसर पर अभिभाषण; राष्ट्रपति भवन, नई दिल्ली : 08-09-2003
7. इंडो-यू. एस. मिलियन बुक डिजिटल लाइब्रेरी स्टीयरिंग कमिटी में (विडियो कांफ्रेंसिंग के माध्यम से) अभिभाषण, नई दिल्ली : 29-05-2005
8. इंडिया एम्पावर्ड इवेन्ट, नई दिल्ली के प्रतियोगियों से बातचीत और अभिभाषण, नई दिल्ली : 20-12-2005

विकसित भारत का निर्माण

1. बंगलोर अंतर्राष्ट्रीय केंद्र के उद्‌घाटन अवसर पर अभिभाषण : 21-11-2005
2. भारत स्काउट्स और गाइड्स के 15वें राष्ट्रीय जंबूरी के उद्‌घाटन अवसर पर अभिभाषण, हरिद्वार : 16-10-2005
3. बंगलोर अंतर्राष्ट्रीय केंद्र के उद्‌घाटन अवसर पर अभिभाषण : 21-11-2005
4. बाल विज्ञान कांग्रेस, चंडीगढ़ में अभिभाषण : 05-01-2004
5. भारत के राष्ट्रपति का पदभार ग्रहण करने पर अभिभाषण : 25-07-2002
6. बाल विज्ञान कांग्रेस, चंडीगढ़ में अभिभाषण : 05-01-2004
7. राष्ट्रीय प्रौद्योगिकी संस्थान, श्रीनगर के छात्रों के साथ बातचीत : 19-08-2004
8. गुवाहाटी में छात्रों का अभिभाषण : 16-01-2003
9. बंगलोर अंतर्राष्ट्रीय केंद्र, बंगलोर में अभिभाषण : 21-11-2005
10. बंगलोर अंतर्राष्ट्रीय केंद्र, बंगलोर में अभिभाषण : 21-11-2005
11. भारत के राष्ट्रपति का पदभार ग्रहण करने के अवसर पर अभिभाषण : 25-07-2002
12. राज्यसभा क्रे 200वें सत्र के उद्‌घाटन अवसर पर संबोधन, नई दिल्ली : 11-12-2003
13. भारतीय प्रबंधन संस्थान, कोझिकोड़ में अभिभाषण : 25-09-2003
14. राष्ट्रीय प्रौद्योगिकी संस्थान, श्रीनगर के छात्रों के साथ बातचीत : 25-09-2003
15. 57वें गणतंत्र दिवस, 2006 की पूर्व संध्या पर राष्ट्र को संबोधन : 25-01-2006
16. श्री अरबिन्दो भवन, कोलकाता में श्रीमाँ के 125वें जन्मदिवस के अवसर पर अभिभाषण, कोलकाता : 27-02-2004
17. श्री अरबिन्दो भवन, कोलकाता में श्रीमाँ के 125वें जन्मदिवस के अवसर पर अभिभाषण, कोलकाता : 27-02-2004

प्रबुद्ध नागरिकता

1. सौराष्ट्र विश्वविद्यालय, राजकोट, गुजरात के वार्षिक व्याख्यान में अभिभाषण : 12-01-2006
2. अल अमीन पब्लिक स्कूल, कोच्चि में अभिभाषण : 26-05-2003
3. श्री सत्य साईं इंटरनेशनल सेंटर एंड स्कूल, नई दिल्ली में अभिभाषण : 08-02-2003
4. अल अमीन पब्लिक स्कूल, कोच्चि में अभिभाषण : 26-05-2003
5. रामकृष्ण मिशन, कोलकाता में स्वामी विवेकानंद के पैतृक घर और सांस्कृतिक केंद्र के उद्घाटन समारोह में अभिभाषण : 01-10-2004
6. विश्व भारती कोलकाता में शिक्षकों और छात्रों के साथ बातचीत और अभिभाषण : 01-10-2004
7. कोलकाता में श्रीअरविंद भवन की श्रीमाँ की 125वीं वर्षगाँठ के समारोह में अभिभाषण : 27-02-2004
8. दि रीजनल कांफ्रेंस ऑफ दि साउथ एशियन चेप्टर्स ऑफ ट्रांसपेरेन्सी इंटरनेशनल इंडिया, नई दिल्ली के उद्घाटन समारोह में अभिभाषण : 25-11-2005
9. श्री सत्य साईं इंटरनेशनल सेंटर एंड स्कूल, नई दिल्ली में अभिभाषण : 08-02-2003
10. गुड़गाँव में कनवेंशन ऑन इवोल्यूशन ऑफ ए गुड ह्यूमन बीइंग में अभिभाषण : 19-04-2003
11. जे.एन.यू., नई दिल्ली के शिक्षकों एवं छात्रों के साथ बातचीत और अभिभाषण : 12-01-2005
12. विश्व भारती, कोलकाता में शिक्षकों और छात्रों के साथ बातचीत और अभिभाषण : 01-10-2004
13. 57वें गणतंत्र दिवस की पूर्व संध्या पर राष्ट्र को संबोधन, नई दिल्ली : 25-01-2006
14. गुड़गाँव में कनवेंशन ऑन इवोल्यूशन ऑफ ए गुड ह्यूमन बीइंग के दौरान अभिभाषण : 19-04-2003
15. सतीश धवन स्पेस सेंटर, श्रीहरिकोटा में छात्रों को संबोधन : 10-10-2003

रचनात्मक नेतृत्व

1. इंडियन इंस्टीट्यूट ऑफ मैनेजमेंट, कोझिकोड में अभिभाषण : 25-09-2003
2. इंडियन इंस्टीट्यूट ऑफ मैनेजमेंट, कोझिकोड में अभिभाषण : 25-09-2003
3. लोयोला इंस्टीट्यूट ऑफ बिजनेस एडमिनिस्ट्रेशन, चेन्नई में अभिभाषण : 1-12-2005
4. तमिलनाडु चेम्बर ऑफ कॉमर्स एंड इंडस्ट्री, मदुरै के यंग इण्टरप्रेन्योर स्कूल में अभिभाषण : 27-08-2004
5. वी.एस.सी.सी., तिरुअनंतपुरम के युवा अभियंताओं से बातचीत

28-07-2005

6. कंचनबाग के.वी. स्कूल, हैदराबाद में अभिभाषण : 19-01-2004
7. जादवपुर विश्वविद्यालय, कोलकाता के स्वर्ण जयंती समारोह के अवसर पर अभिभाषण : 13-07-2005
8. लोयोला इंस्टीट्यूट ऑफ बिजनेस एडमिनिस्ट्रेशन, चेन्नई में अभिभाषण : 1-12-2005
9. एस.एस.एन. कॉलेज ऑफ इंजीनियरिंग, कलपक्कम, चेन्नई में अभिभाषण : 17-12-2003
10. भार्गव सभागार, पी.जी.आई., चंडीगढ़ में अभिभाषण : 29-09-2003
11. तमिलनाडु चेम्बर ऑफ कॉमर्स एंड इंडस्ट्री के यंग इण्टरप्रेन्योर स्कूल, मदुरै में अभिभाषण : 27-08-2004
12. नई दिल्ली में लघु उद्यमियों के राष्ट्रीय सम्मेलन एवं राष्ट्रीय पुरस्कार वितरण के अवसर पर अभिभाषण : 28-10-2005
13. इंडियन इंस्टीट्यूट ऑफ मैनेजमेंट, कोझिकोड में अभिभाषण : 25-09-2003
14. बंगलोर अंतर्राष्ट्रीय केंद्र, बंगलोर में अभिभाषण : 21-11-2005

अदम्य साहस

1. वेदव्यास विद्यालय, मालापुरम्बा, कोझिकोड में अभिभाषण : 25-09-2003
2. संजय स्कूल, गोवा में अभिभाषण : 13-01-2004
3. सेकिंड लेफ्टिनेंट अरुण खेतरपाल की स्मृति में अभिभाषण : 16-11-2005
4. बिशप कॉटन गर्ल्स स्कूल, बंगलोर में अभिभाषण : 5-11-2004
5. विवेकानंद इंस्टीट्यूट ऑफ वैल्यू एजूकेशन एंड कल्चर, पोरबंदर में अभिभाषण : 12-01-2006
6. बाल दिवस की पूर्व संध्या पर आकाशवाणी से प्रसारण : 13-11-2003
7. संजय स्कूल, गोवा में अभिभाषण : 13-01-2004
8. विज्ञान भवन, नई दिल्ली में नेशनल अवार्ड्स फॉर डिसएबल्ड के दौरान अभिभाषण : 03-12-2005
9. भारतीय विज्ञान संस्थान, बंगलोर के शिक्षकों एवं छात्रों के साथ बातचीत एवं अभिभाषण : 14-10-2004
10. वेदव्यास विद्यालय, मालापुरम्बा, कोझिकोड में अभिभाषण : 25-09-2003
11. विश्व भारती विश्वविद्यालय, कोलकाता में अभिभाषण : 01-10-2004